Anekdoten und Geschichten zur Preßnitztalbahn

Wolkenstein - Jöhstadt

Stefan Müller I Thomas Böttger

Titelfotos: **99 1606-5 und 99 1582-8 mit einem Nahgüterzug am 25.05.1985 in Streckewalde. Foto: Thomas Becher**

Ein Militärzug bereicherte das Festjahr „125 Jahre Preßnitztalbahn". Zu sehen ist die Ausfahrt aus dem Bahnhof Steinbach am 20.05.2017. Foto: Karl Wolf

Innentitel: **Am 17.07.1960 war 99 589 mit einem Personenzug zwischen Großrückerswalde und Streckewalde unterwegs. Ein Kleinbauer war mit der Heuernte beschäftigt. Foto: Ernst Richter**

Über den Hauptautor Stefan Müller:
Geboren 1987, schloss ich meine Schulausbildung mit dem Abitur 2007 in Altenberg ab. Bis 2014 absolvierte ich ein Studium der Verkehrswirtschaft an der Technischen Universität Dresden, welches ich mit dem Titel „Master of Science" beendete.
Beruflich bin ich im Projektmanagement im Stahl- und Metallbau tätig. In meiner Freizeit engagiere ich mich ehrenamtlich für die IG Weißeritztalbahn e. V.

Publikationen:
Neben der Mitarbeit an den Fachzeitschriften „Drehscheibe", „Preß-Kurier" und „Dampfbahn-Magazin" veröffentliche ich auch eigene Publikationen. Beim Bildverlag Böttger GbR sind bereits meine Bücher „Geschichten und Anekdoten zur Müglitztalbahn" (2017) sowie „Geschichten und Anekdoten zur Weißeritztalbahn" (2018) erschienen.

ISBN 978-3-96564-001-6

Bildverlag Böttger GbR
W. I. T. der Gewerbepark
Witzschdorfer Hauptstraße 94
09437 Witzschdorf
Telefon: 0 37 25 / 2 01 40
Fax: 0 37 25 / 2 02 40
www.boettger-bildverlag.de
E-Mail: info@boettger-bildverlag.de

1. Auflage 2020

KURZ	HALB	GES	Verr.	DM
—	—	Fam	16,00	33,00
—	—	Erw. ED	11,00	16,00
—	Erw. ED	—	9,00	11,00
—	—	Erw. EE	9,00	9,00
—	—	KIND KD	7,00	9,00
—	Erw. EE	KIND KE	7,00	7,00
Erw. ED	KIND KD	—	5,00	7,00
Erw. EE	KIND KE	—	5,00	5,00
KIND KD	—	—	3,00	5,00
KIND KE	—	—	—	3,00

H	Jöhstadt	R
	Schlössel	
	Loreleifelsen Hp	
	Schmalzgrube	
	Forellenhof Hp	
	Stolln Hp	
	Wildbach Hp	
H	Steinbach	R

Preßnitztalbahn
Zettelfahrkarte
Gültig nur am Lösungstag.
003184

—	ED	10,00	11,00
—	TK K	7,00	10,00
ED	—	6,00	7,00
—	EE	6,00	6,00
—	KD	5,00	6,00
EE	KE	5,00	5,00
KD	—	3,00	5,00
KE	—	Ecard	3,00

Zusatzkarte zur ErzgebirgsCard

H	Jöhstadt	R
	Schlössel	
	Loreleifelsen Hp	
	Schmalzgrube	
	Forellenhof Hp	
	Stolln Hp	
	Wildbach Hp	
R	Steinbach	H

Alle Preisangaben inkl. 7 % Mehrwertsteuer.
Es gelten die Tarifbestimmungen und Beförderungsbedingungen der Preßnitztalbahn.

Preßnitztalbahn
Zettelfahrkarte
Gültig nur am Lösungstag.
Nr. 042248

Zettelfahrkarten der Museumsbahn Jöhstadt - Steinbach. Rechts als Zusatz zur ErzgebirgsCard (wurde angeboten von 2003 - 2018).

Fahrkarte
Für Ehrengäste der
Preßnitztalbahn
auf der Strecke
Jöhstadt -
Schmalzgrube -
Steinbach
und zurück
Nr. 010288

Sonderfahrkarte der Museumsbahn für Ehrengäste.

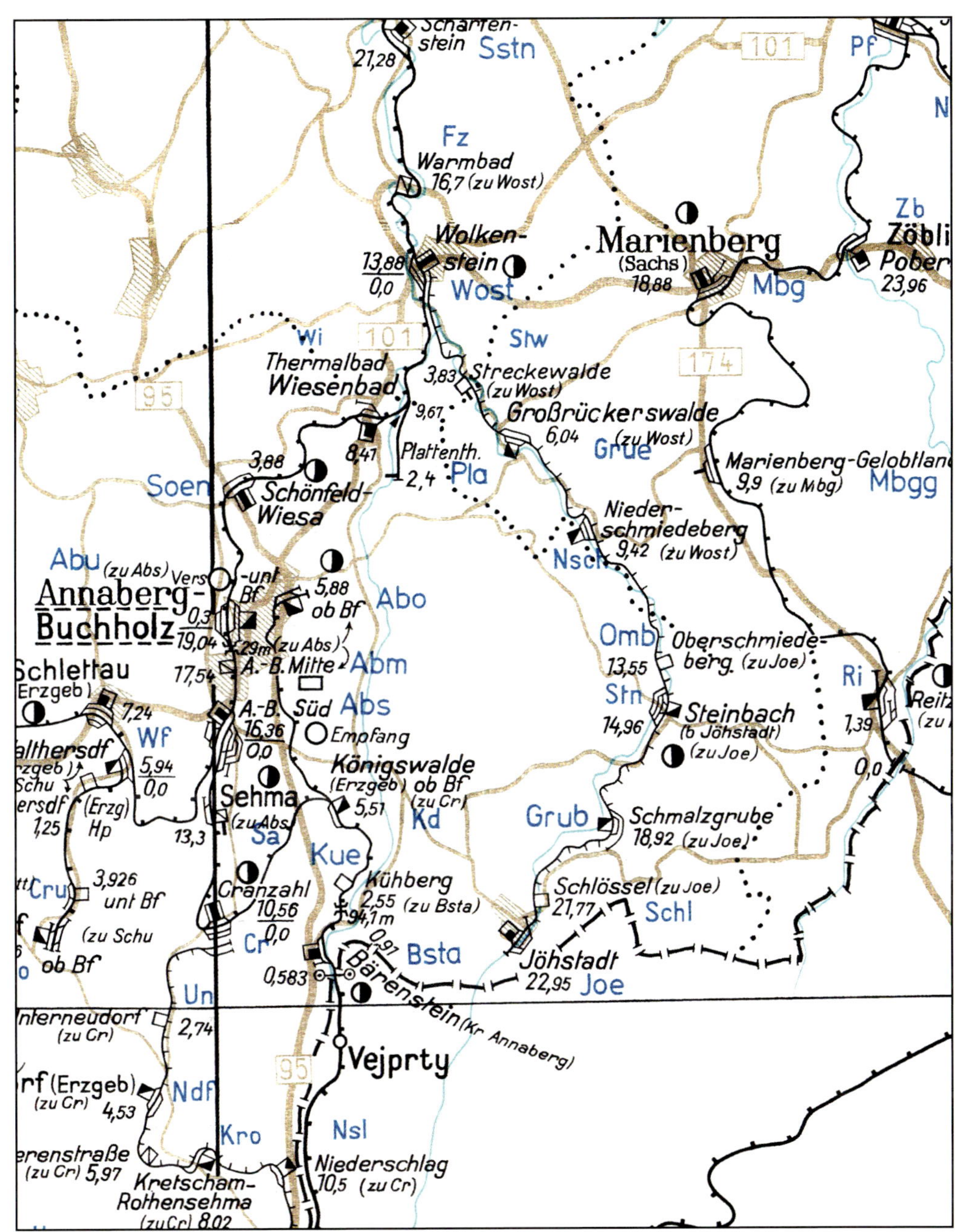

Streckenkarte der „alten“ Preßnitztalbahn. Sammlung: Bernd Kuhlmann

Inhaltsverzeichnis

1 Vorwort

Liebe Leserinnen und Leser,
die Preßnitztalbahn zählt zu den schönsten Museumseisenbahnen in Deutschland. Immerhin gut acht Kilometer der einst dreimal so langen Strecke können seit dem Jahr 2000 wieder befahren werden. Dafür verantwortlich sind die Mitglieder der IG Preßnitztalbahn e. V., die seit 1990 unermüdlich um den Wiederaufbau „ihrer Bahn" gekämpft und dieses zunächst unmöglich erscheinende Projekt umgesetzt haben. Erst in den 1980er Jahren – und damit als letzte Schmalspurbahn in der DDR – wurde die Strecke stillgelegt und abgebaut, trotz zahlreicher Proteste aus der Bevölkerung.

Doch in den vergangenen 30 Jahren schafften es die „Verrückten aus dem Preßnitztal" nicht nur einen Teil der Strecke sondern auch den Bahnhof Jöhstadt wieder entstehen zu lassen, sodass bald die Züge wie bis 1984 vor dem Empfangsgebäude der Bergstadt enden können. Aus diesem Anlass ist das vorliegende Buch *(Band 3 der Anekdoten und Geschichten-Reihe)* entstanden.

Neben der Historie der Preßnitztalbahn bereichern wieder viele persönliche Geschichten aus der Zeit der „alten" und „neuen" Preßnitztalbahn dieses Buch. Diese sind teils amüsant, teils traurig, aber sicherlich immer sehr interessant und abwechslungsreich.

Eine romantische Fahrt durch das Preßnitztal ist zu jeder Jahreszeit möglich. Besonders gut lässt sich die herrliche Natur im Sommer vom Aussichtswagen aus genießen. Foto: Stefan Müller

Eine solche Publikation kann natürlich nur entstehen, wenn sich viele Personen mit ihren Geschichten und Fotos daran beteiligen. Für die vielfältige Unterstützung aus Deutschland, Österreich und Tschechien möchte ich mich speziell bei folgenden Personen bedanken:

Thomas Becher (Kühnheide),
Armin Bellmann (Rippien),
Siegfried Bergelt (Chemnitz),
Günter Börner (Altenberg),
Ivan Dousa (Usti nad Labem),
Holger Drosdeck (Chemnitz),
Sebastian Fischer (Magdeburg),
Ladislav Fric (Klasterec nad Odri),
Heinrich Fritzsche (Chemnitz),
Sören Heise (Langenhagen),
Familie Kraußе (Steinbach),
Bernd Kuhlmann (Berlin),
Pavel Marek (Kladno),
André Marks (Dresden),
Manfred Mauersberger (Steinbach),
Karl-Heinz Melzer (Mauersberg),
Johannes Mühle (Colmnitz),
Ines u. Jörg Müller (Schlottwitz),
Jörg Müller (Plauen),
Wolfgang Nitzsche (Dresden),
Thomas Oberkalmsteiner (Mittersill),
Thomas Poth (Jöhstadt),
Niels Reuter (Oberschaar),
Wolfgang Rexzeh (Bernau),
Bohumil Sadek (Dubí),
Hans-Werner Schellenberg (Zschopau),
Heinz Schwarzer (†),
Steffen Schwarzer (Dresden),
Wolfgang Thomas (Berlin),
Lutz-Uwe Treichel (Berlin),
Familie Weinberger (Jöhstadt - OT Steinbach).
Dank gebührt ebenso der IG Preßnitztalbahn für die Unterstützung bei der Recherche!
Ein besonderes Dankeschön geht an Jörg Müller für das Lektorat.

99 1542-2 fährt am 28.01.2017 am Loreleyfelsen im Schwarzwassertal, vor Schlössel, in Richtung Jöhstadt. Foto: Thomas Böttger

Nun wünsche ich Ihnen, liebe Leser, eine „unterhaltsame Reise“ durch die Geschichte der Bahnstrecke Wolkenstein - Jöhstadt. Bitte steigen Sie ein!

Stefan Müller

Glashütte, Januar 2020

2 Die „alte“ Preßnitztalbahn

2.1 Bahnbau und Eröffnung

Die ersten Bemühungen zum Bau einer Eisenbahn im Preßnitztal gab es bereits im Jahr 1868. Doch alle Projekte dieser Zeit scheiterten. Erst 1890 begann nach langwierigen Verhandlungen der Bau der Schmalspurbahn mit einigen Vorarbeiten. Im Februar 1891 startete der eigentliche Streckenbau im Bereich Wolkenstein. Beschäftigt waren zunächst 14 technische Kräfte und 47 Arbeiter. In den Folgemonaten fanden intensive Arbeiten im Bahnhofsbereich von Wolkenstein statt. Ab dem 13. April des Jahres verkehrten täglich bis zu fünf normalspurige Arbeitszüge, um Material für den Bau der Schmalspurbahn anzuliefern. Im Mai waren Erdarbeiten an der gesamten Strecke im Gange. Insgesamt 13 technische Kräfte und 794 Arbeiter waren zwischen Wolkenstein und Jöhstadt mit der Errichtung der Bahnstrecke beschäftigt. Ende des Jahres 1891 gab es große Fortschritte. Die notwendigen Brückenkonstruktionen waren alle im Bau beziehungsweise bereits teilweise vollendet und das Planum erreichte Streckewalde. Nach einem Winter mit erheblichen Einschränkungen der Bauarbeiten konnte ab März wieder tatkräftig an der Vollendung der Preßnitztalbahn gearbeitet werden. Im Mai 1892 waren die wesentlichen Arbeiten komplett abgeschlossen, nur wenige Restarbeiten standen noch aus. Dadurch konnte am 24. Mai die Prüfungsfahrt vorgenommen werden, bei der keine größeren Probleme festgestellt wurden. Auch bei den Profilmessfahrten an den zwei darauffolgenden Tagen waren kaum Beanstandungen zu vernehmen, sodass die Bahn am 1. Juni 1892 dem Verkehr übergeben werden konnte.

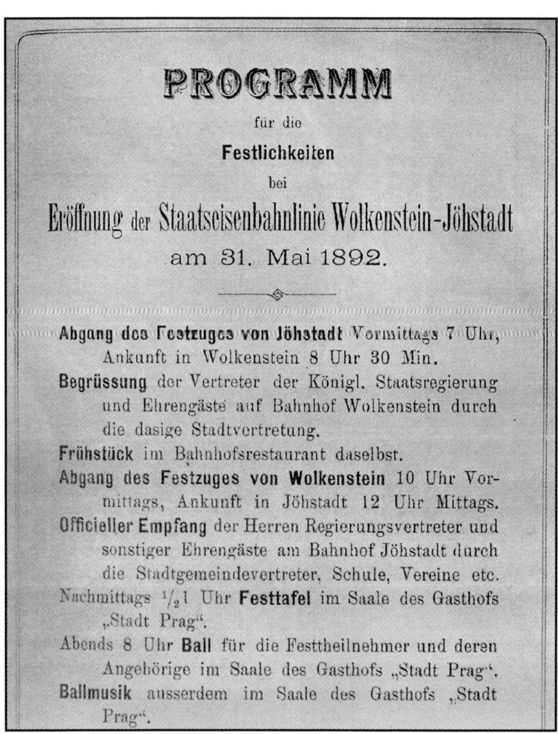

PROGRAMM

für die

Festlichkeiten

bei

Eröffnung der Staatseisenbahnlinie Wolkenstein-Jöhstadt

am 31. Mai 1892.

Abgang des Festzuges von Jöhstadt Vormittags 7 Uhr, Ankunft in Wolkenstein 8 Uhr 30 Min.

Begrüssung der Vertreter der Königl. Staatsregierung und Ehrengäste auf Bahnhof Wolkenstein durch die dasige Stadtvertretung.

Frühstück im Bahnhofsrestaurant daselbst.

Abgang des Festzuges von Wolkenstein 10 Uhr Vormittags, Ankunft in Jöhstadt 12 Uhr Mittags.

Officieller Empfang der Herren Regierungsvertreter und sonstiger Ehrengäste am Bahnhof Jöhstadt durch die Stadtgemeindevertreter, Schule, Vereine etc.

Nachmittags 1/2 1 Uhr **Festtafel** im Saale des Gasthofs „Stadt Prag“.

Abends 8 Uhr **Ball** für die Festtheilnehmer und deren Angehörige im Saale des Gasthofs „Stadt Prag“.

Ballmusik ausserdem im Saale des Gasthofs „Stadt Prag“.

Auf der Rückseite der Einladungskarte konnten sich die zur Eröffnung geladenen Gäste über den Ablauf der Feier informieren.
Sammlung: Thomas Böttger

Bauingenieure an der Schmalspurbahn 1891 bei Streckewalde. Im Hintergrund der ehemalige Gasthof Finsterau.
Slg.: Thomas Böttger

Zeichnung des Lokschuppens in Jöhstadt aus dem Jahr 1891.
Slg.: Thomas Böttger

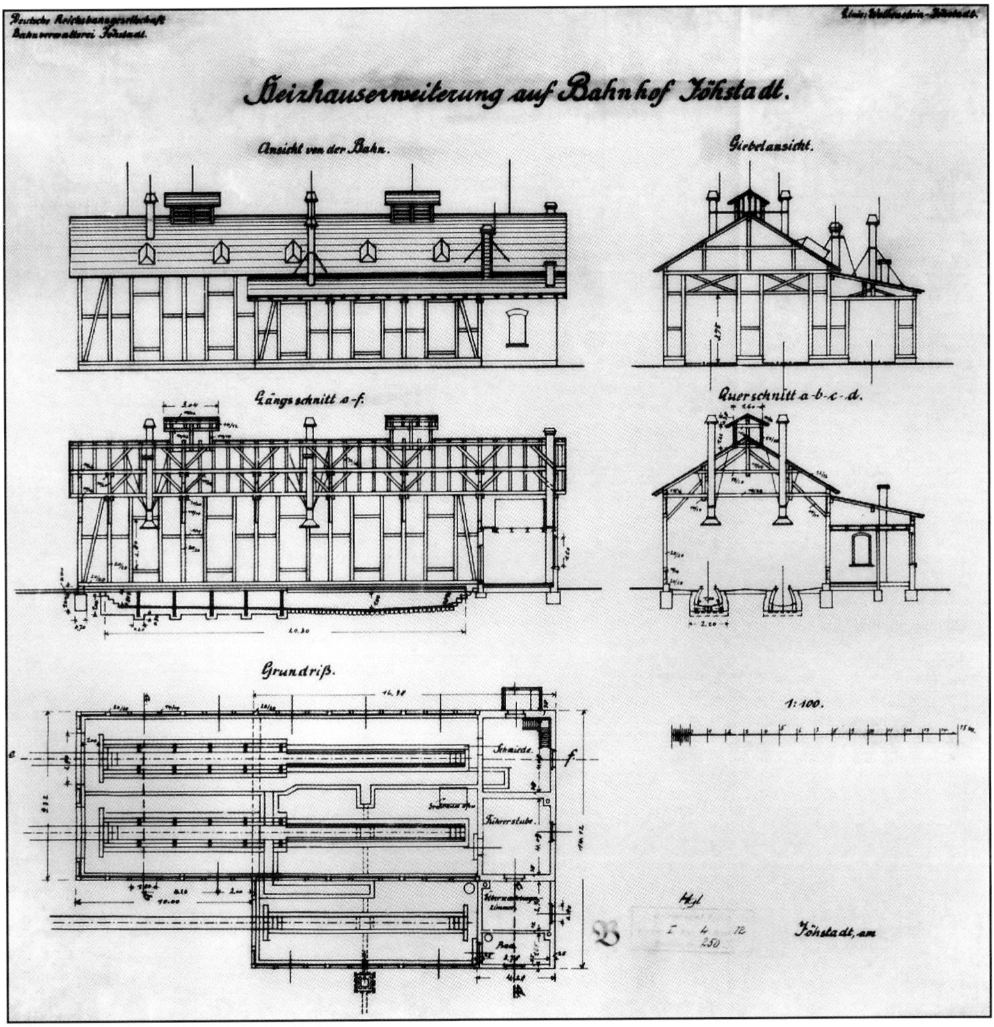

Deutsche Reichsbahngesellschaft
Bahnverwalterei Jöhstadt.

Linie: Wolkenstein-Jöhstadt.

Heizhauserweiterung auf Bahnhof Jöhstadt.

Ansicht von der Bahn.

Giebelansicht.

Längsschnitt e-f.

Querschnitt a-b-c-d.

Grundriß.

Schmiede.

Führerstube.

1:100.

Jöhstadt, am

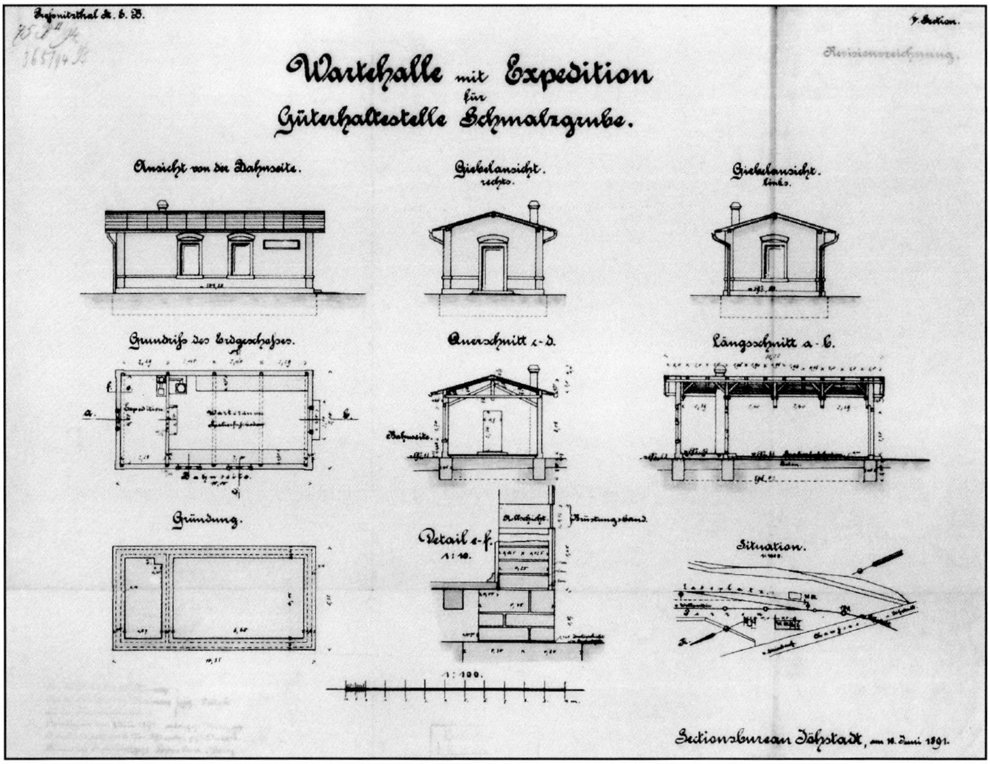

Wartehalle mit Expedition für Güterhaltestelle Schmalzgrube.
Revisionszeichnung.
Ansicht von der Bahnseite.
Giebelansicht. rechts.
Giebelansicht. links.
Grundriß des Erdgeschosses.
Querschnitt c-d.
Längsschnitt a-b.
Gründung.
Detail e-f. 1:10.
Situation.
1:100.
Sectionsbureau Jöhstadt, am 16. Juni 1891.

Wasserstationsgebäude auf Güterhaltestelle Steinbach.
Revisionszeichnung.
Giebelansicht.
Ansicht von der Bahnseite.
Querschnitt a-b.
Längsschnitt c-d.
Grundriß unter Cysterne.
Grundriß über Cysterne.

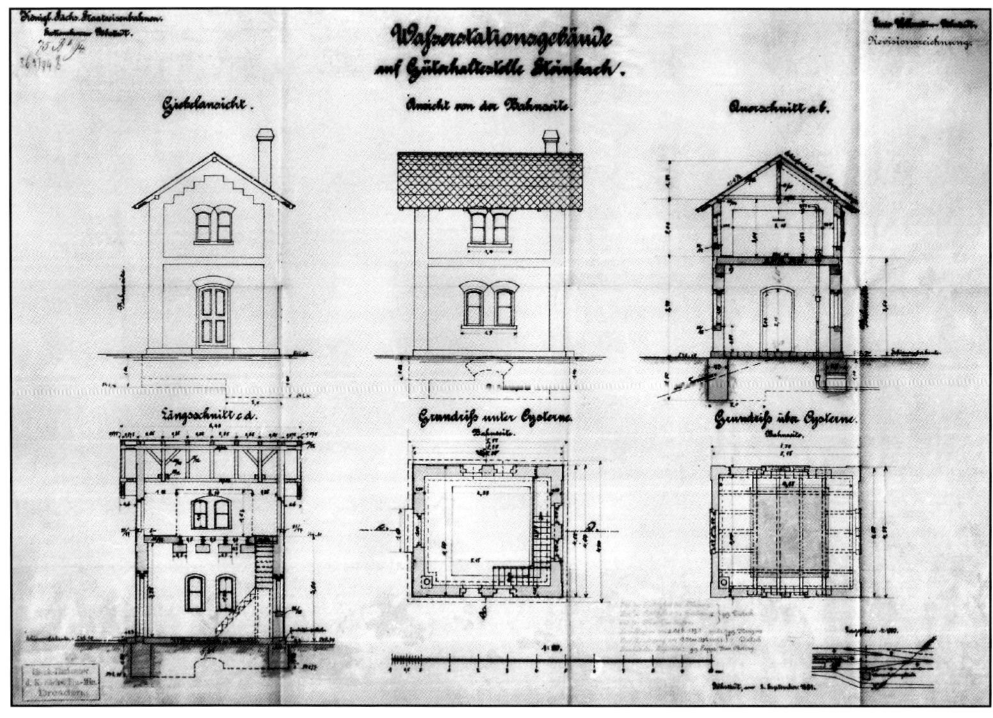

Historische Bauskizzen von der Wartehalle Schmalzgrube sowie dem Wasserstationsgebäude in Steinbach. Sammlung: Thomas Böttger

Bereits am Dienstag, dem 31. Mai 1892, erreichte der Eröffnungszug pünktlich 12 Uhr mittags den reich geschmückten Bahnhof Jöhstadt, begrüßt von einem Männerchor. 18 Wagen mit 42 Achsen umfasste dieser von den beiden III K Maschinen mit den Bahnnummern 43 und 45 bespannte Sonderzug. In Jöhstadt angekommen, formierte sich ein Festumzug zur Stadtmitte, an dem sich die Bevölkerung in großem Maße beteiligte. Reicher Fahnen- und Blumenschmuck sorgte für eine dem Anlass angemessene Atmosphäre. 13:30 Uhr begann im Gasthof „Stadt Prag" die Festtafel, zu der 250 Ehrengäste geladen waren.
Für die gewählte Spurweite von 750 Millimeter entschieden sich die verantwortlichen Stellen, weil eine Normalspurtrasse nach Jöhstadt weitaus umfangreichere Kunstbauten zur Folge gehabt hätte. Der kleinste Halbmesser konnte durch diese Entscheidung auf 80 m festgelegt werden. Aufgrund der vielen Windungen des Preßnitztales kam dieser geringe Radius auch oft zur Anwendung. Bedingt durch den gebirgigen Charakter der Landschaft war die Strecke nicht nur reich an Brücken, auch eine Vielzahl von Dämmen und Einschnitten musste errichtet werden. Die umfangreichen Erdarbeiten bewältigten die Arbeiter ohne technische Hilfsmittel. Der Transport der Erdmassen ist dabei sogar von Frauen mit Tragen und Karren ausgeführt worden. Neben einheimischen waren auch ausländische Arbeiter aus Italien und Böhmen gegen niedrigstes Entgelt beim Bahnbau beschäftigt. Laut Baukasse entstanden Gesamtkosten in Höhe von 2.702.281,39 Mark. Weitere 271.187,81 Mark waren für die Betriebsmittel zu veranschlagen, sodass die Preßnitztalbahn dem Staat 2.973.469,20 Mark kostete, mehr als ursprünglich veranschlagt (2.775.000,00 Mark).

Der Endbahnhof Jöhstadt (Höhe 684 m) im Schwarzwassertal um das Jahr 1900.
Foto: Sammlung Thomas Böttger

2.2 Aus der Betriebsgeschichte

Von der Eröffnung bis zum Ersten Weltkrieg

Nach der feierlichen Eröffnung der Bahnstrecke begann am 1. Juni 1892 der reguläre Betrieb auf der Schmalspurbahn. Zunächst war das Interesse an der Bahn groß, doch schon bald war nur noch eine durchschnittliche Auslastung der Personenzüge zu verzeichnen. 50.000 bis 60.000 Reisende jährlich nutzten in den Anfangsjahren die Züge zwischen Wolkenstein und Jöhstadt, was einem Fahrgastaufkommen von circa 150 Personen pro Tag entsprach. 1895 lag die Preßnitztalbahn mit ihrem Passagieraufkommen nur an zwölfter Stelle unter den 17 sächsischen Schmalspurbahnen. Sonntagszüge verkehrten vorerst nicht, da die Generaldirektion dafür kein Bedürfnis sah. Bis vor dem Ersten Weltkrieg waren Wagen der II. und III. Klasse im Einsatz. Im Jahr 1913 kam die IV. Klasse hinzu, dafür entfiel die II. Wagenklasse. Die Züge der Preßnitztalbahn waren 24,35 Kilometer von Wolkenstein nach Jöhstadt unterwegs und überquerten dabei 52 Brücken (49 Stahl- sowie drei steinerne Bogenbrücken) mit einer Gesamtlänge von 1.278 Metern. Auf ihrer Fahrt in die Bergstadt gewannen die Züge 293 Höhenmeter.
Ausgangspunkt der Preßnitztalbahn war der an der normalspurigen – Zschopautalbahn (Annaberg-Buchholz - Flöha) gelegene Spurwechselbahnhof Wolkenstein.
Auf den ersten 1.900 Metern teilten sich die Preßnitz- und die Zschopautalbahn die Trasse auf einem Dreischienengleis. Erst ab dem Abzweig in das Preßnitztal besaß die Schmalspurbahn eine eigene Trasse bis hinauf nach Jöhstadt. Von der Erzgebirgsstadt ging 1893 bis zur Landesgrenze zu Böhmen ein Ladegleis in Betrieb.
Projekte, die Strecke weiter fortzuführen und einen grenzüberschreitenden Verkehr mit An-

Eine frühe Aufnahme um 1915 am Bahnhof Boden mit zweiachsigen Reisezugwagen und IV K. Beachtenswert die Halt-Schilder am jeweils linken Straßenrand. Sammlung: Thomas Böttger

schluss an die Strecke Komotau - Weipert herzustellen, scheiterten infolge der zu erwartenden Kosten, sodass der oberste Streckenabschnitt der Bahn immer nur dem Güterverkehr vorbehalten blieb.
Gleichzeitig mit der Betriebseröffnung begann auch die Bahnpostbeförderung zwischen Wolkenstein und Jöhstadt. Vom Bahnhof aus brachten Privatkutschen nicht nur die Sendungen zum Postamt, sondern nahmen auch Reisende und ihr Gepäck mit. Aufgrund der Entwicklung der örtlichen Industrie war es schon bald notwendig, in drei Zügen pro Tag Bahnpost zu transportieren. Nach 1900 kamen zudem Postsendungen von Ausflüglern hinzu, sodass eine Umarbeitung im Postwagen stattfand, was als „A-Bahnpost“ bezeichnet wird. 1905 beförderten täglich die Züge 5452, 5456, 5451 und 5455 Postsendungen, an Sonntagen zusätzlich die Züge 5454 und 5453. Bis zum Ende der Bahnpost stand stets ein 1892 gebauter zweiachsiger Bahnpostwagen im Einsatz. Bergwärts lief er direkt hinter der Lok, talwärts am Zugende. Im Wagen fuhren meist zwei Beamte mit, die für das Sortieren und Abstempeln der Sendungen zuständig waren.
Im Güterverkehr verkehrten in den Anfangsjahren zunächst keine reinen Güterzüge, vielmehr erfolgte die Mitnahme der Güterwagen mit den Personenzügen. Diese gemischten Güterzüge mit Personenbeförderung (GmP), die auf ihrer Fahrt zwischen den Endpunkten verschiedene Gleisanschlüsse mit Güterwagen versorgten, waren sehr lange unterwegs, wodurch für die Passagiere unattraktive Reisezeiten zustande kamen.
Ab 1896 erforderten die nunmehr vorhandenen Anschlussgleise und das erhöhte Frachtaufkommen das Einlegen spezieller Güterzüge. Um die höheren Kosten zu kompensieren, genehmigte die Generaldirektion die Erhöhung der Anschlussgleisgebühren. In diesem Jahr verkehrten bereits 150 reine Güterzüge, im Folgejahr 570. Zusätzlich 600 Züge pro Jahr verkehrten zwischen dem Bahnhof Jöhstadt und der Ladestelle Jöhstadt, um die dort produzierten Feuerlöschgeräte und -fahrzeuge abzutransportieren.
Transportgüter waren neben Braun- und Steinkohle aus Böhmen u. a. Bretter, Pappen, Getreide und Sand. Im ersten Jahrzehnt des 20. Jahrhunderts wurden jährlich durchschnittlich 60.000 t Frachtgut in Wolkenstein umgeladen. In den Folgejahren nahm die Industrie entlang der Bahn einen weiteren Aufschwung, sodass insgesamt 21 Werksanschlüsse entstanden, die für ein hohes Güterverkehrsaufkommen sorgten. Aufgrund der hohen Bedeutung des Güterverkehrs sowie den oft stoßweise in Wolkenstein ankommenden Güterwagen, die einen hohen Platzbedarf im Bahnhof forderten, musste Abhilfe geschaffen werden. Ein weiteres Problem war die teilweise zu späte Zustellung der Wagen beim Kunden, wodurch sich der Wagenumlauf verzögerte. Nach umfangreichen Untersuchungen zur Einführung des Rollwagenverkehrs fand von 1910 bis Oktober 1912 der Umbau des Bahnhofs Wolkenstein statt. Dabei entstanden ein Rollgrubengleis, Abstellgleise für normalspurige Wagen und Reserve-Rollfahrzeuge sowie ein Aus- und Einfahrgleis für schmalspurige Güterzüge.
Der Erste Weltkrieg führte zu Verkehrseinschränkungen sowie Transportrückgängen. Zudem gab es Preiserhöhungen und weniger Lebensmittel, was das Leben der Bevölkerung erschwerte. Da viele Männer im Kriegsgebiet waren, mussten zudem immer mehr Frauen die Arbeit von Männern übernehmen, was auch bei unserer Bahn der Fall war. So kamen jetzt auch Frauen im Posten- und Zugbegleitdienst zum Einsatz. Allen Beschäftigten waren von der

Generaldirektion aufgrund der gestiegenen Preise Lohnerhöhungen und Teuerungszulagen zuzubilligen.
1913 lagen die Betriebsausgaben bei der Preßnitztalbahn bei 136.454 Mark, was 7,28 Pfennig je Wagenachs-Kilometer entsprach.

Das Dreischienengleis hinter Wolkenstein um 1905. Hier war ein Güterzug mit sächs. IIb (H IV) nach Annaberg unterwegs. Auch die Kinder des Bahnwärters stellten sich dem Fotograf. Slg.: Claus Schlegel

Die Preßnitzbrücke am heutigen Hp Stolln um 1910. Der Personenzug nach Jöhstadt wurde von einer sächs. III K gezogen. Foto: Hermann Krauße

Von der Verstaatlichung bis zum Ende des Zweiten Weltkrieges

Mit dem Ende des Ersten Weltkrieges gab es in Sachsen keine Monarchie mehr. Aus den Königlich Sächsischen Staatseisenbahnen entstanden die Sächsischen Staatseisenbahnen. Doch auch diese blieben nicht lange bestehen, denn am 1.4.1920 ging aus den vielen einzelnen Länderbahnen die Deutsche Reichsbahn hervor. Durch das am 30. August 1924 verabschiedete Reichsbahn-Gesetz übernahm ab diesem Zeitpunkt die Deutsche Reichsbahn-Gesellschaft (DRG) als unmittelbares Reichsunternehmen mit juristischer Selbstständigkeit die Betriebsführung und Verwaltung der Deutschen Reichsbahn. Ab Mitte der 1920er Jahre arbeitete die DRG an der Umstrukturierung der Schmalspurbahnen. So erfolgte beispielsweise zum 1.2.1929 die Auflösung der eigenständigen Bvw Jöhstadt, die fortan als Dienststelle „Bahnhof Jöhstadt" dem Betriebsamt Flöha zugeordnet war. 1934 mussten alle Angestellten und Beamten der DRG mit folgenden Worten einen Diensteid auf den „Führer und Reichskanzler" Adolf Hitler leisten: *„Ich werde dem Führer des Deutschen Reiches und Volkes, Adolf Hitler, treu und gehorsam sein, die Gesetze beachten und meine Dienstpflichten gewissenhaft erfüllen, so wahr mir Gott helfe!"* 1937 erfolgte die Auflösung der DRG, sodass die Deutsche Reichsbahn direkt dem Reichsverkehrsministerium unterstellt war.

Doch zurück in die Zeit nach dem Ersten Weltkrieg: Die Lasten der Kriegsniederlage, insbesondere die umfangreichen Reparationszahlungen, sorgten dafür, dass keine Gewinne mehr im Bahnbetrieb erwirtschaftet werden konnten. Die Ausführung von betriebsnotwendigen Streckenarbeiten fand deshalb zunächst nur auf bedeutenden Strecken statt, wozu die Preßnitztalbahn nicht zählte. Erst Anfang September 1921 begannen die so notwendigen Gleisbauarbeiten. Zuvor fehlte neben dem notwendigen Geld auch Material. Doch bereits im Folgejahr war die Durchführung der geplanten Maßnahmen kaum noch möglich, da das wenige vorhandene Material auf anderen Strecken benötigt wurde, unter anderem auf der Weißeritztalbahn von Freital-Hainsberg nach Kipsdorf.

Die Inflation sorgte in den Jahren 1921 bis 1923 wiederum für einen Rückgang der Beförderungs- und Transportleistungen bei der Preßnitztalbahn. In dieser Zeit änderten sich die Preise für eine Fahrt zwischen Wolkenstein und Jöhstadt permanent. Der Lohn musste täglich an die Beschäftigten ausgezahlt werden, da das Geld bereits am Folgetag kaum noch Wert besaß. Auch die Bahnpostbeförderung blieb von diesen Auswirkungen nicht verschont. Fast täglich stiegen die Preise, sodass im Dezember die Postkarte 30, ein Standardbrief 40 Millionen Mark kostete. Erst Mitte der 1920er Jahre erholte sich die Wirtschaft wieder. Der Anstieg der Wirtschaftsleistung war später so stark, dass sich für die Periode der Begriff „Goldene Zwanziger" einbürgerte. Auch der Ausflugsverkehr im Preßnitztal nahm in dieser Zeit wieder zu, erreichte aber nicht mehr das Vorkriegsniveau. Die Periode der „Goldenen Zwanziger" endete jedoch jäh durch die Weltwirtschaftskrise im Jahre 1929. Ein neuer wirtschaftlicher Aufschwung in den 1930er Jahren war eng verbunden mit dem Machtstreben des Deutschen Reiches. Aufgrund der in dieser Zeit stattfindenden Verkraftung der Reichspost erfolgte nur noch eine unbearbeitete Beförderung von Postsendungen in den Zügen zwischen Wolkenstein und Jöhstadt. Am 1.10.1935 endete dann zunächst die Bahnpostbeförderung. Bis zu diesem Jahr stiegen die Betriebsausgaben auf der Preßnitztalbahn auf 345.181 Mark. Dies entsprach 19,03 Pfennig je Wagenachs-Kilometer. Die rückläufige Rentabilität war unter anderem auf den zunehmenden Straßenverkehr zurückzuführen. Dennoch überstiegen die erzielten Einnahmen unserer Strecke die Ausgaben, sodass ein wirtschaftlicher Betrieb möglich war.

Mitte des Zweiten Weltkrieges musste Kraftstoff eingespart werden. Dies betraf auch die Reichspost, sodass die Bahnpostbeförderung wieder auflebte. Zunächst erfolgte die Beförderung in einem Abteil eines Personenwagens, bevor ein zwei-, später ein vierachsiger Postwagen zum Einsatz kamen.

In das Kriegsjahr 1942 fiel das 50-jährige Bestehen der Preßnitztalbahn. Doch für Feierlichkeiten war nicht der richtige Zeitpunkt. Zudem befanden sich viele Eisenbahner aus der Region an der Kriegsfront. Die entstandenen Lücken konnten nur durch Mehrarbeit der Daheimgebliebenen und den Einsatz von Frauen abgemildert werden. Von 1943 bis 1945 waren zudem dienstverpflichtete Tschechen und Niederländer für die Betriebsabwicklung an der Rollwagengrube in Wolkenstein zuständig. Bei Ausfall der Kleinlok mussten sie die Güterwagen per Hand auf die Rollwagen schieben.

Hohes Güterverkehrsaufkommen herrschte in den 1920er Jahren im Bahnhof Niederschmiedeberg. Auch ein Lastkraftwagen ist links bereits zu sehen. In Bildmitte das Anschlussgleis zur Papierfabrik C. T. Pilz (ab 1955 VEB dkk Scharfenstein).
Foto: Hermann Krauße

Nachkriegs- und DDR-Zeit

In den letzten Kriegswochen besetzte die Rote Armee das Gebiet um Wolkenstein und Jöhstadt. Der Schmalspurverkehr litt darunter kaum, sodass auch nach dem Ende des Krieges ein Verkehrsangebot zwischen Wolkenstein und Jöhstadt vorhanden war. Im Herbst 1945 fuhren zudem zusätzliche Züge, um demontierte Maschinen der Fladerschen Fabrik und der Firma Pilz abzutransportieren.
Jedoch herrschte erheblicher Personalmangel im Preßnitztal, sodass Mittel zur Personaleinsparung gesucht werden mussten. Daraufhin schlug die Rbd Dresden vor, die Bahnhöfe Steinbach und Niederschmiedeberg in Agenturen umzuwandeln, was allerdings das Rba Aue unter anderem wegen des bedeutenden Verkehrsaufkommens beider Stationen nicht genehmigte. Der Personalmangel vergrößerte sich sogar noch, als beispielsweise der Dienstvorsteher des Bahnhofs Jöhstadt, Eduard Schaffer, der 1938 in die NSDAP eingetreten war, am 30. September 1946 im Zuge der „Entnazifizierung" vom Dienst enthoben und aus seinem Amt entlassen wurde.
An der Abzweigstelle der Schmalspurbahn von der Regelstrecke bestand, vermutlich in der Zeit von 1949 bis 1951/52, ein nichtöffentlicher Haltepunkt, da die SDAG Wismut die Gebäude der Himmelmühle als Wohnheim und Berufsschule nutzte. Das Gebiet um Jöhstadt zählte aufgrund des Uranbergbaus im Erzgebirge bis 1955 zum militärischen Sperrgebiet, Probebohrungen im Preßnitztal verliefen jedoch nahezu erfolglos, denn auf große Uranerzlagerstätten stießen die Geologen nicht. Im Güterverkehr kamen dadurch keine Uranerztransporte zustande. Stattdessen transportierte die Bahn ab Ende der 1940er Jahre Kühlschränke aus Niederschmiedeberg.
Als sich auch der Postverkehr auf der Straße wieder normalisierte, endete der regelmäßige Bahnpostverkehr im Preßnitztal endgültig. Letzter Beförderungstag war der 9. Juli 1950. Nur während einer Straßenbauperiode 1973/74, während der Streckewalde fast nur per Bahn zu erreichen war, erfolgte die Übergabe der Post vom Postamt Zschopau im verschlossenen Briefbeutel in Wolkenstein an den Zugführer des P 14287, welcher den Beutel beim Halt in Streckewalde an das örtliche Postamt weiterleitete. Zurück erfolgte der Transport mit dem P 14292.
Ab dem Fahrplanwechsel am 9. Oktober 1950 verkehrte ein morgendlicher Arbeiterzug 3:30 Uhr ab Jöhstadt. Da dieser in der Regel jedoch nur schwach besetzt war, erfolgte eine Verlegung der Abfahrt auf 5 Uhr, um damit auch die Nachtruhe verlängern zu können. Ab dem 1. Januar 1951 gehörte das Lokpersonal in Jöhstadt dem am 1. März 1949 gegründeten Bw Thum an. Zudem kam es zu einer Zusammenführung der Betriebs-, Verkehrs- und Maschinenämter zu Reichbahnämtern (Rba). Das Rba Chemnitz war fortan für die Preßnitztalbahn zuständig.
Am 20. Juli 1955 geschah das schwerste Unglück in der Geschichte der Schmalspurbahn. In der Nähe des Feuerlöschgerätewerkes hatten sich nach starken Regenfällen Bäume und Sträucher in den Stacheldrahtverhauen verfangen. Als das Wasser durchbrach und zu Tal stürzte, konnte der in Schmalzgrube eingefahrene Planzug gerade noch aufgehalten werden. Schon kurz danach reichte das Wasser bis zur Führerhaustür. Die Flutkatastrophe forderte sieben Todesopfer. Die Bahnanlagen von Jöhstadt bis Schmalzgrube waren nahezu

vollkommen zerstört, sodass fortan alle aus Wolkenstein kommenden Züge in Schmalzgrube endeten. Die Lokomotivbehandlung (Wassernehmen, Ausschlacken, Abölen etc.) fand in dieser Zeit in Steinbach statt. Von montags bis samstags waren intensive Arbeiten zur Wiederherstellung der Strecke bis Jöhstadt im Gang. Dafür verkehrten täglich fünf Dienstgüterzüge bergwärts. Auch Angehörige der Grenzpolizei halfen bei den Arbeiten mit, sodass nach drei Monaten Bautätigkeit die Strecke bis zum Feuerlöschgerätewerk wieder befahrbar war.

Um 1955 gab es Änderungen im Dienstablauf zu verzeichnen. Anstatt der gewohnten Dienstschichten trat der Vierbrigadeplan (Früh-, Spät-, Nacht- und Ruheschicht) in Kraft. Zu dieser Zeit war die Schmalspurbahn ein wichtiger Bestandteil des täglichen Lebens, sodass die Züge noch recht gut besetzt waren, doch bereits Anfang der 1960er Jahre nahm die Bedeutung des Kraftverkehres immer mehr zu. Da immer mehr Passagiere von der Bahn zum Bus wechselten, kam erstmals der Gedanke des Verkehrsträgerwechsels im Preßnitztal auf. Im Jahr 1965 berief deshalb die Rbd Dresden W. Reuther, den Dienstvorsteher des Bahnhofs

Am 17. 07. 1960 war dieser Reisezug nach Wolkenstein (beachtenswert: Zuglaufschild) in Steinbach eingefahren. Bei dem Wagen vorn im Bild handelt es sich um den 970-588.

Am gleichen Tag des Jahres 1960 saßen die vier Damen am Ufer der Zschopau. So konnte man aber auch die langen Anschlusszeiten in Wolkenstein verbringen.
Fotos: Ernst Richter

Einige Fahrgäste warteten am 17.07.1960 in Großrückerswalde auf den Reisezug nach Wolkenstein mit 99 569. Der Tonnendach-Wagen auf einem Rollfahrzeug hinten rechts kündet vom lokalen Güterverkehr. Foto: Ernst Richter

Wolkenstein, zum Leiter der „Sozialistischen Arbeitsgemeinschaft Streckenrationalisierung Schmalspurbahn Wolkenstein - Jöhstadt“. Zudem untersuchten Studenten der Ingenieurschule Gotha einen möglichen Verkehrsträgerwechsel der Strecke. Dabei stellten sie fest, dass der Wiederbeschaffungswert der Preßnitztalbahn 11.457.575 Mark beträgt. Der Restwert lag bei 40 %, Tendenz sinkend. Bis 1970 hätten circa fünf Millionen Mark für die Streckensanierung sowie 4,5 Millionen Mark in die (schon damals nicht mehr realistische) Anschaffung von acht Dieselloks investiert werden müssen. Die Selbstkosten betrugen 1.663.639 Mark, die Einnahmen 245.191 Mark. Bei einer Umstellung auf Kraftverkehr wären bis 1970 Kosten in Höhe von 3.450.600 Mark angefallen. Die Selbstkosten hätten bei 1.422.238 Mark gelegen.

Auf Grundlage dieser Zahlen galt die Stilllegung der Preßnitztalbahn bis 1969 als beschlossene Sache. Nur noch die aller notwendigsten Unterhaltungsarbeiten am Oberbau wurden ausgeführt. Die Rbd Dresden veranlasste bereits am 1. Januar 1967 die Auflösung der Bahnmeisterei Wolkenstein, sodass fortan keine eigene Gleisbaurotte im Preßnitztal vorhanden war. Die logische Folge davon war, dass sich der Oberbauzustand noch mehr verschlechterte, besonders zwischen Niederschmiedeberg und Schmalzgrube. Doch zu einer zeitnahen Stilllegung der Strecke kam es letztendlich (noch) nicht. Allerdings gelang es, den Güterverkehr zwischen Niederschmiedeberg und Jöhstadt deutlich zu schwächen. Verantwortlich dafür war die angeordnete Verlagerung des Kohleempfangs der BHG von Steinbach nach Schönfeld-Wiesa. Steinbach erhielt daraufhin nur noch wenige Ladungen

Düngemittel und Baustoffe. Jöhstadt erhielt die Kohlen per Lkw aus Annaberg-Buchholz und per Lkw verließen die Erzeugnisse des Möbelwerks die Produktionsstätte in Richtung Niederlande und Frankreich. Häufig hatten die Güterzüge nur noch bis Niederschmiedeberg Last, sodass schon bald das Nachtgüterzugpaar entfallen konnte. Mit aller Macht wurde also versucht, die Rentabilität der Strecke weiter zu senken, um die Stilllegung herbeizuführen. Wenige Jahre zuvor bestand das Frachtgut der Preßnitztalbahn noch aus Industriekohlen, Kühlschränken, Blechen, Pappen, Aggregaten, Düngemittel, Baustoffen und Holz. 65 % der Güter entfielen damals auf Niederschmiedeberg. Steinbach und Jöhstadt sorgten hauptsächlich für das weitere Güteraufkommen. Nach Tonnage war die Menge der empfangenen Produkte 3,4 mal so hoch wie die der versendeten Güter, was darauf zurückzuführen war, dass Massengüter per Bahn angeliefert, fertige Industrieerzeugnisse hingegen per Lkw abtransportiert wurden. Zur gleichen Zeit reisten jährlich 303.000 Personen mit der Schmalspurbahn, pro Tag also 830 Personen, von denen 457 Zeitkarteninhaber beziehungsweise dem Berufsverkehr zuzuordnen waren. Speziell im Winter und bei Wetterunbilden war die kleine Bahn noch unverzichtbar für die Region. Und die Bahn war Arbeitgeber für 73 Personen, denn 1964 arbeiteten 42 Mitarbeiter im Betriebs- und Verkehrsdienst, 19 in der Maschinenwirtschaft, zehn in der Bahnmeisterei sowie zwei in der Wagenwirtschaft.
Am 28. Mai 1967 konnte das 75-jährige Jubiläum der Strecke mit Chören, Bergarbeiterkapelle, Fahnen, Girlanden und historischen Uniformen begangen werden. Ein mit 99 596 und 99 597 bespannter und 13 Wagen umfassender Sonderzug fuhr zwischen Jöhstadt und Wolkenstein hin und zurück. Bereits Tage im Voraus waren alle Fahrkarten verkauft. Auch das Bahnpersonal war dem Anlass entsprechend gekleidet. Neben einem bestens gefüllten Zug sorgten Anwohner entlang der gesamten Strecke für Festtagsstimmung. Und auch mehrere hundert Eisenbahnliebhaber begleiteten die Fahrt mit Motorrädern und Autos, sodass an diesem Tag unzählige Foto- und Filmdokumente entstanden. Passend dazu schien die Sonne.
Über die 75-Jahr-Feier war in dem Kulturbund-Heimatheft „Unsere Heimat“ (Ausgabe Juli 1967) einige Zeit später zu lesen:

75 Jahre Schmalspurbahn Wolkenstein - Jöhstadt

Welch sonnigster Sonntag, der 28. Mai d. J., – vom Wettermacher Petrus ausgespart aus regennassen Tagen und gewiß vorgesehen für jenen friedvollen Tag, da eine ehrwürdige Bahnstrecke, die von Wolkenstein nach Jöhstadt führt ihren 75. Geburtstag feiern wollte. Wie war doch alles so festfroh gestimmt: Die grünen Hänge und Wiesen des Preßnitztales strahlten im Sonnenglanz, der eilende Fluß hatte sein glitzerndes Kleid übergeworfen, der blaueste Himmel wölbte seine weite Kuppel leuchtend über Tal und Berg, über Straßen und Gleise, über Häuser und Menschen. Es konnte nicht schöner sein. Was die Menschen noch dazu vermochten, das hatten sie getan: Flatternde Fahnen, hellgrünes Gezweig an Wagen und Loks, Magenfreuden an Ausgangs- und Endstation. Jöhstadt: Vor dem Lokschuppen dampften zwei Loks sprungbereit wie zwei edle Rösser, an ihren Leibern, den tiefschwarz glänzenden, in lichtem Gold: „75 Jahre Wolkenstein-Jöhstadt 1892—1967. Die Lokführer in festlichem Schwarz wie ihre Rösser, mit hohem Zylinder und weißem

„Unsere Heimat“ – Ausgabe Juli 1967. Sammlung: Thomas Böttger

Hemd. Auch ein Festbogen fehlte nicht! Durch ihn drängte sich aus der steilen Bahnhofsstraße das Gewimmel der Gäste. Wer klug und weise war und es wissen konnte, hatte sich eine Fahrkarte gesichert. (Es ging um einen Sonderzug.) Die Anderen? Der Fahrkartenschalter strafte kurz und fast vernichtend: „Fahrkarten ausverkauft!“ Als Entschädigung konnte gelten das Bild der bunten Menge und ihrer Festfröhlichkeit: Menschentrauben vor den 9 Wagen (ab Steinbach weitere 3) plus 2 Gepäckwagen, auch diese ausgelastet mit Fahrtanwärtern. Die Jöhstädter Bergkapelle in schwarzem Habit, gold- und federgeschmückt. Das Bahnpersonal im Gewand der damaligen „Bahner“, dunkelgrün mit feurigem Rot der breiten Aufschläge; sogar ein „Böhmischer“ war zu bestaunen mit tschako-ähnlicher Behutung und des weiteren ein originalgetreuer strenger Polizist mit silbernen Borten und silberner Pickelhaube! Köstlich! Und nicht zuletzt die alt-junge Sängerschar Schmalzgrube. Der wohl kleinste Ort an der Bahnstrecke mit den lautesten, aber klingendsten Organen. Wer Gottfried Kellers heitere Novelle vom „Fähnlein der sieben Aufrechten“ kennt, jener berufs- und vaterlandsstolzen Handwerker auf dem Züricher Schützenfest, der konnte rasch an sie erinnert werden. Vorgeschriebener Anzug: Schwarz, „Esse“ oder „Eiersieder“ oder „Butterblume“ und großväterlicher bauchiger Handkoffer, soweit vorhanden. Auch an schnell gewachsenen Bärten und hohem Vatermörderkragen soll es nicht gefehlt haben. Vor allem aber fehlte es nicht an hellem Klang und froher Ausdauer der Sänger, nicht zu vergessen der beschwingte Dirigent.

Schließlich, gegen Mittag, näherte sich die große Stunde des Tages: Die zwei Loks verließen ihren Schuppen, der Lautsprecher hatte indes alle die Fahrtanwärter auf die Wagen verteilt, die zwei stählernen Rösser spannten sich vor, mit der Hinterhand voran (sie lassen sich nun einmal ohne Drehscheibe nicht zum Wenden bewegen), das Signal erklang, die Räder begannen zu rollen, die Essen stießen ihren Festtagsqualm aus, die große Minute, 12.30 Uhr, war da, nicht ohne ein Stück ernster Feierlichkeit! Winken und grüßen hin und her, und gar bald war die erste Windung erreicht, die Erscheinung verschwunden!

Frühlingsvolle Bilder beiderseits der Strecke, die langen Wagenreihen immer einmal im grünen Gehege verschwunden und wieder auftauchend, Rattern, Maschinenklang, Dampfwolken, Wettlauf mit dem Fluß? Die Strecke 23 km, Fahrzeit rund 90 Minuten, die Höhenlagen der Bahnhöfe 391 und 684 m über N. N. Schönes, schönes Preßnitztal! Das schönste im Gebiet?

Steinbach! Eine Diesellok war aufgefahren, in hellgrünem Kleid ihrer Panzerung und echt kollegial grüssend: „Die Diesellok wünscht der Dampflok gute Fahrt!“ Schön das! Und was Heiterkeit betrifft, so hatte Boden-Großrückerswalde (oder heimatstolz: Großrückerswalde-Boden) für Unfallverhütung bestens gesorgt: „Während der Fahrt Blumenpflücken verboten!“ Und eine — ausgestopfte — Oma konnte es nicht unterlassen zu protestieren: „Nischt gibts! 75 Jahre geloffen un nu wegreißen!“ Bleibt liegen, ihr Gleise in unserem schönen, schönen Heimattal und haltet in 25 Jahren euern Hundertsten!

Doch weiter, weiter: Streckewalde: Blasmusik verstand dem Zug und seinen Insassen freudige Reverenz zu erweisen. Und Wolkenstein? Die Rückfahrt war für etwa 15.15 Uhr vorgesehen! Womit die Pause anfüllen? Nun, erstmal füllten sich die Loks mit neuem Wasser, den Berg hinan wird es ohne neuen Dampf wohl nicht gehen. Es sollen aber auch die Rückfahrenden Wasser aufgenommen haben — NB. alkoholisches — und es laufen Gerüchte, daß — verantwortlich machen läßt sich ja wirklich die Hitze — ein großer, sehr, sehr großer Verschleiß an solchen Flascheninhalten entstanden sei. Die andere Pausenfüllung waren die hellen Klänge der Jöhstädter Kapelle und die bewegten und bewegenden Melodien der Schmalzgruber singefrohen Sängerschar. Und hinein in diesen Sang und Klang leuchteten von den hohen Klippen der Wolkensteiner Bastei die weißhellen Kleider Schaufreudiger herab ins tiefe Tal.

Tag, wie warst du so reich,
Heimat, wie bist du so schön !

Unvergessene Bilder dies alles und — ein Band festlicher Freude schlang sich von jedem zu jedem — : „Hier bin ich Mensch, hier darf ichs sein !"

NB Was fehlerhaft oder lückenhaft hier berichtet ist, sei freundlicher Milde empfohlen.

gesch.

Impressionen von der 75-Jahrfeier am 28.05.1967: Oben links Großrückerswalde, rechts die WL 1 des VEB dkk in Niederschmiedeberg und unten der Bahnhof Steinbach mit Sonderzug. Fotos: Werner Ilgner

Anfang der 1970er Jahre fuhren „sämtliche in der DDR produzierten Kühlschränke von Niederschmiedeberg nach Wolkenstein“ mit der Bahn. „Der Wert der täglichen Ladung beziffert sich auf etwa 2,2 Millionen MDN. Diese Transportleistung ist von den Eisenbahnern dieser Strecke seit 1945 ohne Unfall und somit ohne Schaden an Menschen und Material vollbracht worden“, so war es in einem Zeitungsartikel zum 75-jährigen Streckenjubiläum nachzulesen.
Mitte der 1970er Jahre erfolgte aufgrund des umfangreichen Güterverkehrs zum Kühlschrankwerk Niederschmiedeberg, der von 32.000 t (1964) auf 100.000 t (1970) gestiegen war, eine Sanierung der Gleisanlagen. Dabei kamen u. a. Betonschwellen bei Streckewalde zum Einbau.

Abgestellte Güterwagen in Großrückerswalde am 14.09.1975. Vorn ist der GGw 97-13-05 zu sehen. Foto: Günter Börner

Recht überschaubar war in allen Betriebsjahren das Fahrgastaufkommen in Streckewalde. Foto: Günter Börner

Der Personenverkehr umfasste im Jahr 1973 acht Reisezüge, in denen täglich um die 500 Personen mitfuhren. Hinzu kamen noch acht Güterzüge, welche 150 t Last bis Steinbach und 80 t Last bis Jöhstadt befördern durften. Talwärts waren auf der gesamten Strecke 250 t zugelassen. Die Fahrzeiten dehnten sich aufgrund der zunehmenden Langsamfahrstellen zwischen Niederschmiedeberg und Jöhstadt immer mehr aus. Für die 13,53 Kilometer lange Strecke waren bis zu 90 Minuten vorgesehen. Der über die gesamte Betriebszeit meist recht überschaubare Ausflugsverkehr nahm erst in den letzten Betriebsjahren deutlich zu. Immer mehr Touristen nutzten nun die Möglichkeit, mit der Schmalspurbahn nach Jöhstadt zu reisen. Dafür war es notwendig, den Planzügen am Wochenende bis zu vier Verstärkerwagen beizustellen.

Stillleben Mitte der 1970er Jahre:
In Niederschmiedeberg wartet unter anderem der Hw 97-24-57 auf neue Aufgaben.
Auf einem Nebengleis im Bahnhof Steinbach befindet sich der GGw 97-14-48.
Fotos: G. Börner

Einen ganz besonderen Reiz übte die Preßnitztalbahn im Winter aus.
Die Aufnahme zeigt die Ausfahrt des Personenzuges mit einer IV K aus Wolkenstein.

Schneeberge empfangen die Reisenden in Jöhstadt. Winterschuhe waren ein Muss, wollte man keine kalten Füße riskieren.
Fotos: Steffen Schwarzer

2.3 Stilllegung und Gleisabbau

Doch auch mit dem stärker werdenden Ausflugsverkehr war der Stilllegungsprozess nicht mehr aufzuhalten. 1982 begann das Ende der Preßnitztalbahn mit der Einstellung des Güterverkehrs zwischen Niederschmiedeberg und Jöhstadt. Ursache dafür war der schlechte Streckenzustand, der dazu führte, dass am 22.11.1982 ein Rollfahrzeug trotz geringer Geschwindigkeit entgleiste. Auf dem Abschnitt von Wolkenstein bis Niederschmiedeberg war der Güterverkehr jedoch noch erheblich, sodass hier vorerst keine Einstellung erfolgen konnte. Ganz im Gegenteil: 1981 entstand aufgrund von Umbauten im Kühlschrankwerk Niederschmiedeberg ein so großer Lastenrückstau, dass nach Fertigstellung der Arbeiten ein zeitweiliger Schienenersatzverkehr eingeführt werden musste. Dadurch konnte die gesamte Streckenkapazität sowie die vorhandenen Lokomotiven für den Güterverkehr genutzt werden. Eine aufgrund der großen Gütermengen angedachte Umspurung des Gleises bis Niederschmiedeberg konnte jedoch nie realisiert werden.

Aufgrund von nur noch 15 einsatzfähigen Rollfahrzeugen kam es zu einem Stau von bis zu 50 Güterwagen in Wolkenstein, die für Niederschmiedeberg bestimmt waren. Wenn die Rollwagen am Nachmittag wieder in Wolkenstein eintrafen, hatte das Rangierpersonal bereits Feierabend, sodass erst am nächsten Morgen wieder einige Güterwagen per Schmalspurbahn zum Werk gelangten. Dies setzte sich über Monate fort, sodass der Stau kein Ende nahm. Da aufgrund fehlender Rollfahrzeuge keine Besserung per Schiene möglich war, verpflichtete die DR den VEB dkk dazu, verstärkt die Rampe in Wolkenstein zur Verladung auf Lkw zu nutzen.

Fortan betrieb die Rbd Dresden die Stilllegungspläne noch intensiver. Für den „Tag der Republik“ am 7. Oktober 1983 war nach ersten Planungen die Gesamteinstellung des Güterverkehrs geplant. Die Schließung der Gütertarifpunkte Steinbach und Jöhstadt war der erste Schritt auf dem Weg dahin. Der Reiseverkehr sollte noch solange bestehen bleiben, wie es die Gleisanlagen bei minimaler Instandhaltung zuließen. Der Fahrplan war so zu ändern, dass nur noch ein Zug auf der Strecke hin und her pendelte, um möglichst viele Eisenbahner einsparen

Eine schilderlose IV K wird an einem Wintertag Anfang 1983 am Lokschuppen Wolkenstein auf ihren Dienst vorbeireitet. Foto: Steffen Schwarzer

zu können. Zudem war der Rückbau von nicht mehr benötigten Gleisen vorgesehen. Doch am 9. März 1983 gab es eine neue Idee für die Preßnitztalbahn: Vorerst Weiterbetrieb des Teilstücks Wolkenstein - Niederschmiedeberg sowie die konzeptionelle Vorbereitung eines Schmalspurbahn-Museums in Jöhstadt. Die dortige Stadtverwaltung, die sich bisher gegen die Einstellung der Bahn wandte, stand zunehmend unter Druck. Im Dezember 1983 stimmte dann das Stadtparlament mit einer Stimme Mehrheit der Stilllegung der Bahn zu.

Am 30. November 1983 erfolgte die Herabstufung von Streckewalde zum unbesetzten Haltepunkt. Anderthalb Monate später, am Freitag den 13. Januar 1984, verkehrten die letzten Personenzüge zwischen Niederschmiedeberg und Jöhstadt. Bereits eine Woche vorher waren viele Eisenbahnfreunde im Preßnitztal unterwegs, da gemunkelt wurde, dass das obere Teilstück der Preßnitztalbahn an diesem Tag letztmals mit Personenzügen befahren werden sollte. Doch Probleme bei der Bereitstellung der notwendigen Anzahl von Bussen gewährte dem Streckenstück eine letzte Schonfrist von sieben Tagen. Auch die Aufschrift „Stoppt den Wahnsinn – Rettet unsere Bahn" am Stationsgebäude von Steinbach brachte nichts ein. Als eine Woche später versucht wurde, einen Abschiedskranz an der letzten Plattform anzubringen, unterbanden Transportpolizisten dieses Vorhaben. Der P 14292 verkehrte an diesem Tag mit zwei Lokomotiven und nahm aus Jöhstadt alle lauffähigen Wagen mit. 18:51 Uhr fuhr unter reger Anteilnahme der Bevölkerung in Wolkenstein der letzte Zug nach Jöhstadt ab. Mehrfach zogen Fahrgäste während der Fahrt die Notbremse, doch gegen 22 Uhr war Jöhstadt erreicht. Dort kamen die Einwohner in großer Schaar zum Bahnhof. Der endgültig letzte Zug verließ Jöhstadt am Folgetag um 2:45 Uhr als Lrz 14281.

Im Januar 1984 letztmals zu beobachten: Wassernehmen eines Personenzuges in Steinbach. Foto: Wolfgang Nitzsche

Am 13. Januar 1984 verlässt P14292 den Bahnhof Jöhstadt. Zahlreiche Eisenbahnfreunde versammelten sich an diesem Tag im Preßnitztal, so auch Pavel Marek, der diese Aufnahme anfertigte.

Bereits am 30. September des gleichen Jahres kam dann das endgültige Ende für den Reiseverkehr auf der Preßnitztalbahn. Bereits in den Wochen zuvor waren unzählige Eisenbahnfreunde an der Strecke unterwegs, um nochmal mitzufahren oder letzte Fotos und Filmaufnahmen anzufertigen. Diesmal sprach die Rbd Dresden nicht von einem „Schienenersatzverkehr“, wie noch im Januar in Jöhstadt, sondern an diesem 30.09.1984 fand ganz offiziell die Einstellung des Reiseverkehrs im Preßnitztalbahn statt. Deshalb gab es eine würdige Verabschiedung der Bahn, inklusive Festschmuck, Aufschriften und Dankesreden für die Eisenbahner, allerdings erst nach einem zähen, 30-minütigen Gespräch mit dem Sektorenleiter der Rbd Dresden am Morgen des Einstellungstages. Blumensträuße, Birkengrün, Kreide und Zuglaufschilder mit der Aufschrift „s´is Feieroahmd“ waren im Nu organisiert. Am letzten Wagen prangte ein Schild mit der Aufschrift „Letzter Tag der Personenbeförderung zwischen Wolkenstein und Niederschmiedeberg“. Auch Musik der Feuerwehrkapelle Streckewalde erklang an diesem Tag. Pfeifend und läutend fuhr der letzte Personenzug gen Niederschmiedeberg.

Zum 1. Oktober 1984 war die offizielle Einstellung des Reiseverkehrs Wolkenstein - Jöhstadt vollzogen. Noch gut zwei Jahre länger blieb der Güterverkehr zwischen Wolkenstein und Niederschmiedeberg zum Kühlschrankwerk bestehen. Eigentlich war bis zum 31.12. 1985 die Aufgabe des noch vorhandenen Güterverkehrs vorgesehen, doch erst am 21. November 1986 war tatsächlich Schluss, als 99 1561-2 mit einem Gepäckwagen nach Niederschmiedeberg fuhr, um den letzten Güterzug abzuholen. Am 27.11.1986 kam es zur Unterzeichnung des Abschlussvertrages zum Verkehrsträgerwechsel zwischen dem VEB dkk Scharfenstein und der Rbd Dresden. Ein jahrelang in Niederschmiedeberg stehender Einheitsgepäckwagen wurde am 3. Dezember zur Verladung nach Wolkenstein abgefahren. Am 23. Dezember fuhr

dann 99 1561-2, die letzte noch hier verbliebene Dampflok, aus eigener Kraft auf einen normalspurigen Transportwagen.
Die Stilllegung der Gesamtstrecke geschah offiziell am 31. Dezember 1986, nach exakt 92 Jahren und 7 Monaten. Damit war die Preßnitztalbahn die letzte stillgelegte Schmalspurbahn der DDR.
Der Gleisabbau begann kurz nach der Stilllegung des oberen Abschnittes 1984 und lief bis zum Jahr 1989. Die Demontage erfolgte in mehreren Etappen. Dabei kamen auch Hubschrauber zum Einsatz, um die Brücken zu entfernen. Jeglicher Protest der Anlieger nützte nichts, die Strecke musste verschwinden, egal, was es kostete. 1989 waren die Gleise fast überall abgebaut. Und um jegliche Wiederaufbaugedanken zu zerstören, entstand auf dem Bahnhofsgelände von Steinbach ein Kindergarten. Der Bahnhof Jöhstadt war durch den Bau eines Wohnblocks kaum wiederzuerkennen. An eine Wiedergeburt der Preßnitztalbahn glaubte zu diesem Zeitpunkt wohl niemand mehr. Doch schon bald fiel die innerdeutsche Mauer und die beiden deutschen Staaten vereinigten sich im Herbst 1990. Nun war vieles möglich.

Zahlreiche Eisenbahnfreunde und Anwohner nahmen am 30.09.1984 Abschied von der Schmalspurbahn. Hier 99 1561-2 am Wolkensteiner Lokschuppen.

**Kein Scherz, sondern Unwissenheit: Am 08.11.1986 gab es in Wolkenstein die 99 1561-2 gleich zweimal. Bei der rechts abgestellten Lok handelte es sich wahrscheinlich um 99 1606-5, welche Fans beschriftet hatten.
Fotos: Th. Becher**

Traurige Bilder vom Streckenrückbau: Am 30.08.1987 fuhr der Abbauzug mit GISAG Werklok II (beschriftet als 199 008-4) über die Preßnitzbrücke vor Oberschmiedeberg.

An der Brücke Schafweg angekommen, erfolgte dann die „Sekundärrohstoffgewinnung“ mittels Schneidbrenner. Fotos: Th. Böttger

3 Die „neue“ Preßnitztalbahn – Eine Museumsbahn entsteht

3.1 Wiederaufbau in den Jahren 1990 bis 2000

Im Oktober 1988 gründete sich in Großrückerswalde die Interessengemeinschaft Preßnitztalbahn als Ortsgruppe des Kulturbundes der DDR. Das Ziel der IG bestand darin, den Bahnhof im Ort sowie einige Fahrzeuge, die nach dem Streckenabbau in Großrückerswalde zurückgeblieben waren, als Erinnerungsstücke an die stillgelegte Preßnitztalbahn zu erhalten. Auch gab es die Idee, einen Denkmalszug nach dem Vorbild von Geyer aufzustellen. Doch dazu kam es nicht, denn durch die politische Wende in der DDR sowie durch die Initiative zahlreicher Eisenbahnfreunde entstand die Vision, die Preßnitztalbahn als Museumsbahn bis Wolkenstein wieder aufzubauen. Dieses Projekt wurde jedoch nur kurzzeitig verfolgt, denn die Realisierung des gesamten Wiederaufbaus der Preßnitztalbahn war unmöglich. Der im Oktober 1990 neu gewählte Vereinsvorstand hatte stattdessen das Ziel, eine Museumsbahn zwischen Jöhstadt und Schmalzgrube zu errichten. Als Option war vorgesehen, die Strecke bis Steinbach wieder aufzubauen, doch daran war 1990 noch nicht zu denken.

Zunächst war ein neuer Mittelpunkt für die Vereinsaktivitäten auszuwählen, denn der bisherige Vereinssitz Großrückerswalde sollte keinen Bahnanschluss mehr erhalten. Damit rückte Jöhstadt in den Fokus des Vereins. Hier sollten auch die Arbeiten zur Errichtung der Museumsbahn beginnen. Doch zuvor war ein anderes Projekt zu realisieren, die Sanierung des Lokschuppens der Bergstadt. Dieser diente nach der Streckenstilllegung als Abstellraum für Altstoffe und war inzwischen stark verfallen. Durch Mund-zu-Mund-Propaganda und Aufrufen in Tageszeitungen sowie Eisenbahnmagazinen konnten immer mehr Mitglieder und Helfer gewonnen werden. Im Sommer 1990 unterstützte die NVA vom Standort Marienberg weitere Arbeitseinsätze zur Bahndammberäumung zwischen Jöhstadt und Schmalzgrube. Die noch vorhandenen, jedoch bereits stark verrotteten Schwellen der alten Preßnitztalbahn mussten mühsam entfernt werden, um Platz für den Wiederaufbau zu schaffen. Aufgrund dieser vielfältigen und umfangreichen Aktivitäten der Vereinsmitglieder bürgerte sich in Nah und Fern die Bezeichnung „die Verrückten aus dem Preßnitztal“ ein. Doch schon bald drückte diese Bezeichnung die Hochachtung für das Geschaffene aus. Das anfängliche Belächeln der Aktiven ließ mit jedem vollendeten Projekt und jedem Meter aufgebautem Gleis nach. Ein weiterer wichtiger Schritt zur Museumsbahn folgte am 22. November 1990. Seit diesem Tag ist die IG Preßnitztalbahn nach bundesdeutschem Recht im Vereinsregister eingetragen.

Ab Ende Februar 1991 arbeiteten 10 bis 15 Vereinsfreunde nahezu jedes Wochenende in Jöhstadt, um beispielsweise das Lokschuppengelände zu beräumen. Zudem mussten Lagermöglichkeiten für vorhandenes Material und Werkzeuge geschaffen werden. Die Bergung von noch vorhandenen Gleisjochen in Streckewalde, insgesamt 900 Meter Gleismaterial, welches zunächst in Schlössel gelagert wurde, war ein weiterer Schritt in Richtung Museumsbahn. Doch noch war die Sanierung des Lokschuppens nicht abgeschlossen. Unter anderem entstanden hier alle drei Untersuchungskanäle neu. Auch das durchlöcherte Dach bekam eine Reparatur. Im August erschien die erste Ausgabe der Vereinszeitschrift „Preßkurier“. Und das Highlight des Jahres sollte am 22. November noch folgen: Die Unterzeichnung des Kaufvertrags über die zwei IV K-Maschinen 99 568 und 99 590.

Das große Motto lautete 1992: „Wiedererstehen lassen!“ Die erste vereinseigene Lok, 99 1568-7, stand im April schon im Lokschuppen Jöhstadt.

Auf einem kurzem Gleisstück vor dem Lokschuppen konnte auf dem Führerstand von 99 1568-7 mitgefahren werden. Dieses erste Pfingstfest 1992 war gleichzeitig die 100-Jahrfeier der Preßnitztalbahn. Fotos: Karl Wolf

Der Blick aus dem Dachbodenfenster des Neubaublocks zeigt die Anfänge in Jöhstadt am 07.06.1992. Foto: Jörg Müller (Plauen)

In späteren Jahren kam die 199 007-6 auch im Personenzugverkehr sowie im Rangierbetrieb zum Einsatz. Doch daran war 1992 noch nicht zu denken. Zunächst war der Streckenbau zu realisieren. Foto: Stefan Müller

Am 10. Januar 1992 war es dann soweit: Mit 99 568 kehrte nach fast acht Jahren die erste Dampflok nach Jöhstadt und damit in ihre alte und langjährige Heimat zurück. Noch waren keine Fahrten mit der Maschine möglich, doch das sollte sich schnell ändern. Im April und Mai errichteten die Vereinsmitglieder die Gleise vor dem Lokschuppen. Und auch der Streckenbau in Richtung Schlössel begann mit dem Verlegen von 300 Metern Gleis. Allerdings bestand noch keine Verbindung zwischen dem Lokschuppen- und Streckengleis, sodass nur wenige Meter per Dampflok zurückgelegt werden konnten. Weiteren Fahrzeugzuwachs gab es mit dem Kauf der 90 PS starken Diesellok 199 007-6 (Typ Ns4), die für den späteren Wiederaufbau bis Steinbach eine wichtige Rolle spielen sollte.

Das Pfingsten 1992 gefeierte Jubiläum „100 Jahre Schmalspurbahn Wolkenstein - Jöhstadt" besuchten 7.500 Gäste. Viele Besucher, die in den vorangegangenen Monaten nicht in Jöhstadt waren, staunten, dass inzwischen 50 Meter Gleis vor dem restauriertem Heizhaus mit der 99 568 befahren werden konnten. Viele Besucher nutzten sogleich die Möglichkeit zu einer Führerstandsmitfahrt. Dieses Fest ging als Stunde „Null" des Museumsbahnbetriebes in die Geschichte der neuen Preßnitztalbahn ein.

Im Sommer gelang die Anbindung zwischen Lokschuppen- und Streckengleis, sodass beim Bahnhofsfest im Oktober erstmals Fahrten in Richtung Schlössel möglich waren. Da jedoch das frühere Bahnhofsgelände in Jöhstadt eine anderweitige Nutzung erfuhr, musste ein neuer, seitdem über mehrere Jahrzehnte genutzter Bahnsteig in der Nähe des Lokschuppen (km 22,8) angelegt werden.

Im August des Jahres gab es den nächsten Grund zum Feiern: Mit der 99 590 erreichte die zweite IV K-Maschine Jöhstadt. Langsam schienen die alten Preßnitztalbahn-Zeiten zurückzukehren.

Auch das Jahr 1993 sorgte wiederum für Lokomotivzuwachs, weil mit der 99 542 die dritte vereinseigene IV K erworben werden konnte. Und schon bald sollten die Maschinen auch mehr Auslauf bekommen, denn der Wiederaufbau der Bahnstrecke ging mit großen Schritten voran, sodass in diesem Jahr erstmals Fahrten bis Schlössel stattfanden. Dies waren die ersten Zugfahrten, bei denen Fahrgäste befördert werden durften, weil inzwischen die IG

Seit 1993 kann 99 542 regelmäßig vor dem Jöhstadter Lokschuppen angetroffen werden. Foto: Stefan Müller

Preßnitztalbahn e. V. als Eisenbahnverkehrsunternehmen zugelassen war. Eine Nachfertigung des früheren Stationsschildes hieß die Fahrgäste im damaligen Endbahnhof Willkommen. In Schlössel kam es auch zur Errichtung umfangreicher Gleisanlagen, die als Abstellmöglichkeit für den wachsenden Wagenpark über viele Jahre hinweg intensiv genutzt werden sollten und zum Teil auch heute noch genutzt werden. 1993 begannen zudem die Veranstaltungen mit Fotogüterzügen und Gastlokomotiven.

1994 waren bereits Fahrten bis zum neuen Haltepunkt Loreleyfelsen möglich. Diese, früher nicht vorhandene, Station sollte aber nicht lange Endpunkt bleiben, deshalb ging der Streckenbau unermüdlich weiter. Die größte Herausforderung stellte dabei der Brückenbau am Zusammenfluss von Preßnitz und Schwarzwasser dar. Diese fehlende Brücke stand dem Streckenbau bis Schmalzgrube noch im Weg.

Im Mai des Jahres gab es zunächst zwei andere positive Nachrichten: Der Verein erhielt die Konzession als Nichtbundeseigene Eisenbahn und die 99 590 bekam in Görlitz eine Aufarbeitung, sodass fortan drei betriebsfähige Dampfloks für die Fahrtage zur Verfügung standen.

Das erste große Ziel der IG Preßnitztalbahn wurde 1995 Realität: Zugverkehr bis Schmalzgrube. Drei Jahre dauerte der Bau des rund vier Kilometer langen Streckengleises von Jöhstadt bis hierher. Und es stand bereits fest, dass Schmalzgrube nur Durchgangsstation und nicht Endpunkt der Museumsbahn sein soll. Weil Steinbach das große Ziel war, welches in einigen Jahren erreicht werden sollte. Bis zur Zielerreichung mussten noch einige Kilometer Gleis verlegt und viele Tonnen Schotter ausgebracht werden. Um das Ziel zu untermauern, begannen bereits im Oktober die Arbeiten für den weiteren Streckenaufbau. Als erstes Projekt stand der Bau des Bahnübergangs Grumbacher Straße in Richtung Forellenhof auf der Agenda. Und um eine Ersatzlok für die künftige umfangreiche Bauzugtätigkeit zu besitzen, erwarb der Verein die 100 PS starke Diesellok 199 009-2 (Typ V10C).

Nach langwierigen Verhandlungen konnte 1996 die auf dem Bahnhofsgelände in Schmalzgrube befindliche Lagerhalle abgerissen werden, sodass in der Folgezeit umfangreiche Gleisanlagen geschaffen werden konnten. Zwei Durchgangsgleise, ein Abstellgleis sowie ein Gleis zu einem Diesellokschuppen bilden heutzutage die Gleisanlagen von Schmalzgrube. Weitere

Seit 1995 ist auch Schmalzgrube wieder auf der Schiene erreichbar. Mit der weiteren Streckenverlängerung bis zum Forellenhof gab es „Wendezugbetrieb“. Hier 99 1590-1 bei Ausfahrt am 10.02.1996. Foto: Th. Böttger

Höhepunkte des Jahres waren die Errichtung eines Brückenneubaus am nördlichen Bahnhofskopf von Schmalzgrube sowie der weitere Aufbau des Gleises für die Museumsbahn. Bereits nach wenigen Monaten Bauzeit konnte der neue Haltepunkt Forellenhof in Betrieb genommen werden. Seither wird dieser Haltepunkt sehr gut frequentiert, da sich direkt neben der Station eine Pension mit angeschlossener Gaststätte befindet, die immer wieder gern von den Reisenden der Museumszüge angesteuert wird.
Auch 1997 liefen die Gleisbauarbeiten in Richtung Steinbach weiterhin auf Hochtouren. Nächstes Etappenziel war der zukünftige Haltepunkt am Besucherbergwerk Andreas-Gegentrum-Stolln. 1748 begannen hier Schürfarbeiten, bei denen Rotgültigerz, silberhaltige Kiese und Kobalt gefunden wurde. Da weitere ergiebige Funde ausblieben, endeten die Arbeiten vorläufig im Jahr 1756. Weitere Erschließungen in den Jahren 1766 bis 1771 blieben zum Großteil erfolglos, doch ab 1780 setzten neue Aktivitäten ein, die nun von Erfolg gekrönt waren. Silbererz und Kobalt konnten in 10 Meter Tiefe gefunden werden. 1792 entstand zur Erstaufbereitung ein Pochwerk. Bis 1838 liefen die Arbeiten, dann konnte kein abbauwürdiges Erz mehr gefunden werden. Während der gesamten Abbauzeit gab es eine Erzausbeute von circa 140 Kilogramm Silber sowie rund 1.445 Zentner Kobalt. Umfangreiche Aufwältigungen gab es zwischen 1863 und 1873. Dabei entstand das heutige Mundloch mit Schlussstein.
Doch bis die Fahrgäste fast direkt bis zum Besucherbergwerk fahren konnten, musste unmittelbar vor dem Haltepunkt noch eine neue Brücke errichtet werden. Aber nicht nur am Stolln fanden Bauarbeiten statt, sondern auch im zukünftigen Endbahnhof. Dort begann die Sanierung des Wasserhauses.
1998 gab es erneut viele positive Nachrichten aus dem Preßnitztal. Zum einen konnte der Abschnitt bis zum Andreas-Gegentrum-Stolln in Höhe km 16,5 (560 Meter über NN) eröffnet werden. Damit verlängerte sich die Museumsbahnstrecke auf rund 6,5 Kilometer. Um am neuen Haltepunkt Züge enden zu lassen, waren umfangreiche betriebliche Abläufe nötig. Da ein Umsetzen der Zuglokomotive aufgrund von nur einem Durchgangsgleis nicht möglich war, musste eine zweite Lok aushelfen. Diese stand bis zur Ankunft des Zuges auf einem Gleisstumpf oberhalb der Preßnitzbrücke. Nach dem Ausstieg der Fahrgäste setzte sie sich an den

„Meppel" in Jöhstadt. Das Foto entstand, als die Maschine bereits den betriebsfähigen Fahrzeugpark der Museumsbahn angehörte.
Foto: Stefan Müller

Museumszug und zog diesen einige Meter vor die Weiche, sodass nun die Zuglok auf das Stumpfgleis umsetzen konnte. „Lok 2" schob den Zug zurück zum Haltepunkt, kuppelte ab, fuhr zurück und anschließend setzte sich die eigentliche Zuglok wieder vor die Personenwagen.

Eine andere positive Nachricht betraf den Fahrzeugsektor: Die letzte Neubau-Schmalspurdampflok der DDR, 99 4511-4, auch bekannt als „Meppel", konnte erworben werden. Die früher in der Prignitz eingesetzte Maschine war zunächst nicht einsatzfähig, sollte aber später einmal den Fahrzeugeinsatz auf der Museumsbahn noch vielfältiger gestalten.

1999 war das große Ziel „Steinbach" schon fast erreicht, denn im September war der Gleisbautrupp nur noch 700 Meter vom künftigen Streckenendpunkt entfernt. Und auch im Bahnhofsbereich von Steinbach wurde kräftig gebaut. Nicht mehr benötigte Gebäude des Kindergartens verschwanden und die Sanierung der historischen Hochbauten begann. Ganz besonders im Fokus der Arbeiten stand das historische Wasserhäuschen, welches seine ursprüngliche Funktion bis zur Wiedereröffnung zurückerhalten sollte.

Im April 2000 lagen die ersten Gleise im Bahnhof Steinbach. Doch noch erreichten die Züge den Bahnhof nicht, sondern endeten 500 Meter bergwärts am neuen Haltepunkt Wildbach. Im Juni war die letzte Gleislücke geschlossen und es konnten erste Züge bis zum neuen Endbahnhof der Museumsbahn fahren. Die Freude darüber war bei vielen Vereinsfreunden so groß, dass sie sich unter den Wasserkran des sanierten Wasserhäuschens stellten, um eine ganz besondere Dusche zu nehmen. Doch noch musste weitergearbeitet werden, bis wieder Personenzüge in den Bahnhof einfahren konnten. Dafür mussten die Gleisanlagen geschottert und gestopft werden. Zwei Monate später war es dann soweit: Am 18. August erfolgte die feierliche Einweihung der Strecke, was mit der Festwoche „Steinbach 2000" vom 19. bis 27. August im großen Stil gefeiert wurde. An diesen Tagen dampften circa 200 Züge über die Museumsbahn. Tausende Besucher ließen sich diese Festwoche nicht entgehen und feierten mit den vielen Vereinsmitgliedern den vorläufigen Abschluss der Streckenbauarbeiten. Nun war immerhin ein Drittel der früheren Strecke wieder aufgebaut.

Logo für die Spendenaktion zur Streckenverlängerung „Steinbach 2000".

99 1542-2 nimmt im Bahnhof Steinbach Wasser. Rechts ist die Fahrzeugausstellung zu sehen, die zahlreiche Besucher in ihren Bann zog. Foto: Thomas Böttger

Eindrücke von der Festveranstaltung „Steinbach 2000“, der Fahrzeugausstellung in Steinbach, der Ausfahrt des Eröffnungszuges aus selbigen Bahnhof sowie der Lokparade in Jöhstadt.
Fotos: Th. Böttger

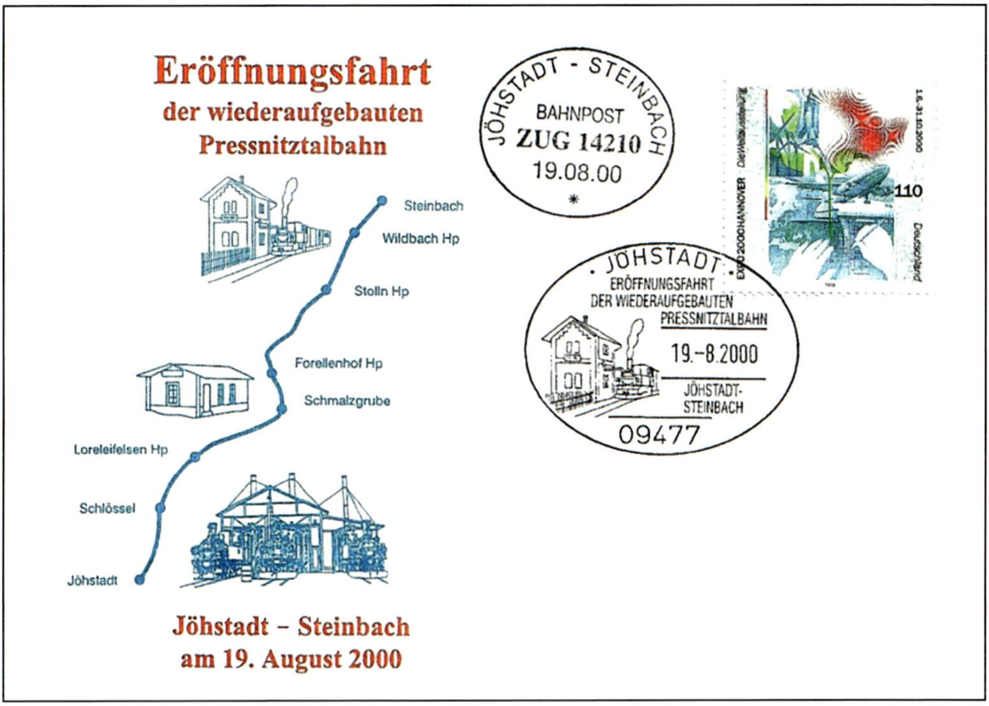
Eröffnungsfahrt
der wiederaufgebauten
Pressnitztalbahn
Steinbach
Wildbach Hp
Stolln Hp
Forellenhof Hp
Schmalzgrube
Loreleifelsen Hp
Schlössel
Jöhstadt
Jöhstadt – Steinbach
am 19. August 2000
JÖHSTADT - STEINBACH
BAHNPOST
ZUG 14210
19.08.00
110
Deutschland
JÖHSTADT
ERÖFFNUNGSFAHRT
DER WIEDERAUFGEBAUTEN
PRESSNITZTALBAHN
19.-8.2000
JÖHSTADT-
STEINBACH
09477

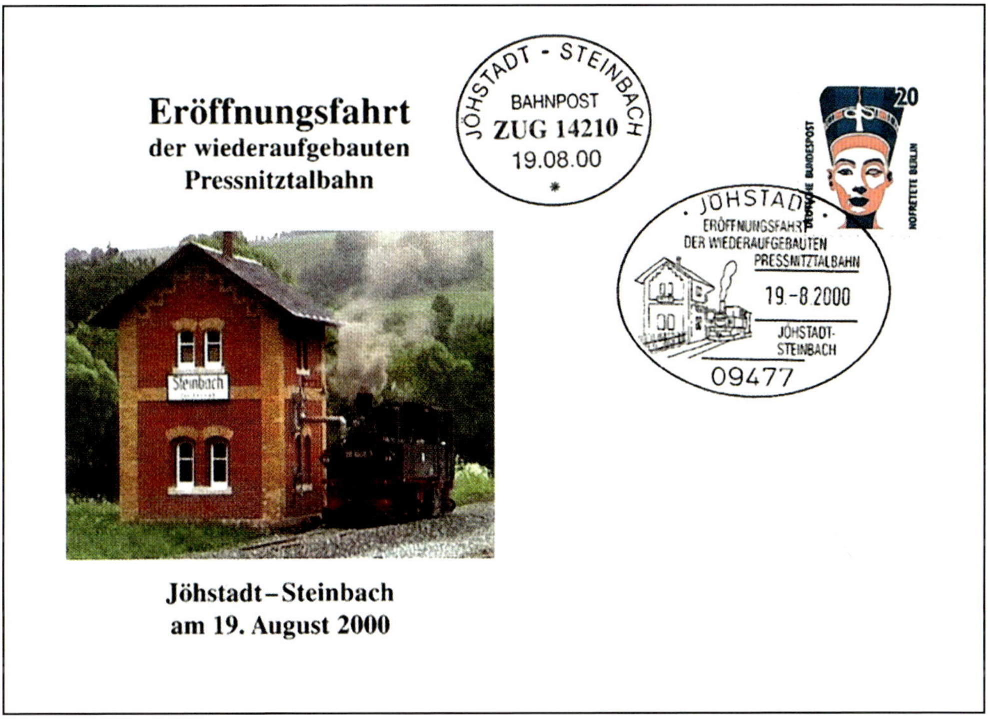
Eröffnungsfahrt
der wiederaufgebauten
Pressnitztalbahn
Steinbach
Jöhstadt – Steinbach
am 19. August 2000
JÖHSTADT - STEINBACH
BAHNPOST
ZUG 14210
19.08.00
20
DEUTSCHE BUNDESPOST
NOFRETETE BERLIN
JÖHSTADT
ERÖFFNUNGSFAHRT
DER WIEDERAUFGEBAUTEN
PRESSNITZTALBAHN
19.-8.2000
JÖHSTADT-
STEINBACH
09477

Für Freunde der Philatelie gab es zur Eröffnung der Strecke Jöhstadt - Steinbach zwei Sonderpostbriefe. Sammlung: Stefan Müller

3.2 Weiterer Werdegang bis zum Jubiläum 25 Jahre Museumsbahn

Mit dem Erreichen des Bahnhofs Steinbach endete vorerst der Wiederaufbau der Museumsbahnstrecke nach acht Jahren intensiver Bautätigkeit. In dieser Zeit konnte parallel ein umfangreicher und anspruchsvoller Museumsbahnbetrieb realisiert werden. Für die kommenden Jahre war dieses Betätigungsfeld nicht mehr vordergründig zu bearbeiten, sodass andere Projekte in den Fokus der IG rückten. Es entstanden beispielsweise erste Gedanken für eine moderne Wagenhalle, in der zukünftig die Museumsfahrzeuge eine sichere und witterungsgeschützte Unterstellung finden sollten. Um dieses Projekt realisieren zu können, kaufte der Verein im Jahr 2001 eine Industriebrache zwischen Jöhstadt und Schlössel, direkt am Gleis der Museumsbahn gelegen. Die Abbrucharbeiten konnten noch im selben Jahr aufgenommen werden. Schon 2002 war der Abriss der alten Fabrik beendet. Nun war zumindest schon einmal Platz geschaffen worden, um an dieser Stelle in einigen Jahren eine moderne Fahrzeughalle zu errichten.

Im Jahr 2002 endete die Aufarbeitung von „Meppel“ (99 4511-4), sodass diese Lok zum Pfingstfest in den aktiven Betriebsdienst gelangte. Doch lang hielt die Freude darüber nicht an, denn die Jahrhundertflut in Sachsen im August 2002 sorgte auch im Preßnitztal für Schäden. Auch wenn diese nicht annähernd so groß waren wie beispielsweise bei der Weißeritztalbahn, waren dennoch umfangreiche Arbeiten unter dem Motto „Sanierung der Hochwasserschäden an der Eisenbahninfrastruktur der Preßnitztalbahn“ in den Folgemonaten notwendig. Erst danach waren weitere Fahrten von „Meppel“ auf der Preßnitztalbahn möglich. Im August gelang es der IGP, eine weitere V10C-Diesellok zu erwerben, die seit ihrer Aufarbeitung als 199 008-4 im Betrieb steht.

Mit dem Neubau der Fahrzeughalle in Schlössel konnte eine Industriebrache sinnvoll umgenutzt werden. Im Hintergrund ist der Bahnhof Schlössel der Museumbahn zu sehen. Foto: Tony Böttger

Anlässlich des im Jahr 2002 gefeierten Jubiläums 110 Jahre Preßnitztalbahn erschien dieser Sonderbrief. Sammlung: Stefan Müller

Seit 1998 gehört 99 4511-4 der IG Preßnitztalbahn. Im Jahr 1965 wurde sie im Raw Görlitz „rekonstruiert", was jedoch einem Neubau gleich kam. Nach der Ausmusterung 1976 kam sie als Denkmal in den „Holiday-Park" Haßloch. Fotos: Thomas Böttger

Ein wichtiges Projekt im Jahr 2003 stellte die Erneuerung der Ladestraße in Schmalzgrube dar, welche mit neuem Pflaster versehen wurde. Zudem begannen die Planungs- und Genehmigungsverfahren für die künftige Ausstellungs- und Fahrzeughalle. Jetzt hieß es, auf die Genehmigung zu warten. Nachdem diese erteilt war und die ersten Ausschreibungen der Bauarbeiten mit der Vergabe endeten, begann am 19. April 2004 die Errichtung der Halle. Im September feierten die Arbeiter Richtfest, zudem begann der Gleisbau vom Streckengleis zur Fahrzeughalle.
Die in den Vorjahren aus Spendengeldern errichtete Telegrafenleitung nahm am 3. Oktober auf der Gesamtstrecke ihren Betrieb auf. 2004 begann außerdem der planmäßige Einsatz der im Privatbesitz befindlichen VI K 99 1715-4 zwischen Jöhstadt und Steinbach. Diese Lokbaureihe gehörte bei der alten Preßnitztalbahn nicht zum Repertoire. Lediglich 99 699 war zu Heizzwecken kurzzeitig im Bahnhof Jöhstadt anzutreffen.
Nach gut einjähriger Bauzeit feierten die Mitglieder der IG Preßnitztalbahn im Juni 2005 die Einweihung und offizielle Inbetriebnahme der Fahrzeughalle. Seither steht der Museumsbahn eine moderne Halle zur Verfügung, in der Fahrzeuge untergestellt und gewartet werden können. Außerdem finden hier verschiedene Veranstaltungen, wie z. B. die zu Pfingsten stattfindende Modellbahnausstellung, statt.

Die Fahrzeughalle kurz vor ihrer Fertigstellung sowie ein Sonderbrief zur Eröffnung der Fahrzeughalle.
Foto/Sammlung: Stefan Müller

99 1568-7 wird mit einigen Güterwagen in der Fahrzeughalle präsentiert. Foto: Stefan Müller

„Meppel" in der Fahrzeughalle. Dort können Fotos aus Perspektiven angefertigt werden, die an der Strecke nicht möglich sind. Foto: Stefan Müller

Zu Pfingsten 2008 waren Rahmen und Kessel der IK Nr. 54 so weit fertig gestellt, dass sie in der Fahrzeughalle Schlössel gezeigt werden konnten. Foto: Thomas Böttger

Weniger schöne Nachrichten erreichten die IG-Mitglieder im Juli, als bei einem Unwetter durch einen Tornado erhebliche Sturmschäden zu verzeichnen waren. Mehrere Bäume lagen auf den Gleisen, zudem gab es erhebliche Beschädigungen an der Telegrafenleitung.
Im Jahr 2006 fand nach längerer Zeit wieder Gleisbau auf der Strecke statt. Der Gleisbautrupp des Vereins verlängerte das Streckengleis um circa 300 Meter in Richtung Wolkenstein. Ein großer Erfolg stellte der im Frühjahr an den Verein verliehene Claus Köpcke Preis 2005 für den Wiederaufbau der Preßnitztalbahn im Abschnitt Jöhstadt - Steinbach dar. Und auch auf dem Fahrzeugsektor gab es Neuigkeiten. Vom Verkehrsmuseum in Nürnberg kam die 99 1781-6 zur IG Preßnitztalbahn, die zunächst in der Fahrzeughalle einen witterungsgeschützten Platz fand. Eine betriebsfähige Aufarbeitung war zu diesem Zeitpunkt nicht vorgesehen.
Das Jahr 2006 war aber auch mit einem ganz besonderen Jubiläum verbunden. Exakt 125 Jahre zuvor, im Jahr 1881, wurde die erste sächsische Schmalspurbahn von Wilkau nach Kirchberg eröffnet. Um dieses Ereignis würdig zu begehen, gab es in diesem Jahr mehrere Schmalspurbahnfestivals auf allen noch beziehungsweise wieder existierenden Schmalspurbahnen in Sachsen, sodass auch die Preßnitztalbahn in die Feierlichkeiten mit einbezogen war. Hier fand am 9. und 10. September das IV. Schmalspurbahnfestival statt.

Am 17.09.2009 war 99 1781-6 aus der Fahrzeughalle ausquartiert worden und stand gleich neben dem hölzernen Hinweisschild.
Fotos: Tony Böttger

125 Jahre
Schmalspur Dampf Sachsen
IV. Schmalspurbahnfestival
9. - 10. September 2006

Museumsbahn Steinbach – Jöhstadt
• Preßnitztalbahn •

Anlässlich des Schmalspurbahnfestivals auf der Preßnitztalbahn erschien dieser Sonderbrief. Sammlung: Stefan Müller

Das Jahr 2007 begann mit dem Orkantief Kyrill, welches entlang der Strecke starke Verwüstungen hinterließ, die jedoch in den Folgemonaten beseitigt werden konnten. Das Pfingstfest stand in diesem Jahr ganz im Zeichen des Jubiläums „115 Jahre Preßnitztalbahn". 3.000 Fahrgäste sowie insgesamt über 5.000 Besucher fanden in diesen Tagen den Weg zur Museumsbahn.

Ein recht ungewöhnlicher Wettstreit stand am 15. September auf dem Programm. Unter dem Motto „Fahrrad gegen Preßnitztalbahn" gab es einen besonderen Wettbewerb. Und der Sieger hieß: Preßnitztalbahn!

Im März 2008 fegte das Orkantief Emma über den Erzgebirgskamm. Zum Glück waren die Schäden nicht so erheblich wie vierzehn Monate zuvor.

In diesem Jahr begingen die Mitglieder des Museumsbahnvereins das Jubiläum „20 Jahre IG Preßnitztalbahn". Aus diesem Anlass waren zeitgleich 14 Lokomotiven der sächsischen Gattung IV K zwischen Jöhstadt und Steinbach anzutreffen. Zudem feierte in diesem Jahr der Zittauer Triebwagen VT 137 322 seine Einsatzpremiere auf der Preßnitztalbahn. Aber nicht nur neue Fahrzeuge sondern auch neue Programmhighlights gab es 2008. Speziell für Fahrgäste, die gern einmal nachts die Museumsbahn bereisen wollten, fanden erstmals die „Nachtschwärmerfahrten" statt. Ein weiterer Anziehungspunkt für Ausflügler war das aller zwei Jahre (in den geraden Kalenderjahren) durchgeführte Jöhstädter Oldtimerfest, welches in diesem Jahr erstmals am Bahnhof Steinbach veranstaltet wurde. Bis 2006 waren noch das Gewerbegebiet und der Markt in Jöhstadt Treffpunkt zahlreicher Oldtimer.

Vor Fahrtbeginn wird die I K Nr. 54 mit Kohle versorgt.
Foto: Stefan Müller

Das Jahr 2009 war geprägt durch den Einsatz der IK Nr. 54. Der Nachbau einer Maschine der ersten sächsischen Schmalspurlokgattung wurde nach der in Radebeul Ost erfolgten Indienststellung in Jöhstadt beheimatet. Anschließend war sie vor allem auf der Museumsbahn eingesetzt. Sie kam und kommt aber auch bei allen anderen sächsischen Schmalspurbahnen zum Einsatz.

In diesem Jahr startete auch die Spendenaktion „Wir zählen die Tage“, die am Anfang des langen Weges zur Wiederherstellung des Bahnhofs Jöhstadt stand. In einem virtuellen Kalender konnte sich jeder für eine Spende in Höhe von mindesten 10 Euro seinen ganz speziellen Lieblingstag sichern. Die Kalenderaktion lief über einige Jahre und brachte mehrere Hunderttausend Euro ein.

Ein großer Erfolg für die Museumsbahn konnte im November gefeiert werden: Der 500.000ste Fahrgast seit Wiedereröffnung der Museumsbahn. Ein Erfolg, den wohl nur wenige der Museumsbahn Anfang der 1990er Jahre zugetraut hätten.

Das Jahr 2010 begann mit einer Fahrzeugeinweihung. Am 29. Januar wurde ein neuer Buffetwagen fertiggestellt. Dieser entstand aus dem ehemaligen Traglastenwagen 970-507. Eine weitere Attraktivitätssteigerung für die Museumsbahn.

Auch auf und neben den Gleisen der Museumsbahn gab es einige Fortschritte zu verzeichnen. So endete beispielsweise im Frühjahr die Zeit der neben der Fahrzeughalle stehenden und der Attraktivität der Bahn nicht zuträglichen Ruine, die nun abgerissen werden konnte. Im April erfolgte der Einbau des neuen Brückenüberbaus am Kilometer 18,24 am Forellenhof und im

10 Jahre Museumsbahn
Steinbach - Jöhstadt

99 1590-1 mit Zug am Wasserhaus im Bahnhof Steinbach

Anlässlich des 10. Jubiläums der Wiedereröffnung der Strecke bis Steinbach erschien im Jahr 2010 diese Sonderpostkarte. Eine passende Briefmarke des privaten Postdienstleisters Post Modern sorgte für eine gelungene Gesamtkomposition. Sammlung: Stefan Müller

Bahnhofsgebäude von Jöhstadt gingen die Sanierungsarbeiten mit der Installation einer energieeffizienten Heizung voran. Dafür erhielt der Verein eine Förderung vom Freistaat Sachsen.

Auch die Veranstaltungen erfreuten sich großer Beliebtheit. Beim Osterdampf wurden fast 3.800 Fahrgäste in den Museumszügen gezählt. Beim Pfingstfest fuhren 5.300 Fahrgäste durch das Preßnitztal.

Auf dem Fahrzeugsektor gab es einen (formalen) Abgang zu vermelden. Die bisher in der Fahrzeughalle hinterstellte 99 781 sollte nach ihrer Aufarbeitung zukünftig den Plandienst auf der von der Eisenbahn-Bau- und Betriebsgesellschaft Pressnitztabahn mbH betriebenen Rügenschen Bäderbahn komplettieren. Dazu wurde ein Kaufvertrag mit dem Landkreis Rügen ausgehandelt, dem auch die Vereinsmitglieder zustimmten. Damit endete ihre seit 1992 fast 20 Jahre dauernde Abstellzeit.

Im Dezember sorgten ungewöhnlich starke Schneemassen speziell an den Weihnachtstagen für reichlich Arbeit bei den Vereinsmitgliedern, schließlich musste die Strecke für die Winterfahrten freigeräumt werden. Dazu kam mehrfach der Schneepflug auf der Strecke zum Einsatz. Einige Schneewände überstiegen die Höhe von zwei Metern.

Am 19. Januar 2011 war es dann soweit. Die 99 781 verließ das Preßnitztal, um in Meiningen eine Hauptuntersuchung für ihren künftigen Einsatz auf der Insel Rügen zu erhalten. Damit endete die Zeit, in der bei der Preßnitztalbahn eine (nicht betriebsfähige) Neubaulok ausgestellt war.

Die „Aquarius C“ steht mit ihrem Personenzug nach Jöhstadt abfahrbereit im Bahnhof Steinbach. Einige abgestellte Wagen lassen den Eindruck einer Zugkreuzung entstehen. Foto: Ivan Dousa

In Jöhstadt begannen derweil die Arbeiten für eine zukünftige „Bahnnutzung“ des früheren Bahnhofsgeländes. Dazu war zunächst die Erneuerung eines Regenrückhaltebeckens notwendig. Durch diese Maßnahme und die Installation einer Brücke wurde eine zukünftige Befahrung der Fläche möglich. Mit rund 180.000 Euro Spendengeldern beteiligte sich die IG an diesem Bauvorhaben.

Im August erreichte die zuvor auf Rügen eingesetzte ehemalige Heeresfeldbahnlok „Aquarius C“ ihre neue Heimat Jöhstadt. Einige Jahre sollte sie hier den Museumsbahnbetrieb prägen, bevor sie 2017 in ihre österreichische Heimat zurückkehrte.

Im Oktober fand erstmals die SchmalspurExpo der Arge Schmalspur bei der Preßnitztalbahn statt. Veranstaltungsort war die Ausstellungs- und Fahrzeughalle, in der sich zahlreiche Modellbahnfreunde trafen, die sich insbesondere schmalspurige Motive als Vorbild für ihre Anlagengestaltung nehmen.

Der 600.000ste Fahrgast fuhr im Jahr 2012 mit der Museumsbahn mit. Der seit Juni bestehende Auftritt der Preßnitztalbahn bei Google+ sollte dafür sorgen, dass auch zukünftig immer neue Fahrgäste angelockt werden sollen.

Weihnachten im Erzgebirge ist immer etwas Besonderes. Wenn die Schwibbögen leuchten und der Schnee auf den Bäumen liegt, ist eine Fahrt mit der Preßnitztalbahn besonders attraktiv.

2013 standen die Osterfahrtage bei der Preßnitztalbahn unter dem Eindruck von Schnee und Eis. Im Juni suchte erneut eine Hochwasserkatastrophe Sachsen heim. Auch wenn die Schäden an der Museumsbahnstrecke nicht ganz so groß waren, wie in anderen Teilen des

Freistaats, kam es zu Beschädigungen an den Bahnanlagen. Erstmals musste aufgrund dieser Witterungsunbilden der Museumsbahnfahrbetrieb abgebrochen werden. Jedoch konnte schon bald wieder gefahren werden, nachdem alle Reparaturen durchgeführt waren.
In unmittelbarer Nähe zur Fahrzeughalle war die Brücke am Kilometer 22,2 so verschlissen, dass beginnend im 4. Quartal des Jahres ein Ersatzbauwerk errichtet werden musste. Schnell schritten die Brückenbauarbeiten voran, sodass die Brücke im Juni des Folgejahres fertiggestellt war.
Das Jahr 2014 begann im Januar mit einer Gedenkveranstaltung anlässlich „30 Jahre Einstellung des Betriebes zwischen Niederschmiedeberg und Jöhstadt". Damit ein Dampfzugbetrieb bis in den Bahnhof Jöhstadt nicht nur ein Thema der Vergangenheit bleiben sollte, startete im Verlauf des Jahres die Spendenaktion „Erste neue Weichen". Ziel der Aktion war die Finanzierung des Umbaus der Gleisanlagen in Jöhstadt. Damit sollte der Ausgangspunkt für die geplante Anbindung des ehemaligen Bahnhofsbereiches geschaffen werden.
Auch auf dem Fahrzeugsektor gab es in diesem Jahr Neuigkeiten zu vermelden. Von der Insel Rügen kommend, erreichte im Dezember die am 31. Oktober erworbene 99 594 das Preßnitztal. Sie war damit die vierte IV K-Maschine im Vereinseigentum. Allerdings war zunächst keine betriebsfähige Aufarbeitung geplant, sodass weiterhin drei IV-K´s neben 99 715 und 99 4511-4 für den Betriebsdienst bereitstanden.
Um den Bahnhof Jöhstadt wieder herzustellen, war es als einer der ersten Schritte nötig, im Jahr 2015 das kurze Gleisstück samt Weiche am Haltepunkt Andreas-Gegentrum-Stolln zwecks Materialgewinnung abzubauen. In Jöhstadt begann anschließend die Umsetzung der 1. Stufe des Projektes „Neuer Bahnhof Jöhstadt" mit der Errichtung zweier Gleise auf dem ehemaligen Wäscheplatz des Neubaublocks samt Weichenverbindung. Dadurch war erstmals in der Geschichte der Museumsbahn das Umsetzen der Zuglok in Jöhstadt möglich. Zuvor war immer ein umfangreiches Rangiermanöver mit Hilfe einer zweiten Lok nötig, bei der erst durch wegziehen der Wagengarnitur die Zuglok freigesetzt werden konnte.
Direkt an der Ausstellungs- und Fahrzeughalle entstand ein neuer Bedarfs-Haltepunkt, sodass seither Fahrgäste direkt an einem Bahnsteig den Zug verlassen und dadurch sicher die Fahrzeughalle erreichen können. Damit hat die heutige Museumseisenbahn mit insgesamt neun Bahnhöfen und Haltepunkten wieder genau so viele Stationen, wie es auf der früheren WJ-Linie der Fall war, wobei sich die Stationen nun auf circa 8 und nicht mehr auf gut 24 Kilometer Strecke verteilen.
Groß war die Freude bei den IGP-Mitstreitern, als dem Verein der „Claus-Köpcke-Preis" 2015 für die Wiedererrichtung der ursprünglichen Gleisanlage im Bahnhof Jöhstadt verliehen wurde.
Der für viele Eisenbahnfreunde schmerzliche Höhepunkt des Jahres 2016 war der zu Ostern stattgefundene Abschied von der Heeresfeldbahnlok „Aquarius C". Einige Zeit verbrachte sie noch als Ausstellungsstück auf der Museumsbahn, bevor sie Ende des Jahres zur sicheren Unterstellung in Carlsfeld transportiert wurde, wo sie den Winter im dortigen Heizhaus verbrachte. 2017 kam sie per Straßentransport zu ihrem neuen Eigentümer nach Österreich, bei dem sie eine betriebsfähige Aufarbeitung erhielt.
Zurück zum Jahr 2016: Im Sommer erschien die 150. Ausgabe des Preß-Kuriers. Aus dem anfänglichen Informationsblatt für Vereinsmitglieder war schon lange die ultimative Zeitschrift

In jedem Jahr gehören die Adventsfahrten zu den Veranstaltungshighlights. Auf diesem Foto verlässt 99 715 am 17. Dezember 2016 gerade den Bahnhof Steinbach. Foto: Ivan Dousa

für Eisenbahnfreunde geworden, die in einer Auflage von 2.300 Stück sechsmal pro Jahr erscheint. Damit wird natürlich für die Museumsbahn geworben, genauso wie durch die Aufstellung von 13 Informationstafeln an sieben Standorten im Erzgebirge (inklusive eines Schildes in tschechischen Weipert), wodurch sich die Preßnitztalbahn einen künftigen noch stärkeren Fahrgastzuspruch erhoffte.

Das Jahr 2017 stand ganz im Zeichen zweier Jubiläen. Zum einen des 125. Geburtstages der Strecke Wolkenstein - Jöhstadt und zum anderen des Ereignisses „25 Jahre Museumsbahn“. Das ganze Jahr über fanden umfangreiche und vielfältige Festveranstaltungen statt. Jeder Monat stand unter einem eigenen Motto. Das Festjahr begann im Januar mit dem Themenkomplex „Ende und Neuanfang“. Weitere Monatsmottos waren unter anderem: „Die VI K bei der Preßnitztalbahn“, „Gastfahrzeuge bei der Preßnitztalbahn“ und „125 Jahre sächsische IV K“.

Fotogüterzugveranstaltungen, der Einsatz von VT 137 322 aus Zittau, eine historische Bahnpostbeförderung sowie Filmvorführungen, die an längst vergangene Zeiten erinnerten, gehörten zu den Höhepunkten dieses Jahres.

Der Autor des vorliegenden Buches steuerte gemeinsam mit Holger Drosdeck sowie Karl Wolf in ehrenamtlicher Arbeit die Festschrift „125 Jahre Preßnitztalbahn – Schmalspurbahn Wolkenstein - Jöhstadt“ zum Festjahr bei. Auf 80 Seiten berichteten die drei Autoren über die Geschichte, die Einstellung und den Abriss der alten Preßnitztalbahn sowie den Wiederaufbau samt Sonderzugbetrieb der neuen Preßnitztalbahn.

Titelseite der Jubiläumsbroschüre
Sammlung: Stefan Müller

In diesem „Stassfurt Patriot“ war auf der Messe modell-hobby-spiel Leipzig 2018 ein Modell von der 125-Jahrfeier der Preßnitztalbahn mit IK Nr. 54 zu sehen. Foto: Thomas Böttger

Rückblick auf das Festjahr 2017. Dieses begann mit fantastischem Winterwetter. Foto: Ivan Dousa (28.01.2017)

Ein prächtiges Winterfoto gelang Ivan Dousa in Schmalzgrube (28.01.2017).

Am 3. Juni 2016 sind die IV K-Maschinen der IGP mit Werbung für das Doppeljubiläum verziert.
Foto: Thomas Böttger

Am 3. Juni 2016 fuhr die beschriftete 99 1542-2 am Loreleyfelsen in Richtung Jöhstadt.
Foto: Thomas Böttger

3.3 Jöhstadt erhält seinen Bahnhof zurück

Das Jahr 2018 war geprägt vom wieder aufgenommenen Streckenbau sowie vom Pfingstfest, bei dem die Firma LGB hier ihr 50-jähriges Jubiläum feierte. An der Fahrzeughalle fuhren die Originale an ihren Modellnachbauten vorbei. Zudem standen mit 99 4632-8 und 99 4652 sowie zwei Wagen der Rügenschen Bäderbahn (RüBB) besondere Fahrzeuge im Einsatz, die tausende Eisenbahnfreunde aus nah und fern anlockten.
Noch mehr Aufmerksamkeit erhielt der Verein jedoch für seine Gleisbauaktivitäten in diesem Jahr. Zum einen war es notwendig, die erste grundlegende Erneuerung der Museumsbahn zu beginnen, denn seit dem Wiederaufbau der Strecke bis Steinbach im Jahr 2000 gab es keine großen Arbeiten am Streckengleis mehr. Diese waren deshalb nun ebenso auszuführen wie Weichenerneuerungen in Schmalzgrube. Im Detail waren das Wechseln von verschlissenen Schwellen und Schienen genauso notwendig wie die Oberbauerneuerung sowie die Stabilisierung des Bahndamms, von Durchlässen sowie von Stützmauern. Im Bahnhof Schlössel waren zudem Weichen und Gleise neu zu verlegen.
2018 begann zum Anderen auch der Bau der Südlichen Bahnhofseinfahrt in Jöhstadt. Einen wichtigen Bestandteil der Arbeiten stellte die Erneuerung des Bahnübergangs zum Ortsteil Dürrenberg dar. Das neue Gleis wurde im Anschluss daran zwischen dem genannten Bahnübergang sowie dem zukünftigen Endpunkt der Museumsbahn am Kilometer 23,26 verlegt. Um mit einem Bauzug zu fahren, war es notwendig im Bahnhofsbereich von Jöhstadt zwei Fahrzeugrampen zu errichten, denn vor dem Empfangsgebäude lagen auch weiterhin keine Gleise, sodass vorerst kein Anschluss an die Museumsbahnstrecke besteht. Doch dieser soll in den nächsten Jahren realisiert werden. Ebenso ist ein künftiger Weiterbau des Gleises in Richtung deutsch-tschechischer Grenze möglich. Mit dem Schottern und Stopfen des neuen Gleises endete im Juli der zweite Bauabschnitt im Rahmen der Wiederherstellung des Bahnhofs Jöhstadt. Möglich war dies durch den Eingang von Spenden in Höhe von mehr als 120.000 Euro. Dass die Museumsbahn weiterhin rege genutzt wird, zeigte sich im Juli, als der 800.000ste Fahrgast im Zeitalter der Museumsbahn begrüßt werden konnte.
2019 fanden weitere Sanierungsarbeiten entlang der Strecke statt. Die Bauarbeiten erstreckten sich auf den Abschnitt vom Kilometer 18,7 bis zum Kilometer 22,7, sprich von der Einfahrt des Bahnhofs Schmalzgrube bis zur Einfahrt des Bahnhofs Jöhstadt. Die Arbeiten dauerten bis zum Herbst an, jedoch konnten die Fahrten mit der Museumsbahn ohne größere Einschränkungen durchgeführt werden. Zum Pfingstfest startete 99 594 und damit die vierte IV K des Vereins in ihre Preßnitztalbahn-Museumsbahnkarriere.
Der Fahrzeugbestand der Museumsbahn umfasst zum Erscheinen des Buches sechs Dampf- sowie drei Dieselloks, außerdem sind 14 Personenwagen der Klassen 1 bis 4, vier Gepäckwagen, ein offener Aussichtswagen, 22 Güterwagen (inklusive Rollfahrzeugen) sowie vier Bahndienstfahrzeuge vorhanden.
Ausblick: Wichtigstes Ziel der IG Preßnitztalbahn für die nähere Zukunft ist der weitere Wiederaufbau des Bahnhofs in Jöhstadt. In wenigen Jahren könnten die aus Steinbach eintreffenden Züge dann wieder am Empfangsgebäude der Bergstadt zum Stehen kommen.

Vom 19. bis 21.05. 2018 wurde in Jöhstadt „50 Jahre LGB" gefeiert. Als Gastfahrzeuge waren 99 4652 und 99 4632-8 sowie zwei Reisezugwagen der RüBB ins Preßnitztal gekommen. Hier einige Szenen vom Bahnhof Jöhstadt am 19.05.2018. Fotos: Th. Böttger

Der klobige Wohnblock aus den späten 1980er Jahren stört noch immer den Gesamteindruck des Bahnhofsgeländes in Jöhstadt, doch zumindest Gleise führen am 03.04.2018 schon vorbei. Am 27.09.2018 war der BÜ Dürrenbergstraße bereits fertiggestellt, die Anbindung wird noch ein Weilchen dauern. Fotos: Thomas Böttger

Bauzugeinsatz am 18. April 2019 bei Schmalzgrube. Auch in Zukunft wird es solche Bilder bei der Museumsbahn geben. Fotos: Ladislav Fric

4 Geschichten und Anekdoten

4.1 Hermann Kraußе – Klempnerei und Fotografie am Rand der Bahngleise

(von Manfred Mauersberger)

Steinbach und Oberschmiedeberg, zwei kleine Dörfer im Preßnitztal, verbunden durch familiäre Beziehungen, kulturelle Gemeinsamkeiten und über lange Jahre verwaltungsmäßiger Einheit. Ein weiteres Verbindungsglied dieser und anderer Orte des Preßnitz- und Schwarzwassertales war die 1892 in Betrieb genommene Schmalspurbahn von Wolkenstein nach Jöhstadt. Über viele Jahrzehnte beförderte sie Berufstätige zu ihren Arbeitsstellen, Geschäftsleute und Kunden zu den jeweiligen Handelseinrichtungen, Ferienreisende an ihr Urlaubsziel oder Erzeugnisse und Rohstoffe von und zu den Betrieben im Tal. Der Bau und die Inbetriebnahme der Bahnlinie brachten einen beachtlichen Aufschwung und die Lösung verkehrstechnischer Probleme.

Einer, der von diesem Ereignis sicher in besonderer Weise angetan war, dürfte der hiesige Klempner und Fotograf Hermann Krauße gewesen sein. Gerade ein Jahr zuvor (1891), so steht es in einem originellen Gedicht seines ältesten Sohnes Karl zum 40-jährigen Geschäftsjubiläum am 12. Februar 1931, gründete er mit seiner zukünftigen Frau den Klempnereibetrieb. Vorerst noch zur Miete und mit allerhand Einschränkungen, bemühte er sich intensiv um Aufträge. Der Lebensunterhalt war nicht allein durch gelegentliche Dienstleistungen als Klempner oder das nebenher betriebene Fotogeschäft zu bewerkstelligen. Eine Strophe des Gedichtes soll hier zitiert werden, die genau den Umstand beschreibt, der ihn mit dem Bahnbau in Verbindung brachte:

> ... Nu wur mit´n Eisenbahnbau von Wolkenstä noch Staadl begonne.
> Dos war für die anliegenden Ortschaften ne gruße Wonne.
> Natürlich wurn a Stationsgebeide un Lagerschuppen gebaut
> un Meester Krauße mit dr Ausführing betraut ...

Leider konnten bis auf diese Anmerkungen und den Kommentaren seiner Nachfahren keine weiteren Aufzeichnungen zu seinen Tätigkeiten beim Bahnbau ermittelt werden. Sicher wird er bei dieser Auftragslage auch wenig Zeit gehabt haben, mit der Kamera den Aufbau der Bahnlinie zu dokumentieren. Die wesentlichsten Aufnahmen sind in dem Buch von Andreas W. Petrak: Die Schmalspurbahn Wolkenstein - Jöhstadt zu finden. Einige Fotos aus verschiedenen Quellen und vor allem aus dem Fundus von Hermann Krauße konnte ich meiner eigenen Sammlung hinzufügen und auch in meinem Buch über Hermann Krauße veröffentlichen. Sie betreffen zwar die Bahnstrecke, aber sind ebenfalls keine Aufnahmen aus der Bauzeit. Viele Aufnahmen, die er in seiner Schaffensperiode von etwa 1895 bis 1940 gemacht hat, halten das tägliche Leben in seinem Heimatort fest. Sie sind eine einmalige Dokumentation, ein Zeitfenster und Geschichtswerk für die Nachwelt. Leider ist 1945 ein Großteil seiner Aufnahmen vernichtet worden. Auf manchen Aufnahmen waren, der Zeit geschuldet, auch

Personen in Uniform zu sehen. Feuerwehrangehörige und natürlich auch Militär- bzw. SA-Angehörige. Verständlich die Angst vor den einmarschierenden Soldaten, dass einige dieser Bilder zu Missverständnissen führen könnten. Daher wurden viele Kartons mit Fotoplatten „wahllos“ entsorgt. Sehr zu unserem heutigen Leidwesen.

Hermann Krauße wurde am 8. Juli 1865 in Wolkenstein geboren. Er war der Sohn des Klempnermeisters und Hausbesitzers Karl August Krauße und dessen Ehefrau Lina Wilhelmine geb. Kohl aus Arnsfeld. 1879 erlernte er beim Hoffotografen Kirsten in Dresden das Fotografenhandwerk. Wann er das Klempnerhandwerk erlernte, ist aus den noch verbliebenen Unterlagen nicht zu erkennen. Es ist aber anzunehmen, dass dies bei seinem Vater geschah, in Ermangelung eines eigenen Fotografengeschäftes. Im September 1891 heiratete er Fanny Marie Friedel aus Arnsfeld. Durch den Bau der Eisenbahn und der guten Geschäftslage war es ihm möglich, 1900 ein eigenes Haus zu bauen und sogar seinem Schwiegervater geliehenes Geld zurückzuzahlen. Vier Kinder vergrößerten seine Familie, Karl, Lene, Arthur und Toni. Arthur führte später sein Geschäft als Klempner und Fotograf weiter. Sein Enkel Werner und sein Urenkel Johannes betrieben nur noch das Klempnerhandwerk. Diesen beiden ist es zu verdanken, dass die wundervollen Bilder Hermann Kraußes der Öffentlichkeit zugänglich gemacht werden konnten. Hermann Krauße starb am 28. März 1945 in seinem geliebten Heimatort Steinbach und hinterließ uns mit seinen Fotografien ein unschätzbares Geschichtswerk.

Ein Foto von der Klempnerei Krauße um 1900. Damals hatte der Chef noch den „Hut auf“. Hier ist auch die Gebäudeausrüstung für die Schmalspurbahn entstanden. Rechts mit der Maschine wurden Blechrohre gebogen. Interessant ist auch das Utensil in Bildmitte, welches ebenfalls der Blechbearbeitung diente. Links sind ein Schraubstock und eine Dampfmaschine zu sehen. Sammlung: Familie Krauße

Der Steinbacher Bahnhof um 1920, in dessen Nähe sich auch die Klempnerei befand. Damals waren hier sowohl 2-achsige als auch 4-achsige Reisezugwagen im Einsatz.

Ein Zug auf der Fahrt in Richtung Schmalzgrube - Jöhstadt an den Waldarbeiterhäusern im sog. „Humpel“. Im Hintergrund die ehemalige Tippmannsche Holzschleiferei und spätere Textilreißerei Wolf. Die Aufnahme könnte evtl. um 1930 entstanden sein. Fotos: Hermann Krauße

Ein Zug mit 99 570 auf der Fahrt in Richtung Jöhstadt unter der Straßenbrücke in Mittel bzw. Oberschmiedeberg (Schafweg: Werkel - Arnsfeld) – Aufnahmezeit unbekannt.

Zug mit IV K auf der Fahrt nach Jöhstadt an der „Lange-Raum-Brücke“ zwischen Steinbach und Schmalzgrube (vor 1920).

Ortsansicht mit Gleisanlagen des Bahnhofs Niederschmiedeberg und Betriebsgebäude der Pilz-Papierfabtik um 1920. In dem Gebäude befindet sich heute das Preßnitztalmuseum.
Fotos: Hermann Krauße

4.2 Agfacolor bringt Farbe ins Spiel – das (wahrscheinlich) älteste Diapositiv von der Preßnitztalbahn

(von Thomas Böttger)

Mit dem Jahr 1839, dem praktischen „Geburtsjahr“ der Fotografie, hat sich die Wahrnehmungsfähigkeit der Menschheit grundlegend verändert. Es gab nun die Möglichkeit, den Blick des Betrachters quasi „einzufrieren“ und für die Nachwelt zu erhalten. Über fast 100 Jahre hinweg gelang das nur mit verschiedenen fotochemischen Verfahren, welche in der Praxis eines gemeinsam hatten: Das fertige Bild entstand in schwarz/weiß, die Farben wurden also in Grautöne umgewandelt. Zumindest ist die Farbfotografie seit 1861 bekannt, kam aber über viele Jahrzehnte nicht aus dem Experimentierstadium heraus.
Das änderte sich erst 1936, als Agfa und Kodak die ersten Dreischichtenfilme auf den Markt brachten. Das deutsche Unternehmen „AGFA“ steht eigentlich für „Actien-Gesellschaft für Anilin-Fabrication“, ist aber hauptsächlich durch seine fotografischen Produkte bekannt geworden. Mit der Einführung der Agfacolor-Umkehrfilme gelang eine großartige Pionierleistung, welche die Fotografie nachhaltig veränderte. Auch die heute noch hergestellten Farbfilme beruhen auf diesem Prinzip, dass drei übereinander liegende, jeweils für Blau, Grün oder Rot sensibilisierte Schichten, verwendet werden. Bei Agfacolorfilmen waren diese bereits als Farbkuppler in der Emulsion vorhanden. Beim Konkurrenzprodukt Kodak aus den USA mussten die Farbschichten im Entwicklerbad durch die Kuppler herausgekehrt werden, was die Sache komplizierter machte. Allerdings hat das in der Gegenwart immer weniger Bedeutung, weil die Digitalfotografie den klassischen (Farb-) Film immer mehr verdrängt hat. Natürlich hatten die neuen Farbfilme auch ihren Preis, den sich nicht jeder leisten konnte oder wollte. Deshalb wurde weiterhin hauptsächlich schwarz/weiß fotografiert, wenn man in der damaligen Zeit überhaupt einen Fotoapparat besaß.
Besonders die Fachwelt war neugierig auf die neue Möglichkeit der Farbfotografie, so auch ein in Schmalzgrube wohnender Foto- und Lithograph. Mit dem ersten, 1938 gekauften „Agfacolor Neu“, wurde hauptsächlich die Familie fotografiert. Ein Dia opferte er auch für die heimische Schmalspurbahn. Warum der Fotostandpunkt so ungünstig gewählt wurde, können wir heute leider nicht mehr nachvollziehen. Auf jeden Fall brauchte man gutes Licht, denn die Empfindlichkeit des Filmes lag bei 15/10° DIN.
Auch in den folgenden Jahrzehnten hatte der schwarz/weiß-Film immer noch nicht ausgedient. Die Gründe dafür waren vielseitig, zum einen der Preis, die einfache Verarbeitung, die gleichbleibend hohe Auflösung und natürlich auch bildkünstlerische Aspekte. Besonders die zur DDR-Zeit ab 1964 in der früheren Filmfabrik Agfa Wolfen produzierten ORWO-Farbfilme, erhielten nicht immer Bestnoten von den Lichtbildnern. So werden wir beim weiteren Betrachten dieses Buches noch jede Menge schwarz/weiß-Aufnahmen finden. Der 1974 von Nina Hagen erstmals interpretierte Schlager: „Du hast den Farbfilm vergessen, mein Michael…“ blieb immer noch zutreffend.

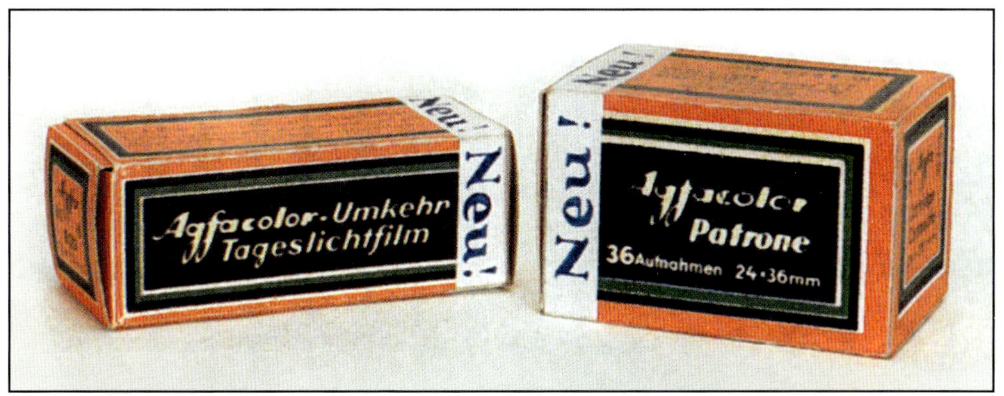

Der Urahn der Diafilme aus dem Jahr 1937 – Agfacolor Neu als Rollfilm (links) und als Kleinbildpatrone (rechts). Quelle: wikipedia (Chemniepark Bitterfeld-Wolfen GmbH)

99 563 mit Güterzug bei Schmalzgrube 1938. Es wird vermutet, dass sich hinter der Lok ein Wagen mit Holzschliff befindet. Leider ist dieses Diapositiv nicht besonders gut gelungen, besitzt aber einen hohen historischen Wert als Dokument aus der Frühzeit der Farbfotografie. Foto: Sammlung Thomas Böttger

4.3 Kindheitserinnerungen an Winterferien in Grumbach

(von Thomas Böttger)

1960er Jahre: In meiner Kindheit war es Tradition, mit meinen Eltern in den Winterferien eine Woche Skiurlaub (damals gab es noch richtige Winter) im Betriebsferienheim „Heilbrunnen" (der Großhandelsdirektion Textil- und Kurzwaren) in Grumbach (heute ein Ortsteil von Jöhstadt) zu verbringen. Da ich in der Großstadt (Karl-Marx-Stadt/Chemnitz) aufgewachsen bin, freute ich mich immer besonders auf diese Reise ins verschneite Erzgebirge. Meine Eltern konnten sich erst Ende der 1970er Jahre ein Auto leisten, deshalb war die Anreise per Bahn über eine Distanz von rund 50 Kilometern recht aufwendig. Die Fahrt mit dem Bus schied schon mal aus, da wir unsere Skiausrüstung und Gepäck mitnehmen mussten. Gut, man hätte die „Bretteln" auch per Expressgut mit der Deutschen Reichsbahn vorausschicken können, ob diese dann aber bei Urlaubsantritt in Jöhstadt verfügbar gewesen wären, war fraglich. Auch bestand die Gefahr, dass die guten Stücke aus dem Hause Germina dabei Schaden nehmen konnten. Um also rechtzeitig zum Mittagessen im Ferienheim anzukommen, ging es schon gegen 7:00 Uhr los. Die Reise verlief dann wie folgt: Fahrt mit zwei Straßenbahnlinien (an der „Zenti" umsteigen) bis zum Hauptbahnhof, weiter ging es mit dem Zug bis Flöha. Hier war Umsteigen in den Bärensteiner Zug angesagt. In Wolkenstein begann der schönste und lang-

Hohe Schneeberge gab es an der Jöhstädter Kirchstraße im Februar 1970. Skiwanderungen endeten damals an der Grenze zur „befreundeten" ČSSR, hier am GÜ bei Schmalzgrube. Fotos: Roland Böttger

Skifahren am „Heilbrunnen“ im Februar 1970. Im Mittelgrund die beiden Bungalows aus der Sowjetunion. Heute sind diese fast zugewachsen. Foto: Roland Böttger

samste Teil der Urlaubstour, die Fahrt mit der schmalspurigen Preßnitztalbahn. Also mit Sack und Pack ein Traglastenabteil suchen und etwa eine Stunde auf die Abfahrt warten. Da die Eisenbahn diese Strecke damals schon loswerden wollte, gab es in Wolkenstein keine funktionierten Anschlüsse. So konnte man potentielle Fahrgäste vergraulen und somit einen Grund für die Stilllegung finden. In immerhin rund 90 Minuten wurde dann die Distanz von etwa 20 Kilometern, dank fauchender IV K-Lok, zurückgelegt. Mein schönster Platz bei dieser Fahrt war die hinterste Plattform des letzten Personenwagens, von der aus ich die Winterlandschaft mit Dampffetzen live erleben konnte. Im Haltepunkt Schlössel hieß es dann aussteigen, nun waren es immer noch rund drei Kilometer Fußmarsch bis zum „Heilbrunnen“. Mittels Lederriemen konnten nun die Gepäckstücke auf die Schneeschuhe geschnallt und durch den Winterwald gezogen werden. Dabei leistete ein Skistock gute Dienste als Deichsel.
Im Betriebsferienheim angekommen, freute ich mich so richtig auf das Mittagessen. Die Tage vergingen mit Abfahrten auf dem „Idiotenhang“ an der DJH „Raummühle“ und bei Skiwanderungen in der Umgebung leider viel zu schnell. Begeisterung löste immer wieder die gute Küche des Hauses nebst „kaltem Buffet“ aus, welche sich deutlich vom FDGB-Niveau abhob. Der Handel, in unserem Fall die GHD Textil- und Kurzwaren, hatte dafür eben seine Beziehungen… Unvergessen sind für mich auch das Grumbacher Faschingstreiben sowie die spontanen „Auftritte“ des hiesigen Männergesangvereines nach Biergenuss.
Um die Zimmerkapazität zu erhöhen, konnte die GHD in den 1970er Jahren sogar zwei sowjetische Bungalows (mit Warmwasserheizung!) direkt beim „großen Bruder“ erwerben und ein modernes Bettenhaus errichten. Erstere kamen in Einzelteile zerlegt per Schiff über die Ostsee geschippert. Als man etwas später sogar damit begann, die Urlauber von Karl-Marx-Stadt mit dem Betriebs-B 1000-Bus ins Feriendomizil zu fahren, stieß das bei mir auf wenig Gegenliebe. Irgendwie fehlte da ein Stück vom „Abenteuer“ Winterurlaub im Erzgebirge. An das alles kann ich mich noch genau erinnern, da ich von diesen Urlaubsreisen als Schulkind bebilderte Tagebücher angefertigt habe, welche heute zum Glück noch vorhanden sind. Wie damals üblich hat mein Vater auch vieles auf Diapositiv festgehalten. Diese „Lichtbilder“

wurden dann bei Familienbesuchen mittels Filius-Projektor auf die Leinwand „geworfen". Wenn zu dieser Zeit sicherlich vieles einfacher und bescheidener abgelaufen ist als heute in den Wintersportzentren üblich, war es trotzdem eine schöne Zeit, an welche ich gern zurückdenke.

Schnappschuss am Skihang in Schlössel: Am 11.02.1978 fuhr 99 1585-1 mit einem Personenzug an der damals noch aktiven Zwirnerei vorbei.

Nachtwanderung vom Ferienheim zum Bahnhof Jöhstadt: Im Februar 1978 war 99 1586-9 soeben mit P 3316 aus Wolkenstein am Endziel angekommen. Fotos: Thomas Böttger

4.4 Eine Fototour Mitte der 1970er Jahre

(Text und Fotos von Günter Börner)

Circa 1975: 1958 begann ich meine Lehre zum Brückenprüfer bei der Deutschen Reichsbahn in Dresden-Neustadt. Nach meiner Lehre war ich häufig auf Montage, sodass ich viele interessante Kunstbauten bei den Auswärtseinsätzen kennenlernte. Einige Jahre später kehrte ich in meinen Ausbildungsbetrieb zurück und war fortan in der Brückenwerkstatt in Dresden-Neustadt tätig. Dabei arbeitete ich nicht nur an Brückenteilen, sondern beispielsweise auch an Bauteilen für den Chemnitzer Hauptbahnhof sowie für Bahnsteigkonstruktionen. An freien Wochenenden war ich häufig auf „Brückentour", ich besuchte also besonders interessante Bauwerke. Beispielsweise besichtigte ich die noch vorhandenen Kunstbauten der Strecke Zwönitz - Elterlein oder auch Schmalspurbrücken im Thumer Netz und in Schönheide. Als Mitarbeiter der DR war es mir auch meist möglich, Fotos der Bauwerke anzufertigen. Manchmal begleiteten mich auf meinen Touren auch Arbeitskollegen.

Es muss ca. 1975 gewesen sein, als es mich zur Preßnitztalbahn zog. Neben den Brücken interessierten mich besonders das Dreischienengleis sowie die Meyerloks der Gattung IV K im täglichen Betrieb zu erleben. Am frühen Morgen startete ich in Altenberg, um über Dresden und Chemnitz nach Wolkenstein zu reisen. Hier angekommen schaute ich mich zunächst im Bahnhof und am Lokschuppen um. Das erste Foto meiner Tour schoss ich von den abgestellten Rollwagen.

Rf 97-01-05 und weitere Rollfahrzeuge warten in Wolkenstein auf ihren nächsten Einsatz. Interessant ist auch die Lore, welche zur Bekohlung der Lokomotiven genutzt wird.

Als ich alles beobachtet und fotografiert hatte, begab ich mich auf meine Wanderung entlang des Dreischienengleises nach Streckewalde. Dank meiner Dienstuniform war es kein Problem, direkt am Gleis entlang zu laufen. Vom Dreischienengleis schoss ich einige Aufnahmen, weil dieses schon eine Besonderheit darstellte. In Oschatz oder auch in Freital waren solche Gleise ebenfalls vorhanden, doch im Normalfall hatten Normal- und Schmalspurbahnen getrennte Gleisanlagen.
Weiter lief ich in Richtung Streckewalde. Besonders betrachtete ich die Brückenbauten, welche ja bereits Ende des 19. Jahrhunderts entstanden. Und ich muss sagen, unsere Vorgänger haben gute Arbeit geleistet!

Zwei Fotos, die Günter Börner auf seiner Wanderung entlang der Preßnitztalbahn schoss. Zum einen portraitierte er das Dreischienengleis, zum anderen eine markante Brückenkonstruktion bei Streckewalde.

Meine Wanderung führte mich nun nach Großrückerswalde. Dort fotografierte ich unter anderem die Bahnhofsanlagen. Das störte damals niemanden und war ohne Probleme möglich. Vor Niederschmiedeberg kam mir dann auch endlich ein Zug vor die Linse gefahren.

Zwei weitere Fotos, die Günter Börner während seiner Streckenbegehung anfertigte. Interessant ist die Wagenreihung auf dem unteren Foto, denn der Gepäckwagen hängt an zweiter Stelle.

Einige Zeit später kam mir in Niederschmiedeberg die 99 1583-6 mit ihrem Personenzug entgegen. Zunächst schoss ich ein Foto an der Bahnhofseinfahrt, denn dort gab es auch eine sehr interessante Brücke. Anschließend knipste ich den Zug im Bahnhof. Und bevor der Zug weiterfuhr, stieg ich zu, denn wenn ich weitergelaufen wäre, hätte ich an diesem Tag Jöhstadt nicht mehr erreicht.

In Steinbach angekommen stieg ich aus dem Zug, um die dortigen Bahnhofsanlagen zu verewigen. Während die Lok Wasser nahm, schoss ich ein Bild vom Empfangsgebäude aus. Mir gefiel diese Perspektive besser, als die gewöhnliche Aufnahme direkt am Wasserhaus, wobei natürlich auch dieses Motiv schön gewesen wäre…

Nach wenigen Minuten setzte unser Zug seine Fahrt fort. Beim Halt in Schmalzgrube fotografierte ich nochmals unseren Zug. Etwas später erreichten wir auch schon den Bahnhof Jöhstadt. Dort war ich fasziniert von den abgestellten Fahrzeugen, unter anderem zwei Meyerloks sowie dem Schneepflug. Aber auch Wagen, Kästen sowie das Empfangsgebäude mussten vor der Rückfahrt festgehalten werden.

Nach vielen „Unterwegsfotos“ wurde zum Schluss auch der Bahnhof Jöhstadt ausgiebig inspiziert und auf Film gebannt. Das Empfangsgebäude und das Umfeld sind gut gepflegt.

4.5 Unkrautvertilgung zwischen Wolkenstein und Niederschmiedeberg

(Text und Fotos von Thomas Becher)

Mai 1977: Seit dem Jahr 1975 arbeite ich in der Arbeitsgemeinschaft 3/42 des Deutschen Modelleisenbahn-Verbandes (DMV), dem heutigen Modelleisenbahnclub Marienberg, mit. Gegründet wurde diese Vereinigung 1969 durch den bekannten Modelleisenbahner Werner Ilgner, mangels anderer Möglichkeiten im Pausenraum der Firma „H. Auhagen KG“.

Werner Ilgner hatte immer einen „heißen Draht“ zur Eisenbahn und ihn interessierten auch besondere Einsätze auf der Preßnitztalbahn, weil diese Schmalspurbahn quasi vor „unserer Haustüre“ lag. Im Mai 1977 erfuhr er, dass der Sprengwagen DR 97-09-74 zur Unkrautvertilgung eingesetzt werden sollte.

Dieser Wagen gehörte zu den zwei vierachsigen Sprengwagen, welche die RBD Dresden 1932 für ihre 750 mm-Schmalspurstrecken beschafft hatte. Der 7.750 mm lange, genietete Kessel befand sich auf zwei Untergestellen mit Pressrahmendrehgestellen. An den Endbühnen lagen die Sprüheinrichtungen und unter dem Kessel die drei Sprühköpfe. In den 1960er Jahren hatte

Der Sprengzug mit 99 1606-5 im Bahnhof Großrückerwalde. Die Beflaggung war zum 1. Mai (Kampftag der Arbeiterklasse) üblich und blieb meist bis zum 8. Mai (Tag der Befreiung) hängen.

Vom Trittbrett des Packwagens aus entstand diese Aufnahme mit dem Sprengwagen in Aktion. Versprüht wurde hier Natriumchlorat zur Unkrautvernichtung.

Auch beim Halt in Streckewalde blieben die Spritzdüsen in Aktion, Dosierung des Unkrautbekämpfungsmittels – Nebensache. Links neben dem Holzmast steht der Gründer der AG 3/42.

man sogar fünf Sprühdüsen angebaut, welche mit dem Druck zweier Lokomotiv-Speisepumpen funktionierten. Diese Einrichtung bewährte sich nicht, deshalb erfolgte 1969 der Rückbau. Beheimatet war das seltene Fahrzeug in Oschatz. Über die Station Radebeul gelangte es schließlich 1977/78 nach Wolkenstein.

Da Werner keinen Führerschein besaß, benötigte er für seine „Ausflüge" immer einen Chauffeur. Also holte ich ihn an jenen Tag mit meiner MZ TS 125 in Marienberg ab und los ging die Fahrt in Richtung Wolkenstein. Eingefädelt hatte man den „Sprengzug" am späten Vormittag, nach dem N 67923. Wir beide hatten die glückliche Gelegenheit, im Begleitwagen mitzufahren, von dessen Plattform etliche Bilder entstanden sind. Während Werner einen schwarz/weiß-Film in der Kamera hatte, hielt ich die Geschehnisse auf ORWO UT 18 fest.

Beim Umsetzen des Zuges im Bahnhof Niederschmiedeberg drückten wir wiederum mehrmals auf den Auslöser. Auch boten sich bei der Rückfahrt noch fotografische Möglichkeiten bei den Halten in Großrückerswalde und Streckewalde. Da wahrscheinlich kaum weitere Fotografen zugegen waren, dürften diese Bilder Seltenheitswert besitzen.

Noch vor Stilllegung der Strecke Wolkenstein - Jöhstadt scheiterte die Aufarbeitung in der Werksabteilung Perleberg des Raw Wittenberge, denn für das Fahrzeug hätte die DR einen neuen Kessel anfertigen müssen. Deshalb wurde es 1984 ausgemustert und ging abgewirtschaftet in die Sammlung des Schmalspurbahnmuseums Rittersgrün über. Nach einer langen Standzeit gelang von 2007 bis Mai 2016 die schrittweise Restaurierung durch die Vereinsmitglieder. So kann der seltene Sprengwagen DR 97-09-74 heute noch im Außenbereich des Museums bewundert werden.

4.6 DMV-Sonderzug mit zwei IV K zum Tag des Eisenbahners

(Text und Fotos von Steffen Schwarzer)

11. Juni 1978: Meine erste Begegnung mit der Preßnitztalbahn hatte ich anlässlich einer DMV-Sonderfahrt von Dresden nach Jöhstadt. Diese fand am 2. Sonntag im Juni anlässlich des Tages des Eisenbahners statt. Da ich bei der DR arbeitete, wusste ich von dieser Fahrt. Doch noch mehr als mitzufahren reizte es mich damals, Fotos vom Sonderzug zu knipsen. Schließlich war auch schon damals der Einsatz von gleich zwei IV K an einem Zug eine Seltenheit. Also fuhren wir – an diesem Tag war ich mit meinem Vater Heinz unterwegs, der ebenfalls ein großer Eisenbahnfan war – mit dem Auto nach Wolkenstein. Nachdem wir uns auf dem Bahnhof umgesehen hatten und die ersten Fotos angefertigt waren, sind wir dem Sonderzug mit unserem Auto vorausgefahren. Immer wenn wir ein Motiv „im Kasten hatten", sprangen wir ins Auto und fuhren so schnell es ging hinterher, um den Zug zu überholen. Dann sprangen wir wieder heraus und knipsten. Dieses Spiel wiederholte sich mehrmals.

Mich interessierten auch die IV K-Maschinen sehr, obwohl ich bei der DR damit nichts zu tun hatte, denn 1971 begann ich eine Lehre als E-Monteur für elektrische Triebfahrzeuge. Nach der Lehre wurde ich zunächst zum Grundwehrdienst einberufen, doch ab Frühjahr 1975 konnte ich meine Tätigkeit im BW Dresden Friedrichstadt wieder aufnehmen. Ich absolvierte viele Lehrgänge und erwarb Berechtigungen wie Leistungseinstellung für die Baureihe 120, Fahrberechtigung für die Baureihen 119, 120, 132, 242, 243 und 255.

1980 bekam ich meine eigene Meisterei in der Triebfahrzeug-Erhaltung, wobei ich nebenbei eine Meisterausbildung machte. Später war ich Hilfszug- und Aufgleisleiter, Ausbildungskoordinator (auch Prüfer an der IHK Dresden und bei DB Cargo), 1. Sachbearbeiter Materialwirtschaft sowie die letzten zwei Jahre bis September 2013 Werkstattleiter im Bw. Anschließend war ich bis zur Rente noch 18 Monate als Werkmeister in der Servicestelle Senftenberg tätig. Da ich bis heute meinen Führerschein als Lokrangierführer besitze, fahre ich noch regelmäßig auf der Windbergbahn.

Vor Fahrtbeginn wird die 99 1606-5 vor dem Wolkensteiner Heizhaus bekohlt.

Der DMV-Sonderzug verlässt den Bahnhof Wolkenstein und befährt das Dreischienengleis bis zum Abzweig ins Preßnitztal. Anschließend wird der Zug bei Streckewalde abgelichtet.

Steffen und Heinz Schwarzer begleiten den Sonderzug auf seiner weiteren Fahrt in Richtung Niederschmiedeberg.

In Niederschmiedeberg kreuzt der Sonderzug mit dem nach Wolkenstein fahrenden GmP, welcher an diesem Tag von 99 1586-9 bespannt wird.

4.7 Die Molly-Sisters drehen bei der Preßnitztalbahn

(von Thomas Böttger)

Besonders die dampfbetriebenen Schmalspurbahnen waren und sind immer wieder beliebte Drehorte für Filmemacher. So wurden hier schon Bahnhöfe umdekoriert, Stationsschilder ausgetauscht und Fahrzeuge verändert, nur um die Zuschauer rein optisch in andere Welten zu entführen. An der Schmalspurbahn Wolkenstein - Jöhstadt ging das alles irgendwie vorbei. Es ist zumindest kein Spielfilm bekannt, in welchem diese Strecke eine Rolle spielte.

Nur die Fernsehleute der DDR erinnerten sich 1978 an die kleine Bahn im Preßnitztal und drehten im Reisezugwagen 970-507 während der Fahrt den neuen Musiktitel „Die Molly-Sisters" mit dem gleichnamigen Gesangs-Duo. Der Komponist des Stückes war Joachim Dannenberg und der Texter Wolfgang Brandenstein. Zusammen mit einem Interview über Modefragen am offenen Wagenfenster wurden diese Beiträge in der Sendung „Mode ´79" erstmals am 26.12.1978 im DDR-Fernsehen gezeigt. Darin ging es um Heiteres und Ernstes über die Modelinie des kommenden Jahres. Präsentiert wurden diese Tendenzen in unterhaltsamer Form mit Unterlegung von verschiedenen Musiktiteln. Besonderen Wert legte man dabei auch auf die Beratung für Frauen mit molligen Figuren.

Dazu passten recht gut die 1960 geborenen Zwillinge Simone und Silvia Lange mit dem Künstlernamen „Molly-Sisters", welche sich selbst auf die Schippe nahmen. Entdeckt hatte sie 1977 der Intendant des Berliner Friedrichstadtpalastes. Um diesen Kontakt zu finden, hatten sie ihren Beruf als Fachverkäuferinnen aufgegeben und sich als Telefonistinnen anstellen lassen. Mit ihren frischen Liedern und ihrer komischen Art kamen sie besonders gut bei Karnevalsveranstaltungen an. Auch in dem bekannten DEFA-Film des Regisseurs Konrad Wolf „Solo Sunny" bekamen sie eine Nebenrolle. 1986 wurde es still um das lustige Zwillingspaar, denn Simone war bei einem Besuch im „Westen" nicht wieder in die DDR zurückgekommen. Nach der Wende versuchten sie einen Neustart mit einem eigenen Programm, gelegentlich schafften sie es auch nochmals ins Fernsehen.

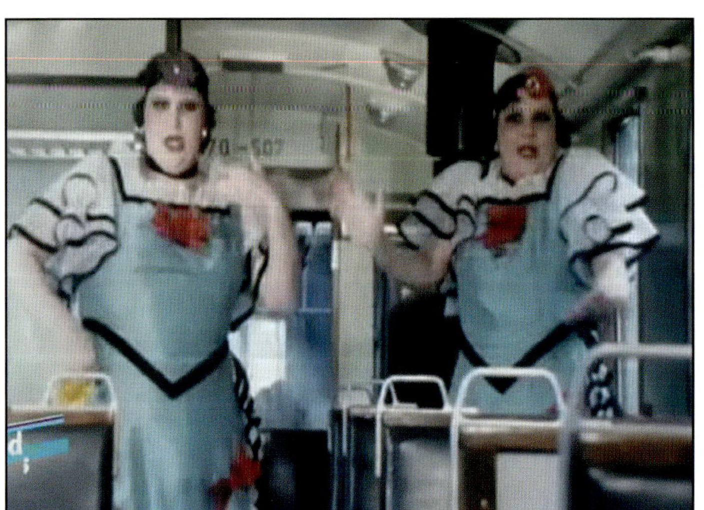

Die Molly-Sisters bei der Interpretation des gleichnamigen Musiktitels im Reisezugwagen 970-507 im Jahr 1978. Quelle: Deutsches Rundfunkarchiv

Wer mag kann sich den Film Molly-Sisters „Die irren Schwestern" bei youtube anschauen.

4.8 Mit Westkumpel und „Simme" im Preßnitztal

(von Thomas Böttger)

August 1979: Wenn auch mit Schwierigkeiten verbunden, so war es für Bundesbürger möglich, sich für maximal 30 Tage im Jahr bei Verwandten oder Bekannten in der DDR aufzuhalten. Geregelt war dies durch die „Anordnungen über Einreisen von Bürgern der BRD in die DDR" vom 17. Oktober 1972. Dafür mussten diese einen ständig steigenden Betrag ihrer harten D-Mark als „Eintrittsgeld" im Verhältnis 1:1 in die „Aluradeln" der DDR umtauschen. Nach dem Dampflok-Abschied bei der Bundesbahn im Oktober 1977 stieg die Zahl der Eisenbahnfreunde aus dem „Westen", welche in die kleine sozialistische Republik reisen wollten, sprunghaft an. Schließlich war ein attraktiver Dampf-Planbetrieb diese Ausgabe wert. Durch eine glückliche Fügung hatte ich zu jener Zeit einen Gleichgesinnten aus Osnabrück, den Peter Kristandt, kennengelernt. Näheres dazu habe ich schon in meinem Buch „Reichsbahn, Ruß und Rollfilm" beschrieben.

Nach einer gemeinsamen Fotodampfwoche im Sommer 1978 folgte im August 1979 ein weiterer Besuch mit einem prall gefüllten „Exkursionsplaner". Diesmal nannte ich endlich einen fahrbaren Untersatz mein eigen, nämlich ein lindgrünes Mokick S 50 aus dem Hause Simson. So konnte auch Peters Wunsch in Erfüllung gehen, ein Fotoausflug mit Zugverfolgung zwischen Wolkenstein und Jöhstadt. Deshalb machten wir uns am 16.08.1979 in aller Herrgottsfrühe auf den Weg, schließlich wollten wir unbedingt den P 14287, den einzigen fotogenen Personenzug des Tages, ablichten. Er fuhr um 9:35 Uhr in Wolkenstein ab, zeitiges Eintreffen war aber sinnvoll, weil man da die Bekohlung der IV K noch miterleben konnte. Aus dem heimatlichen Karl-Marx-Stadt ging es zunächst auf der Juri-Gagarin-Straße (benannt nach dem ersten Menschen im Weltall) den „Zschopauer Berg" hinauf. Oben angekommen, stotterte der Motor, ein Indiz für einen fast leeren Tank. Also den Benzinhahn auf Reserve gestellt und in Gornau erspähte ich schon linkerhand eine Mini-Tankstelle als Hausanbau mit zwei Zapfsäulen. Zum Glück war hier geöffnet, damals bei uns nicht selbstverständlich. An

Heimlicher Schnappschuss von Gastgeber und Mokick. Auch der geschnitzte Wegweiser in Jöhstadt fand die Aufmerksamkeit des Westbesuches. Fotos: Peter Kristandt

dieser Anlage hatten sicherlich auch schon die Automobilisten der Vorkriegszeit getankt, aber das Nachfüllen des VK 88-Gemisches ging rasch vonstatten. Peter hat mich noch gefragt, ob man in der DDR überhaupt Tankstellen fotografieren darf. Da mir dazu nichts Negatives bekannt war, hat er schnell Bilder geschossen, für mich damals völlig unverständlich. Die westdeutschen Eisenbahnfreunde haben sich eben an der alten Technik ergötzen können, welche für uns damals Alltag war. Heute ist das nun völlig anders, da findet man kleine und alte Tankstellen nur noch im Westen unserer Republik.
Wenig später tauchte im Tal schon der MZ-Schornstein auf, das Zschopautal mit dem gleichnamigen Städtchen war erreicht. Hier hatte einst ein findiger dänischer Unternehmer einen Spielzeug-Zweitaktmotor weiter entwickeln und auf ein Fahrrad montieren lassen. Daraus entstanden schließlich die größte Motorradfabrik des Planeten und die Weltmarke DKW. Zu „volkseigenen" Zeiten baute man die bewährten Zweitakt-Motorräder im VEB Motorradwerk Zschopau (MZ) weiter, bis zum Einbruch in den Wendejahren. Jetzt konnte man die Fahrt auf der landschaftlich schönen Talstraße bis nach Wolkenstein genießen. Wolkenstein – ein Stein der in die Wolken ragt? Könnte man zumindest denken, wenn man am Fuße des 70 m hohen Bergspornes steht. Aber uns Eisenbahnfans interessierte hier etwas ganz anderes, nämlich die Schmalspurgleise und der frei zugängliche Lokschuppen nebst dampfender IV K. Peter war damals völlig begeistert von all dem, denn es war sein erster Besuch bei der Preßnitztalbahn. Er hat damals sofort Ähnlichkeiten mit den Waldviertler Schmalspurbahnen in Österreich gesehen. Da konnte ich nicht mitreden, denn Ausflüge in diese Richtung blieben uns DDR-

Mehrmals konnte der P 14287 mit dem Mokick überholt werden, hier zwischen Großrückerswalde und Niederschmiedeberg. Foto: Thomas Böttger

Auch kurz vor dem Bahnhof Niederschmiedeberg konnte 99 1585-1 am 16.08.1979 abgelichtet werden. Foto: Thomas Böttger

Ab Steinbach verfolgten wir den Nahgüterzug mit 99 1606-5, leider ohne Last, bis Jöhstadt. Hier kurz vor dem BÜ Schmalzgrube, fotografiert auf „West"-Diafilm: Foto: Peter Kristandt

Bürgern damals bekanntlich verwehrt. Gut, sicherlich sind Gemeinsamkeiten heute auch noch vorhanden, denn beide Bahnen leben vom Museumsbetrieb und werden nicht mehr vollständig betrieben. Zuerst nahmen wir uns also den P 14287 vor, welchen an jenem Tag die 99 1585-1 bespannte. Bei der Zugverfolgung ermahnte mich Peter immer wieder, etwas schneller zu fahren, denn wir wollten ja möglichst viele Motive im Kasten haben. Doch mit uns beiden kam die „Simme" mit ihren 3,6 PS auch schnell an die Grenze der Leistungsfähigkeit. Nachdem in Steinbach der obligatorische Wasserhalt auf Film gebannt war, fuhren wir wieder talwärts, um uns dem nachfolgenden Nahgüterzug zuzuwenden. Allerdings hatte man in Niederschmiedeberg schon alle Wagen abgesetzt, so dass uns nur 99 1606-5 mit Packwagen entgegen rollte. Diese Fuhre verfolgten wir noch bis Jöhstadt, um uns danach am Lokschuppen umzusehen. Die Mittagsruhe überbrückten wir auf einer Wiese in Schmalzgrube an der Alten Grumbacher Straße, da hatten wir sogar Zeit, um uns das freistehende Glockentürmchen anzusehen. Am Nachmittag blieben jedoch die fotografischen Möglichkeiten bescheiden, denn mit P 14292 rollte 99 1585-1 Tender voran talwärts. Besser wurde es mit P 14293, welcher 16:49 Uhr in Wolkenstein gen Niederschmiedeberg losdampfte, aber da verschwand auch die Sonne schon langsam aus dem Tal. Also fuhren wir mit unseren belichteten Filmen und vielen schönen Eindrücken wieder zurück in die einzige Stadt mit den drei „O" (Korl-Morx-Stodt). Auch heute bleibt beim Betrachten der Bilder die Erinnerung an jene Zeit und meinen „Westkumpel" Peter Kristandt lebendig. Leider verstarb er viel zu früh, Ostern 2017.

Am Nachmittag bot sich die Gelegenheit 99 1585-1 beim Bekohlen in Wolkenstein zu fotografieren. Danach konnten wir uns noch dem P 14293 nach Niederschmiedeberg widmen. Foto: Thomas Böttger

4.9 90 Jahre Preßnitztalbahn – Wie feiert man ein verbotenes Jubiläum?

(von Thomas Böttger)

19. Juni 1982: Bereits Anfang der 1980er Jahre brodelte es heftig in der Gerüchteküche, was die baldige Stilllegung der Schmalspurbahn Wolkenstein - Jöhstadt betraf. Anfangs konnte man es noch nicht so richtig glauben, denn schließlich war die schmale Preßnitztalstraße nicht sonderlich für den Lastkraftwagen- und Omnibusverkehr geeignet. Und für den VEB dkk Niederschmiedeberg stellte die Schmalspurbahn eine Art Lebensader dar. Bestätigung fand diese Vermutung jedoch durch die Entscheidung des Ministers für Verkehrswesen der DDR mit dem „Maßnahmeplan zur Perspektive der im Netz der Deutschen Reichsbahn verbleibenden Schmalspurstrecken“ vom 17. September 1973. Hierin waren vier sächsische Schmalspurbahnen enthalten, die Strecke Wolkenstein - Jöhstadt jedoch nicht. Um sich nicht den Unmut von Anwohnern, Eisenbahnern und Eisenbahnfreunden auszusetzen, wurde von den Verantwortlichen der DR eine Art „Verschleierungstaktik“ betrieben. So galt für die Medien ab 1980 eine Informationssperre zur geplanten Stilllegung. Lediglich der Kulturbund der DDR setzte sich darüber hinweg und widmete in seinem Jahrbuch „Erzgebirge 1982“ einen ausführlichen Beitrag der 90-jährigen Preßnitztalbahn. So heißt es hierin am Schluss „...nach der Lösung umfangreicher güterverkehrsseitiger Probleme im Zeitraum bis 1985 zur Auflassung vorgesehen.“ Leider waren diese „Jahrbücher sozialistischer Heimatgeschichte und Heimatkunde“ damals „Bückware“ und trotz hoher Auflage relativ schnell vergriffen, es sei denn man kannte jemanden ...

Uns war also damals völlig klar, dass es für diese Strecke keine 100-Jahrfeier mehr geben würde. So wollten wir zumindest das 90-jährige Streckenjubiläum im Jahr 1982 gebührend würdigen. Schließlich hatte man das 75-jährige Jubiläum 1967 auch ganz groß aufgezogen. Wer sollte aber so etwas auf die Beine stellen, schließlich hatte die Deutsche Reichbahn auch jegliche Feierlichkeiten dazu verboten?

Vor der Abfahrt in Wolkenstein wurde 99 561 für das festliche Ereignis geputzt. Leider fehlte schon das Lokschild an der Rauchkammertür. Foto: Thomas Becher

Beim obligatorischen Wasserhalt in Steinbach hatte sich einiges Publikum eingefunden. Am Packwagen ist das bescheidene Schild für die Jubiläumsfahrt zu sehen. Foto: Thomas Becher

Wir, die Freunde der damaligen AG 3/73 Oberlungwitz/Mittelbach des DMV, ließen uns jedoch nicht entmutigen und planten für den 19. Juni 1982 eine „Exkursion" zur 90-jährigen Schmalspurstrecke Wolkenstein - Jöhstadt. Mit von der Partie sollten die Freunde der AG 4/20 „Saalebahn" sein, welche wir vom 18.06. bis 20.06.1982 als Gäste empfangen durften. Wegen der Streckeneröffnung am 1. Juni 1892 war dazu eigentlich der Zeitraum 29.05. bis 30.05. vorgesehen, leider hat das nicht funktioniert. Zumal der 1. Juni 1982 auf einen Dienstag fiel. Ein guter Grund uns zu revanchieren, denn schließlich wollte uns diese Arbeitsgemeinschaft auch bei dem „geplatzten" ehrenamtlichen Arbeitseinsatz im Jahr 1981 unterstützen.

Allein schon die „Quartiermachung" war damals ein großes Problem, welche ich als AG-Leiter zusammen mit meinem Stellvertreter lösen musste. Da man am Telefon besser „abwimmeln" konnte, haben wir beiden uns schon Wochen zuvor „auf die Socken gemacht".

Da unser Günter gehbehindert war, fuhr er ein Simson-Duo, angetrieben von dem 49,6-cm^3-Einzylinder-Zweitaktmotor der legendären „Schwalbe". Mit diesem Gefährt haben wir also die Gasthöfe und Hotels der Umgebung abgeklappert. In wie vielen Herbergen wir vergeblich vorgesprochen haben, weiß ich heute nicht mehr. Unser Erfolgserlebnis hatten wir schließlich in der HO-Gaststätte „Erzgebirgischer Hof" in Oelsnitz (Erzgeb.), direkt am Bahnhof gelegen. Hier konnten wir die Unterkünfte buchen und gleich noch das Gesellschaftszimmer für Abendessen und „sozialistischen Erfahrungsaustausch" am Sonnabend, dem 19.06., bestellen. Wie viele Liter Bier hier beim Austausch von Erfahrungen durch den volkseigenen Zapfhahn geflossen sind, kann man nur noch erahnen.

Es sollte ein langer Tag werden, denn die Freunde mit Pkw oder Krad, zu denen ich gehörte,

trafen sich schon 6:30 Uhr an der F 173 in Oberlungwitz. Start war 7:00 Uhr am Gasthaus „Schweizerhaus". Für die Bahnfahrer ging es bereits 6:19 Uhr in Wüstenbrand los, die kamen 8:41 Uhr in Wolkenstein an. Denn unser Zug nach Jöhstadt fuhr 9:35 Uhr hier ab.
Ja, und dann mussten noch die „Überraschungen" organisiert werden. Eine Doppelbespannung des P 14287 am 19.06. und vielleicht noch Girlanden an beiden IV K´s nebst einer „90" an der Rauchkammer der Vorspannlok konnten wir uns gleich abschminken. Ich glaube, die einheimischen Eisenbahner wären unserem Wunsche sicherlich gern nachgekommen. Es hätte damals aber sicherlich richtig Ärger mit der „Obrigkeit" gegeben. Deshalb musste ein bescheidenes Jubiläumsschild am Packwagen genügen. Unser Organisationstalent Günter hatte aber hinbekommen, dass der Zug unter den musikalischen Klängen der Berg-, Knapp- und Brüderschaft in den Bahnhof Jöhstadt einfahren konnte. Hier standen auch schon Mikrofon und Lautsprecherboxen für die Jubiläumsansprache bereit. Irgendwie fand das alles in einer gedrückten Stimmung statt. Auch war ein wenig Angst dabei, dass unser Mini-Bahnhofsfest auf irgendwelche „Hardliner" anstößig wirkt. Aber es ist alles ruhig geblieben und das Wichtigste war erreicht: Wir haben trotz offiziellen Verbotes das 90-jährige Streckenjubiläum „gefeiert". Schön wäre noch eine Sonderstempelung für die Jubiläumspostkarten gewesen, aber man konnte nicht alles haben.
Nach der Ankunft in Wolkenstein wurde im Gasthaus „Zum kühlen Grund" das vorbestellte Mittagessen eingenommen und heftig über die Ereignisse des Tages diskutiert.
Dass es doch noch eine 100-Jahrfeier und einen Neubeginn geben sollte, ahnte damals keiner.

Ein Mini-Bahnhofsfest mit Bergkapelle und Moderator gab es an jenem 19.06.1982 in Jöhstadt. Zumindest konnte so die Verbundenheit zur Bahn gezeigt werden. Foto: Thomas Böttger

4.10 Jubiläumsansichtskarten im Spiegel der Zeit

(von Thomas Böttger und Heinrich Fritzsche)

Bei Philokartisten sind Ansichtskarten von Streckenjubiläen ein beliebtes Sammelgebiet. Da es von der Strecke Wolkenstein - Jöhstadt noch keine solche gab, haben wir uns als DMV-AG 3/73 im Vorfeld des 90-jährigen Bestehens der Strecke entschlossen, eine solche herauszubringen. Natürlich mussten wir uns dafür die Zustimmung der „zuständigen Stellen" einholen und einen lizensierten Verlag für die Herstellung finden. Als letzteren konnten wir „Bild und Heimat" im vogtländischen Reichenbach gewinnen. Die erste Beratung dazu gab es bereits im Oktober 1981, weil wir alle sehr euphorisch waren, wurde eine Auflage von 8.000 Exemplaren anvisiert. Damit wollten wir unsere klamme AG-Kasse etwas aufbessern, immerhin wäre somit eine „Nebeneinnahme" von 660,00 Mark entstanden. Über den Verkauf hat sich damals keiner Gedanken gemacht, weil in der Mangelwirtschaft einfach alles gekauft wurde. Um die Auflage vorzufinanzieren, hätte aber jedes Mitglied der AG 3/73 etwa 40 Mark leihen müssen. Das erschien uns aber zu riskant, deshalb ist eine Auflage von 2.000 Stück produziert worden. Eigentlich hätten wir uns lieber eine „Colorkarte" für diesen Anlass gewünscht, die Mindestauflage wäre aber damals 10.000 Stück gewesen. Auch hätte die Produktion einer solchen etwa zwei Jahre gedauert. Weil der Verlag als Vorlagen 6 x 6-Negative haben wollte, stellte ich Aufnahmen aus meinem Archiv zur Verfügung.

Natürlich wollten wir mit dieser Aktion niemanden ärgern oder provozieren, deshalb wurde das „Jubiläum" nur auf der Kartenrückseite erwähnt. Dass dies doch geschehen ist, davon hat mir Heinrich Fritzsche, damals Beschäftigter im Reichsbahnamt Karl-Marx-Stadt, später berichtet. Lassen wir ihn also dazu zu Wort kommen:

„Die einzige Aufmerksamkeit zum 90-jährigen Jubiläum war eine Ansichtskarte von Thomas Böttger mit sehr schönen Motiven von der Strecke. Seitens der Deutschen Reichsbahn wurden keinerlei Anstrengungen unternommen, um dieses Jubiläum würdevoll zu begehen. Man hatte im Reichsbahnamt Karl-Marx-Stadt ganz andere Sorgen, man wollte endlich diese lästige Strecke stilllegen und die Öffentlichkeit sollte von den Vorbereitungen dazu so wenig wie möglich mitbekommen. Die Ansichtskarte war ja in Windeseile von den Eisenbahnfreunden so gut wie aufgekauft, fast jeder hatte mindestens eine solche Karte erworben. Die Leitungskader im Reichsbahnamt hatten anfangs der Karte noch keine Aufmerksamkeit geschenkt.

Es regten sich immer mehr Stimmen um den Erhalt der Strecke, aber diese blieben ungehört und wurden totgeschwiegen. Dann kam das Schicksalsjahr 1984, welches das Aus für den Abschnitt Niederschmiedeberg - Jöhstadt brachte. Einige Abteilungsleiter des Reichsbahnamtes wurden verdonnert, am 13. Januar in Zivil im P 14287 mitzufahren, um etwa protestierende Eisenbahner zu erkennen. Denen war das natürlich unangenehm, aber Auftrag war Auftrag. Die Ereignisse des Tages sind ja allgemein bekannt.

Der Monat Januar ging zu Ende, aber es trat keine Ruhe ein. Der offizielle Eisenbahnkalender vom VEB Transpress Verlag hatte im Monat Februar ein sehr schönes Winterbild von der Schmalspurbahn veröffentlicht und nun hing dieser Kalender in mehreren Amtsstuben. Die Leitung des Hauses befürchtete neues Ungemach, waren doch einige Beschäftigte des Rba mit der Stilllegung gar nicht so richtig einverstanden. Was tun?

Den Kalender verbieten war schwierig, also mussten die Abteilungsleiter auf die betreffenden Kollegen zugehen und Ihnen mitteilen, dass sie den „Jahresweiser“ im Monat Februar abzuhängen hätten. Doch das gelang nicht so richtig.
Langsam trat Ruhe ein. Nur im Untergrund rumorte es. Das Jahr 1986 neigte sich dem Ende. Ich war Abteilungsleiter geworden und nahm erstmals im Oktober 1986 an der monatlich stattfindenden großen Dienstberatung teil. Ich erschrak, als sich plötzlich der Leiter der politischen Abteilung, kurz gesagt der Politleiter, neben mich setzte. Den durfte man nicht zum Freund haben. Also Vorsicht und wachsam sein.

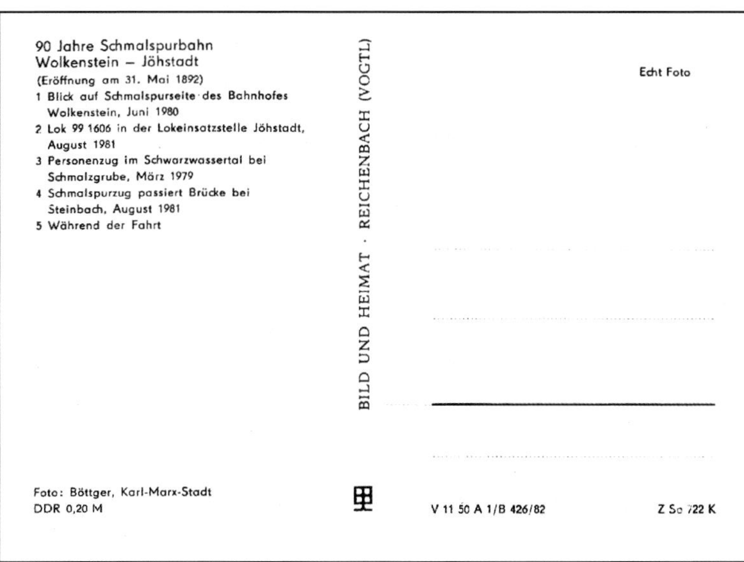
90 Jahre Schmalspurbahn
Wolkenstein – Jöhstadt
(Eröffnung am 31. Mai 1892)
1 Blick auf Schmalspurseite des Bahnhofes Wolkenstein, Juni 1980
2 Lok 99 1606 in der Lokeinsatzstelle Jöhstadt, August 1981
3 Personenzug im Schwarzwassertal bei Schmalzgrube, März 1979
4 Schmalspurzug passiert Brücke bei Steinbach, August 1981
5 Während der Fahrt

BILD UND HEIMAT · REICHENBACH (VOGTL)

Echt Foto

Foto: Böttger, Karl-Marx-Stadt
DDR 0,20 M

V 11 50 A 1/B 426/82

Z So 722 K

Die Jubliäumskarte aus dem Jahr 1982. Um niemanden zu verärgern, erfolgte der Hinweis darauf nur auf der Rückseite.
Slg.: Th. Böttger

Er öffnete seine große rote Mappe mit dem SED-Emblem vorn drauf und entnahm ihr diese besagte Ansichtskarte und legte sie mir vor. Er fragte: „Kennste die?“, ich antwortete: „Ja, schöne Karte, hab ich auch zu Hause.“ Die Fragerei ging weiter, er drehte die Karte um und zeigte auf den Namen „Kennste den?“ Ich: „Ja, kenn ich.“ „Wo arbeitet der, Bw, Bm, Sfm oder auf welchem Bahnhof?“ Ich: „Oh, das tut mir leid, ich weiß nicht, wo der arbeitet, der ist kein Eisenbahner, irgendwo in der Wirtschaft.“ Es ging weiter: „Wenn du ihn kennst, musste das doch wissen, wo wohnten der?“ Ich: „Weiß ich nicht.“, nun wurde er ungeduldig: „Willste mich verarschen, ich denk du kennst den, da musste das doch wissen.“ „Nö, keine Ahnung, wir schreiben uns keine Briefe, wenn irgendwo ein Eisenbahnereignis ist, sieht man sich oder auch nicht und wechselt ein paar Worte, mehr ist da nicht, tut mir leid.“
Er stand auf, mit rotem Gesicht und setzte sich woanders hin. Ich dachte Gott sei Dank! Er machte dann noch ein paar Ausführungen, sprach davon, dass durch eine solche Ansichtskarte die Leute aufgewiegelt würden, aber niemand wolle den Provokateur kennen, nicht einmal die wenigen Eisenbahnfreunde im Reichsbahnamt. Er verkündete den Namen „Böttger“ und gab die Karte rum. Die übrigen Anwesenden zuckten die Schultern und der Leiter des Rba versuchte nochmal aus mir etwas auszuquetschen, ohne Erfolg.“
Das war damals übrigens meine erste Ansichtskarte. Dass ich zehn Jahre später beruflich in diesem Bereich tätig sein werde, konnte ich zu diesem Zeitpunkt natürlich noch nicht ahnen.

<u>Anmerkung:</u> 35 Jahre später sollte es bei der Preßnitztalbahn wieder ein Streckenjubiläum geben, diesmal ein richtig großes und ein doppeltes unter einem besseren Stern. Und natürlich auch mit Jubiläumspostkarte für Sammler. Unser Verlag wurde dazu von der IG Preßnitztalbahn e. V. beauftragt, diese Postkarte in einer Auflagenhöhe von 1.000 Exemplaren herauszugeben. Aber so viel Aufmerksamkeit wie im Jahr 1982 konnte damit nicht wieder erreicht werden. **Sammlung IG Preßnitztalbahn**

4.11 Als ich meinem „Westbesuch“ die Preßnitztalbahn zeigte

(von Siegfried Bergelt)

März 1981: Im Jahre 1969 trat ich der Modellbahn-Arbeitsgemeinschaft meines Heimatortes Crottendorf bei, welche etwa ein Jahr vorher gegründet wurde und unter der Nummer 3/28 dem Deutschen Modellbahn-Verband (DMV) angegliedert war. In der DDR gab es, dem damaligen Stand der Technik entsprechend, qualitativ sehr gute Modelle zu kaufen, aber leider in keiner großen Typenvielfalt. So kam es Ende der 1970er Jahre dazu, dass es der DMV ermöglichte, mit westdeutschen Modellbahnfreunden Modelle zu tauschen. Das ging kontrolliert vor sich. Man bekam Kontrollmarken, die auf das Paket zu kleben waren – rote in Richtung Westen und grüne in die umgekehrte Richtung, damit das Wertegleichgewicht bei den Tauschobjekten besser nachvollziehbar ist. Jedenfalls konnte man nun auch Loks der Baureihe 01 und 38 auf unseren Modellbahnanlagen einsetzen, wenn auch in bundesdeutschem Outfit. Im Westen waren die damals neu erschienenen Y-Schnellzugwagen der Firma Schicht sehr gefragt. Mangels eigener Westverwandtschaft bekam ich über die Arbeitsgemeinschaft die Adresse eines westdeutschen Hobbykollegen vermittelt. Um es vorweg zu nehmen – wir sind noch heute in Verbindung.

Auf meine Einladung hin besuchte mich Thomas B., der im Raum Stuttgart zu Hause ist, im März 1981 in Karl-Marx-Stadt, meinem neuen Wohnort. Natürlich wollte ich meinem Freund ein paar Glanzlichter der sächsischen Eisenbahnwelt zeigen, die damals noch in ihrer Ursprünglichkeit erhalten waren. Lediglich das Schmalspur-Sterben hatte begonnen. Wir be-

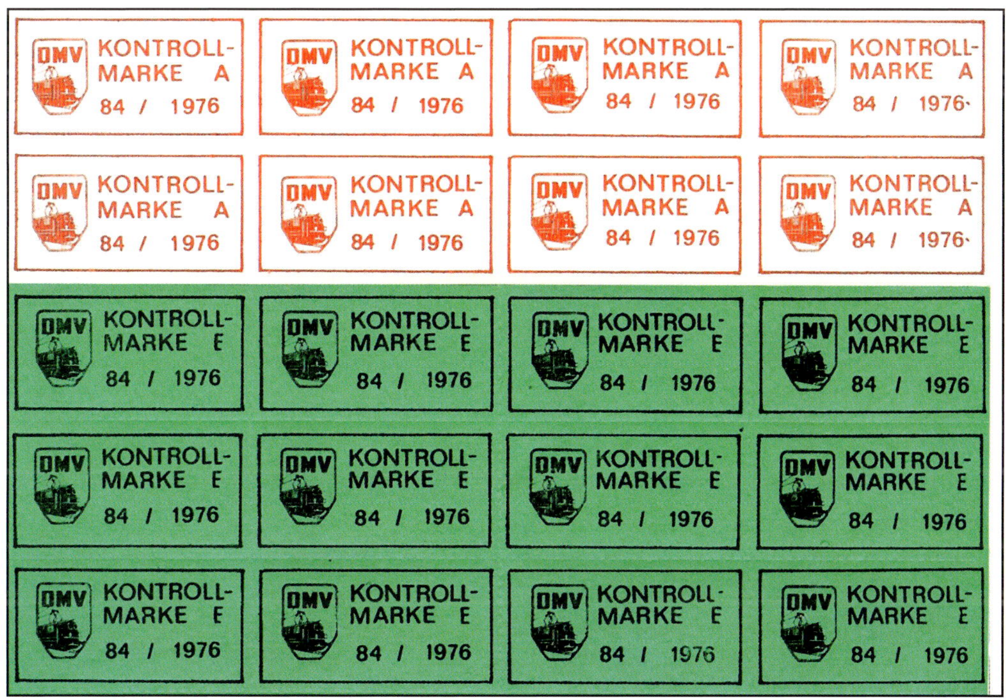

Die Kontrollmarken des DMV machten den Weg frei für deutsch-deutsche Freundschaften und Tauschgeschäfte. Sammlung: Siegfried Bergelt

Der „Westbesuch“ fotografierte in Farbe aus dem Dienst-Sonderzug mit den beiden IV K. Die Mitfahrt war durch einen Obolus in „harter“ Währung möglich geworden. Foto: Thomas B.

suchten gemeinsam die Strecken Cranzahl - Oberwiesenthal, Radebeul Ost - Radeburg, Schlettau - Crottendorf, waren in Leipzig zur Frühjahrsmesse, sahen den Rangierbahnhof Karl-Marx-Stadt-Hilbersdorf und die Schmalspurstraßenbahn Linie 3 an, die danach nicht mehr lange in Betrieb war. Natürlich fuhr ich mit Thomas auch zur Pressnitztalbahn, und zwar auf gut Glück mit dem Trabi nach Steinbach. Von Informationsquellen zum Zugverkehr konnte man nur träumen. Wir hatten aber Glück. Aus Richtung Niederschmiedeberg kam etwas angeschnauft. Es war ein kurioses Züglein mit 2 x IV K, 2 x Packwagen und einem Personenwagen, welches in Steinbach zum Wasser-Nehmen einen Halt einlegte. Offenbar war es ein nicht-öffentlicher Zug. Ich gab Thomas den Tipp, dem Zugpersonal ein/zwei Mark seiner Heimatwährung in die Hand zu drücken . . .

Thomas fuhr nun im Personenwagen mit und ich mit dem Trabi nebenher, um öfter anzuhalten und zu fotografieren. In Jöhstadt trafen wir uns wieder. Thomas schwärmt noch heute davon. Wir stehen in ständigem Austausch – mit Gedankengut. Der Tausch von Modellbahnartikeln ist seit 1990 stark zurückgegangen. Allerdings hat Thomas mich schließlich noch mit dem System „Gartenbahn“ infiziert und dazu den Grundstock gelegt.

Kurz vor dem BÜ Schmalzgrube bannte der trabifahrende Gastgeber den Sonderzug mit 99 1585-1 + 99 1568-7 auf den ORWO-Schwarz-Weiß-Film.

Auch die Ausfahrt aus Schlössel konnte an diesem trüben Märztag des Jahre 1981 dokumentiert werden. Fotos: Siegfried Bergelt

4.12 Die lange Reise eines Schmalspurwagens nach Waldkirchen und zurück

(von Hans-Werner Schellenberg)

Im Jahr 1980 bekam ich ein Gartengrundstück in der Nähe des Bahnhofes Waldkirchen an der Zschopautalbahn zugewiesen. Hier war mein Arbeitsplatz als Fahrdienstleiter und in der Urlaubszeit half ich auch den Kollegen in Zschopau als Rangierleiter und Kleinlokführer.
Da ich mit meiner Familie in Zschopau wohnte, sollte der Garten auch eine richtige Laube bekommen. Aber für mich gab es damals nur eine Zuweisung für einen (Dienst-) Handwagen! Denn der Zugang zum Garten war nur über einen schmalen Weg möglich, so wäre auch der Bau einer Gartenlaube sehr beschwerlich geworden. Bald darauf sah ich bei einem Wagenschlosser in Wolkenstein einen umfunktionierten Schmalspurwagen im Garten, das war also die Lösung! Vier Wochen später erfuhr ich, dass der großfenstrige Wagen 970-365 ausgemustert wird und die Drehgestelle das Schmalspurmuseum Rittersgrün bekommt. Der Wagenkasten jedoch war für die Verschrottung vorgesehen. Durch die Vermittlung von Wagenmeister Claus Schreyer aus Annaberg-Buchholz Süd stellte man mir einen Schmalspurtransportwagen vom Typ Res zur Verfügung. In Absprache mit dem Museum Rittersgrün wurde nun der komplette Wagen in Wolkenstein verladen. Beim Transport nach Waldkirchen half mir ein Pockauer Lokführer, welcher mit seiner V 100 als Vorspann am N 64343 bis Wolkenstein fuhr. Retour bis Flöha ging es als „Lz“, dabei war es kein Problem „meinen“ Wagen mitzunehmen. Man schrieb den 03.04.1981, ein denkwürdiger Freitag, denn in Zschopau nahm man das sowjetische EZMG-Gleisbildstellwerk in Betrieb. Die Abstellung des Transportwagens erfolgte in Waldkirchen, damals noch Bahnhof. Am Sonnabend bauten wir Bremsleitungen und Bremszylinder ab, auch die Splinte an den Drehgestellen wurden gelöst.

Die nördliche Bahnhofsausfahrt von Waldkirchen in den 1980er Jahren. In Bildmitte hinten ist der Schmalspurwagen zu erkennen. Foto: Hans-Werner Schellenberg

**Direkt neben den Gleisen der Zschopautalbahn gab es richtiges Schmalspurfeeling.
Auch andere Eisenbahnutensilien durften im Schellenbergschen Garten nicht fehlen.
Fotos: Hans-Werner Schellenberg**

Im Vorfeld war ich schon beim Bürgermeister in Waldkirchen, um die vorbereitete Aufstellgenehmigung abstempeln zu lassen. Der VEB (K) Bau Zschopau verfügte über einen ADK 125 und der Kranführer hatte kein Problem damit, den Wagen vom Gleis aus in mein Gefilde zu heben. Am Sonntag früh holte ich mir dazu die 101er aus Zschopau nach Waldkirchen und zog damit den Transportwagen neben meinen Garten. Vorher dort abgelegte Schwellen dienten als Auflage für den Schmalspurwagen.
Weil das gute Stück aber noch 8 t wog, musste der Kranführer den Wagen erst einmal auf einer Seite absetzen. Anschließend wurde er auf der anderen Seite angehoben und ein Stück vorgerückt. Das klappte alles prima!
Für den Kraneinsatz bezahlte ich 49,00 Mark der DDR. Natürlich belohnte ich den Kranführer und die Helfer bei der Einweihung meiner Gartenlaube mit Bier und belegten Brötchen.
Die Drehgestelle verblieben auf dem Transportwagen und wurden über Annaberg-Buchholz

Süd nach Grünstädtel geschickt. Dafür gab es keinen Frachtbrief, das lief damals unter Kollegen auch ohne, eben auf einfachste Art. Heute undenkbar! Damit war für alle Seiten die beste Lösung gefunden.
Mein Wagen hatte durch die lange Standzeit im Freien ziemlich viel Schmutz angesetzt, auch innen. Eine Scheibe war zerbrochen und die Sitzbänke fehlten, bis auf zwei. Ohne die Zukunft zu erahnen, hatte ich die letzten zwei Original-Gepäcknetze vor längerer Zeit abgebaut und eingelagert. Die Blechverkleidung war vor allem im Fensterbereich total verrostet. Kein Problem hingegen war es, die korrodierten Muttern für die Heizleitung zu lösen – Graphitlösung wirkte hier Wunder.

Das Innenleben des Wagens nach seiner Anlieferung 1981 und während seiner Nutzung als Gartenlaube und „Schlafwagen“ 20 Jahre später. Eine kleine Schilder- und Signalscheibensammlung ergänzte das Ganze.

Die Bahnsteiganzeige stammt vom Bahnhof Flöha und sollte entsorgt werden. Sie wurde aber gerettet und existiert heute noch, hier im Jahr 1998.
Fotos: Hans-Werner Schellenberg

Erst in den 1990er Jahren ist es möglich geworden: Die Gartenbahn mit „Harzkamel“ am Schmalspurwagen. Foto: Hans-Werner Schellenberg

Nachdem ich die Auflagefläche für den Wagenkasten betoniert hatte, konnte mittels Kettenzug und U-Eisen meine Laube auf den endgültigen Platz gezogen werden. Nach dem Reinigen und Malern ging es an das Einrichten. Hinter den zwei Fenstern in Richtung Flöha entstand die Küche, Abort und Vorraum mutierten zum Abstellraum, letzterer mit einem Ofen. Weitere drei Fenster gehörten zum „Schlafzimmer“ und das kaputte Fenster zur Zschopau hin wurde verschlossen und dort entstand die Garderobe. Das letzte Fenster gehörte zum Abteil mit Holzbänken und Gepäcknetzen. Eine Trennwand zum Schlafabteil mit Tür und Sprechmuschel war für die Kinder die Fahrkartenausgabe. Immerhin 8 kg Farbe brauchte ich für den Außenanstrich! Mein Wagen mit Blumenschmuck entwickelte sich zu einem Hingucker an der Strecke und stimmte Fahrgäste auf die noch betriebenen Schmalspurbahnen in Wolkenstein und Cranzahl ein. Leider haben mir „Eisenbahnfreunde“ ein Fabrikschild geklaut, das zweite habe ich gerettet (Baujahr 1913, Waggonbau Bautzen). Ein Eisenbahnfreund aus der BRD bot mir für den Wagen sogar 8.000,00 DM! Aber ich wollte nicht und solche Aktionen waren damals nur der „Kommerziellen Koordinierung“ vorbehalten.

Im Jahr 2003 hatte schließlich die IG Preßnitztalbahn e. V. Interesse an dem Wagen. Vorher wurden für die Museumsbahn schon immer mal Ersatzteile (Zugstangen, Ofenverkleidung) ausgebaut. Da es mein Wunsch war, dass mein Wagen wieder fährt, habe ich ihn am 10.11.2003 vom Verein abholen lassen. Mittels Tieflader gelangte er zur Tischlerei Veikko Hübner nach Zwönitz zum Neuaufbau. Der Rahmen und die Drehgestelle (von einem Sonderwagen) wurden in Jöhstadt aufgearbeitet. Ich bin stolz, dass „mein Wagen“ jetzt bei der Preßnitztalbahn wieder eingesetzt wird

Übrigens wollten die Schönheider Museumsbahner vor Jahren den Wagen auch gern haben, als Ersatz sollte ich einen Kleinfenstrigen bekommen. Dieser stand auf dem ehemaligen Übungsgelände der Sowjetarmee in Chemnitz-Euba. Da wäre alles wieder von vorn losgegangen und das wollte ich mir wirklich nicht antun! Dafür steht heute dort eine „gewöhnliche“ Gartenlaube.

Nach 22 Jahren ging es zurück ins Preßnitztal. Als „fliegender Waldkirchner“ hängt der Wagen am 10.11.2003 über dem Gartengrundstück.

Der Wagenkasten steht auf dem Tieflader der PRESS zum Abtransport in die Tischlerei Hübner nach Zwönitz. Angeschrieben sind die beiden denkwürden Tage der An- und Abreise.
Fotos: Hans-Werner Schellenberg

Hier fährt der 970-365 am 30.03.2018 im Osterverkehr bei Wildbach dahin. Wohl die wenigsten Fahrgäste wissen, dass sie in der früheren Gartenlaube der Familie Schellenberg sitzen.
Foto: Thomas Böttger

4.13 Ich hab den Farbfilm dabei…

(von Steffen Schwarzer)

1982/1983: Immer wieder einmal zog es mich in den 1980er Jahren zur Wolkensteiner Strecke. Nachdem ich in den 70ern noch Schwarzweißfotos anfertigte, hatte ich nun den Farbfilm dabei.

Im Herbst 1982 war ich wieder einmal mit meinem Skoda nach Wolkenstein unterwegs. Begleitet wurde ich diesmal von einem Arbeitskollegen. Hier angekommen hatte ich noch genügend Zeit, bis der nächste Zug nach Jöhstadt aufbrach, sodass ich mir in aller Ruhe den Bahnhof anschauen und einige Fotos schießen konnte. Anschließend fertigte ich entlang der gesamten Strecke Fotos an, denn die Einstellung des Personenverkehrs zeichnete sich ab.

An eine weitere Tour kann ich mich noch sehr gut erinnern. Es war im Winter 1983, als wir im natürlich schneefreien Dresden mit Sommerreifen!! (jugendlicher Leichtsinn) losgefahren sind. Auf der B 101 hatten wir dann arge Probleme voranzukommen, denn es gab Schneeverwehungen. Nun wären Winterreifen natürlich vorteilhaft gewesen, doch die lagen bei mir zu Hause in der Garage. Aber wir hatten Glück, denn der Hinterantrieb meines Skodas rettete uns und wir kamen geradeso mit unseren Sommerreifen durch den Schnee. Ab Wolkenstein sind wir dann wieder neben der Strecke her gefahren und haben einige Fotos anfertigen können. (Diese sind im Kapitel 2.2 zu sehen.) Bis Jöhstadt kamen wir dann recht gut durch – zum Glück. Doch aufgrund der Erlebnisse auf der Hinfahrt werde ich diese Tour niemals vergessen.

Die fotografische Reise beginnt in Wolkenstein. Während 99 568 (Foto vorherige Seite) abgestellt ist, bespannt 99 1585-1 einen Personenzug. Später trifft der Fotograf die Maschine beim Rangieren in Niederschmiedeberg.

99 1585-1 ist mit ihrem Zug unterwegs nach Wolkenstein

Einige Minuten zuvor entstanden diese beiden Fotos, auf denen der Zug in Schmalzgrube bzw. das Umsetzen der Maschine in Jöhstadt zu sehen sind.

Ein Güterzug ist auf dem Weg nach Wolkenstein auf einer Preßnitzbrücke bei Streckewalde zu sehen.

Bei Streckewalde trifft Steffen Schwarzer im Jahr 1983 einen nach Wolkenstein fahrenden Güterzug an.

Wenig später nimmt der Fotograf eine in Jöhstadt restaurierende IV K-Maschine auf.

4.14 Urlaub in Jöhstadt

(Text und Fotos von Bernd Kuhlmann)

21. Juli 1983: Während unseres zweiwöchigen Urlaubs in Jöhstadt zählte natürlich auch eine Fahrt mit der Preßnitztalbahn zum Pflichtprogramm, zumal unser damals erst zweijähriger Sohn schon ein großer Eisenbahnfan war. Nach unserem ersten Besuch im Bahnhof Jöhstadt waren die IV K-Maschinen sein absoluter Favorit. Deshalb sind wir am nächsten Tag nicht nur Dampfloks angucken gegangen, sondern sind bis Wolkenstein und wieder zurück nach Jöhstadt mitgefahren – zur großen Freude unseres Sohnes. Doch die Freude wich nach der Rückfahrt vielen Tränen, als die Dampflok „zum Schlafen" ins Heizhaus fuhr; nur zu gern wäre er mitgegangen.

Bei der Talfahrt entstanden diese beiden Fotos. Oben der Blick aus dem fahrenden Zug bei Schmalzgrube. Unten ist der Halt des Zuges in Niederschmiedeberg zu sehen.

Wenige Minuten vor der Ankunft in Wolkenstein wird das Dreischienengleis befahren.

Nach dem Auffüllen der Betriebsvorräte kann die Lok an den am Bahnsteig stehenden Personenzug rangieren.

Nach der Rückfahrt wird der Lokschuppen in Jöhstadt besucht. Vor diesem steht bereits die 99 1606-5 bereit. In einigen Minuten wird sie den nächsten Zug nach Wolkenstein bespannen.

Einige Minuten später hat die IV K an den Zug angekuppelt. Nach erfolgreicher Bremsprobe kann in Kürze die Fahrt nach Wolkenstein beginnen.

4.15 Mein Abschied von Jöhstadt

(Text und Fotos von Wolfgang Nitzsche)

Zum Jahreswechsel 1983/1984 wurde gemunkelt, dass am 4. Januar 1984 letztmals Personenzüge bis Jöhstadt fahren (der Abschied kam dann doch noch einige Tage später, aber das soll nicht Gegenstand meiner Geschichte sein). Deshalb stand für mich fest, dass ich in den ersten Tagen des neuen Jahres nochmal nach Jöhstadt fahre, um mich von dieser herrlichen Region und der schönen Schmalspurbahn zu verabschieden. Am 3. Januar war es dann soweit. Ein kühler, bewölkter Wintertag, doch Schnee fehlte. Das Wetter war also nicht optimal, aber das spielte keine Rolle. In Wolkenstein angekommen, beobachtete ich, wie die 99 1606-5 unseren Zug nach Jöhstadt bereitstellte. Natürlich war ich nicht allein, viele

Wolkenstein: 99 1606-5 stellt ihren Zug nach Jöhstadt bereit und wartet anschließend auf die Abfahrt.

Eisenbahnfans aus nah und fern waren angereist, um die letzten Tage des Jöhstadt-Verkehrs mitzuerleben. Dennoch gelang es mir, zunächst die letzte Plattform zu besteigen, um von dort einige Fotos anzufertigen. Der Abfahrtspfiff ertönt. Schnell wird die Kamera wieder bereitgehalten, um die Fahrt über das Dreischienengleis sowie das Verlassen des Bahnhofs Wolkenstein im Bild festzuhalten. Zwar werden Fotos von diesem Streckenabschnitt auch in den nächsten Monaten noch möglich sein, doch schon jetzt steht fest, dass die gesamte Strecke in näherer Zukunft stillgelegt werden soll. Also drücke ich fleißig auf den Auslöser meiner Kamera, genauso wie meine Nachbarn auf der letzten Plattform.
Wunderschön anzusehen ist das Stellwerk. Interessant ist zudem die aus dem Dampf unserer IV K hervor lugende Bahnhofs-Rangierlok. Noch einige Zeit wird sie hier gebraucht werden, denn nach wie vor fahren fast täglich Güterzüge auf der Preßnitztalbahn mit aufgerollten Wagen, die in Wolkenstein von den schmalspurigen Rollwagen abgezogen werden.
Herrlich anzuhören bei der Fahrt ist das Klack-klack-klack der Schienenstöße. Nur wer auf der Plattform steht, bekommt dieses Geräusch so richtig mit. Das ist Schmalspurromantik pur!
Von hier hinten lassen sich auch die Bahnanlagen am besten beobachten. Beispielsweise das mit Negativflügel ausgestattete Einfahrsignal des Bahnhofs Wolkenstein aus Richtung Jöhstadt. Oder aber auch die Ausfädelung des Schmalspurgleises aus dem Dreischienengleis. Doch fürs Fotografieren auf Unterwegsstationen ist der Platz nicht so günstig, da heißt es dann schnell sein, um am Zug entlang nach vorn zu laufen, Fotos anzufertigen und rechtzeitig wieder aufzuspringen, bevor der Abfahrtspfiff ertönt. Doch das klappt immer hervorragend.

Die Ausfahrt aus dem Bahnhof Wolkenstein hielt Wolfgang Nitzsche am 3. Januar 1984 im Bild fest.

Das Ende des dreischienigen Gleises ist erreicht. Wenig später passiert der von 99 1606-5 gezogene Zug das Einfahrsignal des Bahnhofs Wolkenstein aus Richtung Jöhstadt. Dieses ist zum besseren Erkennen mit Negativflügel ausgestattet.

In Großrückerswalde angekommen ist der Personenzug aus Wolkenstein, welcher in Kürze seine Fahrt nach Jöhstadt fortsetzen wird. (03.01.1984)

Im Bahnhof Steinbach angekommen, interessiert mich nicht nur das Wassernehmen unserer IV K, sondern auch das Bahnhofsareal, insbesondere die Weichen, welche ich mir genau ansehe. Auch eine Doppelkreuzungsweiche ist dabei. Einige Gleise und Weichen sind schon von Gras überwuchert, ein deutliches Zeichen, dass hier nicht mehr viel Verkehr herrscht. Und genau deshalb wird es auch in wenigen Tagen „hier oben" keinen Personenzugverkehr mehr geben.
Nach einiger Zeit wende ich mich wieder dem Wassernehmen zu. Viele weitere Fotografen haben nur Augen für dieses Motiv, welches auch wirklich sehr schön ist. Doch nun heißt es schon wieder „Alles einsteigen bitte!".
Bei den nächsten beiden Stationen „springe" ich wieder aus dem Zug, um noch einige Abschiedsfotos anzufertigen. Nach der Abfahrt in Schlössel dauert es nicht mehr lange und der Noch-Endbahnhof Jöhstadt ist erreicht. Schade, dass dieser herrliche Bahnhof bald nicht mehr existieren wird. Ich bin froh, noch einmal per Bahn nach Jöhstadt gereist zu sein. Wie werden uns wohl spätere Eisenbahnfreunde beneiden, weil wir noch auf der gesamten Preßnitztalbahn gefahren sind!

Zwischenhalt in Steinbach. Hier wird 99 1606-5 mit frischem Wasser versorgt.

Auch bei den Halten in Schmalzgrube und Schlössel wird der von 99 1606-5 bespannte Zug abgelichtet.

Endstation Jöhstadt: „Alles aussteigen bitte!“ Schmalspurromantik pur, die nur noch wenige Tage erlebbar sein wird. (03.01.1984)

4.16 Dampfende in Jöhstadt

(Text und Fotos von Pavel Marek)

13. Januar 1984: Auch wir Eisenbahnfreunde in der Tschechoslowakei haben erfahren, dass heute der Verkehr nach Jöhstadt eingestellt wird. Um diesen historischen Tag auf Film festzuhalten, stehe ich zeitig auf, denn ich möchte den ganzen Tag nutzen, um Fotos anzufertigen. Am Morgen wird in Reitzenhain der Grenzübergang zur DDR passiert. Von hier dauert es nicht mehr lange, bis ich bei der Preßnitztalbahn angekommen bin.

Zunächst fertige ich einige Motive entlang der Strecke an, bevor ich weiter nach Jöhstadt fahre. Natürlich bin ich an diesem Tag nicht allein unterwegs. Unzählige Eisenbahnfreunde sind angereist, um diesen denkwürdigen wie auch traurigen Tag mitzuerleben. In Jöhstadt angekommen, schaue ich mir die Vorbereitungen für den Dampfabschied an. Es wird viel rangiert und so entstehen in den folgenden Stunden unzählige Fotos. Schön ist auch, dass noch einmal drei IV K-Lokomotiven vor dem Heizhaus positioniert werden. Die Reihe der Fotografen wird immer länger, sodass ich auch dieses Szenario auf Film banne.

Schon bald neigt sich der Tag dem Ende zu und es rückt die Abfahrt des letzten Zuges heran. Dieser fährt mit 99 1606-5 und unter ständigem Pfeifen und Läuten nach Wolkenstein. Alle Wagen sind gut besetzt. Für mich endet die Fahrt jedoch in Steinbach, denn von hier ist die Grenze zur Tschechoslowakei sehr nah, sodass ich wehmütig aber mit vielen Impressionen am Abend zurück in meine Heimat fahre.

99 561 ist mit ihrem Personenzug zwischen Schmalzgrube und Schlössel unterwegs.

99 1606-5 erreicht den Bahnhof Jöhstadt. Wenig später steht sie gemeinsam mit 99 1585-1 vor dem Heizhaus.

„Dampflokparade“ in Jöhstadt. An diesem Tag gaubt niemand daran, dass es einmal wieder drei IV K vor dem Jöhstädter Lokschuppen zu sehen geben wird.

Dutzende Eisenbahnfreunde verabschieden sich an diesem Tag von Jöhstadt und seiner Bahn.

99 561 kommt vom Lokschuppen zum Empfangsgebäude gefahren.

99 561 und 99 1585-1 verlassen den winterlichen Bahnhof Jöhstadt. Für die Fotografen wird an der Bahnhofsausfahrt gehalten, damit diese noch einige Abschiedsfotos anfertigen können. Und davon wird rege Gebrauch gemacht.

Einige Wagen stehen noch im Bahnhof Jöhstadt. Doch schon bald wird nicht mehr viel an den Bahnbetrieb erinnern.

4.17 Erinnerungen an unner „Bimmel-Bahnel“
(von Karl-Heinz Melzer)

Die meisten Wanderfreunde und Radfahrer, die den Wanderweg zwischen Streckewalde bis hoch nach Steinbach benutzen und eine Pause in „Sylvias Bahnhäusel“ im Großrückerswalder Ortsteil Boden einlegen, können sich nicht mehr vorstellen, dass sich hier einst ein Bahnhof der Schmalspurbahn Wolkenstein - Jöhstadt befand. Lediglich das umgebaute ehemalige Bahnhofsgebäude und der heute als Wander- und Radweg genutzte Gleiskörper deuten noch darauf hin. Und doch denken besonders die älteren Einwohner von Mauersberg und Großrückerswalde noch gern an das „Bimmel-Bahnel“ zurück, verbinden sich doch damit viele schöne Erinnerungen an die romantische Dampflokomotivzeit.

Fast 25 Jahre hat es gedauert, ehe nach vielen Anträgen, Petitionen und Eingaben der im Preßnitz- und Schwarzwassertal ansässigen Unternehmen im Jahre 1890 endlich der Bau einer schmalspurigen Sekundärbahn zwischen Wolkenstein und Jöhstadt genehmigt wurde. Noch im selbigen Jahr erfolgte die Trassierung der Strecke und im Mai 1891 begannen die Arbeiten. Am ersten Streckenabschnitt waren etwa 190 Arbeiter am Werk. Der höchste Arbeiterstand fiel in den Monat Juni mit 1.751 Mann, unter welchen sich 257 Maurer und Steinmetze sowie 33 Zimmerleute befanden. Beim Bahnbau waren auch viele böhmische und italienische Arbeiter beschäftigt. Der gesamte Bahnbau gilt auch heute noch als großartige Leistung, wenn man bedenkt, dass alles in Handarbeit ausgeführt wurde und alle Arbeiten wegen des strengen Winters von Dezember 1891 bis März 1892 ruhten.

Seinen großen Tag erlebte anlässlich der Bahneröffnung am 31. Mai 1892 auch der kleine Bahnhof BODEN. Es war ein herrlicher Frühsommertag. Der Sonderzug zählte 18 Wagen und war mit zwei Lokomotiven bespannt. Auf den Bahnhöfen und Haltestellen gab es überall Ansprachen und die Bewohner der umliegenden Gemeinden hatten sich zahlreich dort eingefunden. Zwei Musikkapellen begleiteten den Zug. Auch in der Hirschleithe (bei Boden) gab es einen Halt am dortigen Straßenübergang, wo der Fabrikbesitzer Lorenz und seine Belegschaft das neue Verkehrsmittel begrüßten.

Aus dem Jahr 1890 erfahren wir, dass der damalige Mauersberger Pfarrer Böhme sich dafür einsetzte, dass der Name „Mauersberg“ auf dem künftigen Schild der Station Boden mit

Diese Aufnahme um 1910 zeigt noch das Stationsschild „BODEN“ am Bahnhofsgebäude. Foto: Hermann Krauße

genannt werden sollte, weil diese Bahnstation auf Mauersberger Flur lag. Das geschah aber nicht. Die Bahnstation erhielt den Namen BODEN / b. Wolkenstein und seit 1936, anlässlich der Eingemeindungen von Boden nach Großrückerswalde, den Namen GROSSRÜCKERS-WALDE.

Für die Bewohner von Mauersberg und Großrückerswalde gehörte das „Bimmelbahnel" bald zum Alltag. Nachdem die Bahn dann regelmäßig talaufwärts bzw. talabwärts fuhr, fauchte, pfiff und bimmelte, war das sehr romantisch. Nicht nur für die Bauern, die im Sommer ihre Wiesen mit der Sense mähten, war es eine Selbstverständlichkeit, dass die Bahn zur festgelegten Zeit kam. Auch die Anwohner profitierten davon und konnten danach ihre Uhren stellen. Sogar das Wetter wurde vorausgesagt. Wenn man im Dorf das Pfeifen der Lokomotive hörte, bedeutete das Regenwetter.

Es gab auch Unfälle und Naturkatastrophen. So stürzten am 25.03.1924 vormittags eine große Anzahl Felsmassen zwischen Boden und Niederschmiedeberg auf das Gleisbett und versperrte die weitere Zufahrt. Im Oktober 1934 ereignete sich folgender Unfall. Die damalige Tageszeitung „Annaberger Wochenblatt" (TAW) berichtete dazu:

„Ein nichtalltäglicher Verkehrsunfall ereignete sich dieser Tage in Boden. Ein schwer beladener Fernlasttransportwagen befand sich auf der Fahrt von Mauersberg in Richtung Großrückerswalde. Bei dem offenen Bahnübergang in Boden, in dessen unmittelbarer Nähe sich der Warteraum des Bahnhofes befindet, tauchte plötzlich ein Zug auf. Um nun einen folgenschweren Zusammenstoß mit dem Zug zu vermeiden, sah der Führer des Lastkraftwagens keine andere Möglichkeit, seinen Wagen scharf nach rechts herumzureißen. Dabei landete der Wagen im Bahnhofswarteraum und drückte eine Wand vollständig ein, deren Trümmer den Wagen bedeckten. Die beiden Fahrer duckten sich geistesgegenwärtig unter dem Fahrersitz nieder und kamen mit dem Schrecken davon. Der angerichtete Materialschaden ist allerdings beträchtlich."

1943 entgleiste am Ochsensprung (Felsmassiv oberhalb von Boden) ein Güterzug. Zu einem weiteren Unfall kam es am Nachmittag des 27. August 1954, als ein Auto am Bahnübergang mit der Lokomotive zusammenstieß. Zum Glück kam es nur zu Materialschaden.

Aber es gab auch andere Ereignisse, über die noch lange gesprochen wurde. Der ehemalige Zugführer Wolfgang Los, der 1945 seine Lehre bei dieser Bahn begann, erinnerte sich an

Zusammenstoß eines Lkw am Bahnübergang Boden mit 99 568 am 27.08.1954. Das „Ereignis" lockte zahlreiche Schaulustige an. Sammlung: Karl-Heinz Melzer

folgende Begebenheit: *„Als der Frühzug im Bahnhof Großrückerswalde ankam und keiner einstieg, guckte der Lokführer aus dem Führerstand und fragte: ´Warum steigt ihr denn nicht ein?` Dabei sah er die Bescherung: Die Lok hatte die Waggons verloren und musste nochmals 1,5 km zurückfahren."*
Zwei Frauen aus Mauersberg wollten nach Niederschmiedeberg. Um die Wegstrecke abzukürzen, liefen sie auf den Bahngleisen. Sie hatten aber nicht bedacht, dass ein Zug kam. Erst als kurz hinter den Frauen die Lokomotive mit mächtigem Krach auftauchte, sprangen sie vom Bahndamm, der an dieser Stelle auch ziemlich hoch war. Sie fanden sich schließlich mit ramponierten Kleidern und blauen Flecken in einer großen Pfütze wieder. Es hatte vorher tagelang geregnet.
Mir ist folgendes passiert: Ich hatte beim Sägewerk Legler in der Hirschleithe einige Bretter und Balken zum Bau eines Hasenstalles erworben, für die damalige Zeit keine Selbstverständlichkeit, denn Bauholz war knapp. Als ich alles in meinem Trabant verstaut hatte, bin ich losgefahren, hatte aber vergessen, den Benzinhahn im Trabant zu öffnen. Nach wenigen Metern und genau am Bahngleis ging der Motor aus. Ich war kaum ausgestiegen, hörte ich schon das Pfeifen der Lokomotive in unmittelbarer Nähe. Geistesgegenwärtig schob ich das Auto zurück, denn in den nächsten Sekunden wäre mein Trabant Schrott gewesen.
Aber auch das gehörte zum Alltag: Ein Einwohner aus Mauersberg benutzte jeden Tag das Bahnel, um zu seiner Arbeitsstelle zu kommen. Wenn er nun am späten Nachmittag wieder in Boden anlangte, ging es erstmal zu einem Bier in „Schramms Gasthaus", das sich unmittelbar am Bahnhof befand. Schließlich hatte er noch den steilen Weg am Bodenberg vor sich. Weniger davon erfreut war natürlich seine Frau, die ihm deswegen manche Vorhaltung

Am 14.10.1978 durchfuhr 99 1561-2 mit etlichen Rollfahrzeugen den Bahnhof Großrückerswalde. Rechts das völlig verwitterte Stationsschild. Foto: Thomas Böttger

machte. Daraufhin brachte er es am folgenden Tag tatsächlich fertig, am Gasthaus vorbei zu laufen. Als er schon die Hälfte des Weges nach Mauersberg zurückgelegt hatte, kehrte er in Richtung Gasthaus wieder um und meinte: *„Heute habe ich es wirklich einmal fertiggebracht am Gasthaus vorbei zu laufen! Zur Belohnung werde ich heute zwei Bier trinken."*
Über 90 Jahre hatte das Bahnel seinen treuen Dienst getan. Es war zum unmittelbaren Bestandteil des täglichen Lebens im Preßnitztal geworden. Und nun drohte das nicht abzuwendende „Aus" der Bahnstrecke. Mit der Stilllegung ging auch ein Stück Heimat verloren. Eingaben und Beschwerden der Bevölkerung blieben unbeantwortet und wirkungslos.
Der 30. September 1984 war der letzte Tag des Personenverkehrs. Auf dem Bahnhof in Großrückerswalde hatten sich zwischen Gleisanlagen, Straße und Wartehalle hunderte Menschen eingefunden. Es glich einem Volksfest. Auf der Talstraße eine lange Schlange von Autos, Mopeds und Motorrädern, die gleich einem Wurm den Zug bis Wolkenstein begleiteten. Fotoapparate klickten, Kameras summten. An diesem Tag war Seniorentanz in Mauersberg, aber glücklicherweise so günstig zu Ende, dass die Musikanten auf dem Bahnhof noch ein Ständchen spielen konnten. Die Feuerwehrkapelle aus Streckewalde brauchte man dann nicht zweimal zu bitten. Als deren Bus die Straße herunter kam, stand da noch der verspätete P 14293 im Bahnhof. Schnell waren die Instrumente ausgepackt und die Melodie angestimmt. Sofort wurden einige Herren (Horch & Guck) wieder nervös und es gellte der Befehl „Abfahren" an Zug- und Lokpersonal. Die hatten es aber verständlicherweise gar nicht eilig und nur ganz, ganz langsam verließ der Zug unter den Klängen einer erzgebirgischen Volksweise den Bahnhof Großrückerswalde.
Zum 01.10.1984 war die offizielle Einstellung des Reiseverkehrs Wolkenstein - Jöhstadt vollständig vollzogen. Ab diesem Tag verkehrte die Buslinie T-426 des VEB Kraftverkehr Annaberg. Nach erfolgtem Verkehrsträgerwechsel im Güterverkehr auf dem Streckenabschnitt Wolkenstein - Niederschmiedeberg, von km 0,00 bis km 9,424, wurde dieser mit Wirkung vom 31. Dezember 1986 stillgelegt und zum Abbau genehmigt.
Als letzter wurde der Bahnhof Großrückerswalde demontiert. Von dieser Station aus trieb man mit Rückbauzügen den Abbau der Strecke voran und das Gleismaterial gelangte hier größtenteils zur Verladung. Schon am 17. Oktober 1988 gründete sich in Mauersberg die

Zahlreiche Fotografen hatten sich am letzten Betriebstag eingefunden, um die Ausfahrt im Bild festzuhalten. Foto: K.-H. Melzer

99 1561-2 war dem Ereignis entsprechend beschriftet worden, hier vor der Abfahrt im Bahnhof Großrückerswalde. Foto: Karl-Heinz Melzer

Interessengemeinschaft Preßnitztalbahn mit acht Mitgliedern als Gruppe im Kulturbund der DDR. Ich gehörte damals mit zu den beherzten Aktivisten der ersten Stunde. Wir stellten uns das Ziel, wenigstens ein Andenken an unsere Bahn künftigen Generationen zu erhalten. Als im Frühjahr 1989 noch immer Originalgleise im Bahnhof Großrückerswalde lagen, obwohl der Abbau eigentlich schon abgeschlossen war und zwei Wagen des Abbauzuges herumstanden, kam die Hoffnung auf, hier eine Schauanlage als Erinnerung an die Schmalspurbahn zu errichten. Wir, damals noch sehr wenigen Freunde der Interessengemeinschaft, versuchten alles, um dieses Vorhaben zu realisieren. Bis zur „Wende“ wurde diese Zielstellung jedoch praktisch immer wieder vereitelt. Einen entscheidenden Impuls gab es erst im Februar 1990, als von der Rbd Dresden der Personenwagen 970-628 und der Gepäckwagen 970-331 vom Rückbauzug der IG kostenlos übereignet wurden. Im Januar 1990 war bereits im „Erbgericht“ Mauersberg die Neugründung der IG Preßnitztalbahn als Verein mit etwa 140 anwesenden Interessenten erfolgt. Zunächst verfolgte man das Vorhaben, einen Denkmalszug in Großrückerswalde aufzustellen. Das erwies sich allerdings als unrealistisch. Ende April 1990 wurde dann vom Verein beschlossen, den Wiederaufbau des Teilstückes Jöhstadt - Schmalzgrube in Angriff zu nehmen und den Sitz des Vereines nach Jöhstadt zu verlegen. Wie richtig dieser Beschluss war, hat der erfolgreiche Aufbau der heutigen Museumsbahn von Jöhstadt nach Steinbach gezeigt. Es gab natürlich auch noch andere Ideen einen Teil der Strecke zu erhalten, welche sich aber nicht durchführen ließen.

1994 wurden schließlich die letzten Gleisanlagen im ehemaligen Bahnhof Großrückerswalde demontiert und damit ein Wendeplatz geschaffen. Das Kapitel Schmalspurbahn im unteren Preßnitztal ging damit endgültig zu Ende. Nur der danach geschaffene Rad- und Wanderweg von Streckewalde bis Steinbach mit seinen Wanderparkplätzen erinnert noch daran. Das ehemalige Empfangsgebäude wurde zum vielbesuchten „Sylvias Bahnhäusel“, eine Imbissgaststätte, umgebaut.

Einem Volksfest glich die Abschiedsfahrt am 30.09.1988 im Bahnhof Großrückerswalde. In der Mitte ist die im Text beschriebene Musikkapelle zu sehen.

Zahlreiche Kraftfahrzeuge verfolgten die letzte Fahrt eines Reisezuges auf der Strecke Wolkenstein - Jöhstadt, hier am BÜ Boden. Fotos: Karl-Heinz Melzer

4.18 Die Züge verschwanden – die Draisinen kamen

(von Thomas Böttger – nach Information von Wolfgang Rexzeh)

Sommer 1984: Stillgelegte Eisenbahnstrecken mit ihren angerosteten Gleisen und Bewuchs strahlen bei Eisenbahnfreunden immer eine gewisse Sehnsucht aus. Eine Sehnsucht, dass über die nun unnützen Schienen doch noch mal etwas rollen könnte, bevor diese demontiert werden. So mag es einer Handvoll Eisenbahnfreunden aus Berlin gegangen sein, welche im Sommer 1986 und 1987 Fahrten mit einer historischen Draisine auf noch nicht abgebauten und stillgelegten Streckenabschnitten durchführten. Während 1986 nur im Bereich Oberschmiedeberg - Niederschmiedeberg (bis Trapeztafel) gefahren werden konnte, verlagerten sich diese Aktivitäten nach der Gesamtstilllegung auch auf den unteren Streckenteil bis Streckewalde. Überführt wurde das kleine Schienenfahrzeug meistens mit einem Barkas B 1000 Pritsche (VEB Wasserbau Berlin) nebst HP 500 vom „Bahnhof Neu-Wiek" der Hobby-Kleinbahn in Berlin-Zepernick bis ins Preßnitztal. Auch das Problem der Unterkunft konnten die Hobbyeisenbahner lösen, denn eine Familie aus Mittelschmiedeberg zeigte sich stets gastfreundlich. Vom damaligen Bahnmeister Post der Bm Annaberg-Buchholz wurde dafür sogar eine Genehmigung erteilt. Selbiger Herr war auch bei einigen Einsätzen selbst zugegen.

Deutsche Reichsbahn

Bahnmeisterei Annaberg-Buchholz
(Dienststelle)

Fahrtanweisung für Kleinwagen Nr. 1

A. Antrag zur Fahrt für 2 KL
(Zahl und Art der Kleinwagen)

Hinfahrt am 26. 7. 1986 nach Zug —
um Uhr
von Niederschmiedeberg bis Streckewalde
auf Gleis J-W /

Rückfahrt am 26 7 1986 nach Zug
um Uhr
von Streckewalde bis Niederschmiedeberg
auf Gleis /

Zweck der Fahrt Kontrollfahrt

Kleinwagenführer Post anerkannt Post
(Unterschrift des Kleinwagenführers)

Bemerkungen (Aussetzen und dgl.)

(Nichtzutreffendes streichen)

Annaberg, den 26.7. 1986
Post
(Leiter)

Fahrtanweisung gibt der Kleinwagenführer nach der Fahrt dem Antragsteller zurück !

Wechsel des Kleinwagenführers anerkannt

Von bis ist Kleinwagenführer :
(Unterschrift)

Von bis ist Kleinwagenführer :
(Unterschrift)

Best. Nr. 408 33 Drucksachenverlag der DR Fahrtanweisung für Kleinwagen Ag 312 72 83 3000 Blocks IV-13-7 15721

Die Draisinenfahrten erfolgten mit Fahrtanweisung der Bahnmeisterei Annaberg-Buchholz.
Slg.: W. Rexzeh

Die Draisinenfahrer vereinbarten, über die Bahnselbstanschlussanlage (BASA) auf die Sicherheit an den Bahnübergängen selbst zu achten. Besonders viel Aufsehen erregte dies bei den Anwohnern nicht, weil die Eisenbahnfreunde meistens Uniformen der Deutschen Reichsbahn trugen. Etwas Mut gehörte auch dazu, wenn die Motordraisine, beispielsweise auf einer Brücke hoch über der Preßnitz, neu gestartet werden musste. Im Herbst 1986 sollte es kurz vor Ultimo noch eine richtige Hochzeit im Wolkensteiner Lokschuppen geben, jedoch spielte der Standesbeamte so kurzfristig nicht mit. Das Paar hätte die Hochzeit mindestens vier Wochen vorher anmelden müssen.

Draisinenfahrten im Sommer 1986 in Oberschmiedeberg mit jungem Publikum. Rechts ist der Barkas des VEB Wasserstraßenbau Berlin zu sehen.

Idyllisch die Begegnung mit einem Pferdefuhrwerk am Sägewerk Oberschmiedeberg. Fotos: Wolfgang Rexzeh

Doch kommen wir nun zur Vorgeschichte dieser Draisineneinsätze: Im April 1971 konnte der Berliner Lokführer Wolfgang Rexzeh zwei Kleinbahnwagen von der Deutschen Reichsbahn erwerben, welche auf Rügen durch Streckenstilllegungen entbehrlich geworden waren. Im März 1975 kam dann noch die 99 4503 von den ehemaligen Ost- und Westprignitzer Kreiskleinbahnen hinzu. Auch erwarb er noch einen Schmalspurgüterwagen, ebenfalls von der Insel Rügen. Dieser Zug bildete den Grundstock für den „Bahnhof Neu-Wiek" in einem Berliner Gartengrundstück.

Bald kamen in den Bestand der Hobbykleinbahn auch Fahrzeuge, mit denen man im Anwesen

Fotografisch dokumentiert wurde auch die letzte Draisinenfahrt im oberen Streckenabschnitt am 26.07.1986.

Hier das „theoretische Hochzeitsfoto" mit einem Paar der Berliner Eisenbahnfreunde. Fotos: Wolfgang Rexzeh

Das untere Fahrtziel nach der Einstellung des Güterverkehrs war Streckewalde. Hier nach dem Umsetzen am Bahnübergang.

Hier geht es in voller Fahrt über die Preßnitz, natürlich wurden die Fahrten auch auf Schmalfilm festgehalten.

Ende der Draisinenfahrt im Bahnhof Niederschmiedeberg. Im Hintergrund die Werkswagen des VEB dkk Scharfenstein. Fotos: Wolfgang Rexzeh

auch richtig fahren konnte. Dazu gehörte das Wrack der Hebeldraisine, welche im DEFA-Film „Heißer Sommer“ über die Leinwand flimmerte. Ebenfalls von der Bahnmeisterei Bergen konnten die Mannen um Wolfgang Rexzeh ein Schienenmoped auf Basis des Simson-KR 50 erwerben. Schließlich gelang es, im März 1976 eine Motordraisine mit Anhänger der Firma Freund (Baujahr 1934) von der Bahnmeisterei Annaberg-Buchholz in die Hauptstadt zu holen. Nach Aufarbeitung konnte diese, vor allem zur Freude von Besuchern, auf der Minimuseumsbahn eingesetzt werden. Natürlich hegte sich nun der Wusch, damit auch auf „richtigen“ Schmalspurstrecken zu fahren. Nach Einstellung des Fahrbetriebes auf der Strecke Wolkenstein - Jöhstadt ergab sich hier die einmalige Situation, den Schienenstrang bis zum Abbau allein nutzen zu können. So gelangte das historische Gefährt vom Panketal nochmals zu Einsatzehren im Preßnitztal.

Um solche Fahrten zukünftig offiziell durchführen zu können, beantragte im Sommer 1987 ein Eisenbahnfreund aus Schmalzgrube bei dem Präsidenten der Rbd Dresden, Herrn Dieter Neumann, den noch vorhandenen Streckenabschnitt von Kilometer 10,5 bis 12,0 nicht abzubauen. Natürlich wurde dieses Ansinnen von den örtlichen „Massenorganisationen“ befürwortet, von der Deutschen Reichsbahn aber abgewürgt. (siehe Seite 147)

Nun, heute kann man hier in die Pedalen treten, allerdings nur mit gummibereiften Rädern. Aber auch den „Bahnhof Neu-Wiek“ gibt es nicht mehr. Nachdem nach der Wende die Pacht für das Gartengrundstück jährlich stieg, übergab Wolfgang Rexzeh 1996 seine Sammlung dem Eisenbahnmuseum Gramzow. Im Jahr 1999 wurde das Grundstück reprivatisiert und alle Spuren einer Hobbyeisenbahn verschwanden damit.

Diese Motordraisine mit Hänger baute der Eisenbahnfreunde Reinhard Allendorf aus einer normalspurigen, in Teilen vorhandenen, Draisine. Zu sehen ist dieses Gefährt heute im Eisenbahnmuseum Gramzow. Foto: Thomas Böttger

4.19 Das langsame Ende des Güterverkehrs zum VEB dkk Niederschmiedeberg

(von Thomas Böttger)

Herbst 1986: Nach der Einstellung des restlichen Reiseverkehrs zwischen Wolkenstein und Niederschmiedeberg im September 1984 war zunächst völlig unklar, wie zukünftig der Güterverkehr zum dkk-Werk in Niederschmiedeberg durchgeführt werden sollte. Eigentlich war die Gesamtstilllegung zum 31.12.1985 vorgesehen, damit neue Lichtsignale auf dem Bahnhof Wolkenstein eingebaut werden konnten. Doch der Termin konnte nicht gehalten werden, so musste die sowjetische EZMG-Technik im Jahr 1986 mit Anpassung an die Schmalspurbahn in Betrieb gehen. Weil auch der Oberbau zusammen mit dem 1,9 km langen Dreischienengleis im gleichen Jahr saniert wurde, keimte nochmals Hoffnung für den Weiterbestand des Restbetriebes auf. Nach Umbau des Anschlussgleises des VEB Schönfelder Papierfabrik von 750 mm auf Normalspur im Jahr 1985 gelangten einige Rollfahrzeuge nach Wolkenstein. Auch die dort als Reserve abgestellte 99 1606-5 kam nach erfolgter Bremsuntersuchung zurück ins Preßnitztal.

Obwohl die Werksleitung in Niederschmiedeberg weiterhin an einem Transport auf der Schiene festhalten wollte, konnte sie sich damit nicht bei der Deutschen Reichsbahn durchsetzen. So wurde das Kühlschrankwerk vor vollendete Tatsachen gestellt und bekam die Durchführung des unökonomischen Straßentransports „reingedrückt“. Eigentlich sollte der

Das traurige Ende der dkk-Werksbahn im April 1987. Die vordere V 10 C (Baujahr 1967) zeigte sich in Bestzustand, hatte aber keine Aufgabe mehr. Sammlung: Thomas Böttger

Eindrücke von der Werkbahn in Niederschmiedeberg im Frühjahr 1987. Was sich über Jahrzehnte bewert hatte, war nun vorbei. Sammlung: Thomas Böttger

letzte Güterzug am 30.09.1986 fahren, doch dieser Termin war wiederum nicht einzuhalten. Inzwischen hatte es sich herumgesprochen, dass der Schmalspurbahn nur noch eine kurze Gnadenfrist blieb. Und so konnte man, vor allem an Sonnabenden (sonntags ruhte der Betrieb), im Preßnitztal lange Verfolgerkolonnen erleben. Auch die Bauabsperrungen im Zuge des Ausbaues der Preßnitztalstraße hielten die motorisierten Eisenbahnfreunde nicht auf.
Und so kam das Ende: Am 21.11.1986 fuhr 99 1561-2 letztmalig mit einem Gepäckwagen nach Niederschmiedeberg, um den Nahgüterzug abzuholen. Die restlichen Wochen bis zum Jahresende gab es noch einen Bereitschaftsdienst, um bei Störungen der gummibereiften Konkurrenz eingreifen zu können. Aber der VEB dkk musste sich fügen und am 27.11.1986 wurde der Abschlussvertrag mit der Rbd Dresden über den Verkehrsträgerwechsel unterzeichnet. Die allerletzte Fahrt gab es am 06.12.1986, als 99 1561-2 in Niederschmiedeberg einen jahrelang dort abgestellten Gepäckwagen abholte.
Nun, ein bisschen Schmalspurbetrieb gab es bis April 1987 immer noch, nämlich auf den Werksgleisen des Kühlschrankwerkes Niederschmiedeberg, denn dieser Betrieb besaß zwei LKM-Dielselloks vom Typ V 10 C (Baujahre 1962 und 1967). Die jüngere von beiden Maschinen (Fabriknummer 250426) erhielt man Sommer 1986 frisch hauptuntersucht aus der Kleinlokwerkstatt Tharandt zurück. Dafür waren Kosten von etwa 80.000 Mark der DDR angefallen. Mangels weiterer Verwendungsmöglichkeit verkaufte man diese V 10 C in ein anderes Schmiedeberg, und zwar in das an der Weißeritztalbahn, an den VEB GISAG. Allerdings durfte dkk dafür nur den staatlich festgelegten Taxpreis von 30.000 Mark der DDR

verlangen. Die Lok des Baujahres 1962 (Fabriknummer 250311) ging im gleichen Jahr an den VEB Kemmlitzer Kaolinwerke. Nach dem Ende der DDR und der Produktion des weltweit ersten FCKW- und FKW-freien Kühlschranks kam im Jahr 2000 auch die Kühlschrankproduktion in Niederschmiedeberg zum Erliegen. In einem der ehemaligen Fabrikgebäude befindet sich seit 2006 das Preßnitztalmuseum, in welchem die Wirtschafts- und Kulturgeschichte der Region an-schaulich dokumentiert wird.

Weil sich auf den Schienen nichts mehr bewegte, diente der Lokschuppen im dkk-Kühlschrankwerk nun als Kraftfahrzeugwerkstatt. Sammlung: Thomas Böttger

4.20 Streckenrückbau und ein Denkmal für Max Frey

(von Wolfgang Thomas)

„Anreise zur Preßnitztalbahn? – Jawoll, ihr müsst die Bahnmeisterei Annaberg-Buchholz beim Rückbau dieser Schmalspurbahn unterstützen, eure Wohnwagen stehen auf dem Bahnhof Wolkenstein, Strom und Wasser sind vorhanden. Einzelheiten erfahrt ihr am Mittwochmorgen vor Ort.“

Soweit die Stimme unseres Dispatchers am Basa-Telefon der Baumechanik Radebeul, eines Gleisbaubetriebes der Reichsbahndirektion Dresden. Von ihm erfahren die Personale der republikweit eingesetzten Oberbaugroßmaschinen ihr jeweiliges Anreiseziel zur obligatorischen 8-Tage-Schicht.

Er fügt hinzu: *„Menschenskinder, lasst euch bloß nicht provozieren! Die Einheimischen sind gegen den Abriss ihrer geliebten Kleinbahn hinauf nach Jöhstadt. Verständlich, naja, jedenfalls gab es wohl dieser Tage schon Vorkommnisse, unter anderem bei Nacht und Nebel – mit Drohungen beschriftete Wohnwagen, Steinwürfe, herausgerissene Versorgungskabel, gar Provokationen in einem Wirtshaus zu vorgerückter Stunde, oben in der Stadt. Also, irgendwie scheinen unsere Kollegen Maschinisten den aufgebrachten Erzgebirgern als Feindbild zu dienen, als Schuldige womöglich.“*

„Du, Wolle, sollten wir angesichts der geschilderten Lage die Wohnwagen nicht rasch noch zu einer Wagenburg formieren?“ Mein Kollege Hannes erinnert an einschlägige Wildwestfilme im Westfernsehen, an die Defensivtaktiken der weißen Siedler gegenüber den Ureinwohnern. Gleich sind auch Karl May und seine in der DDR spärlich kursierenden Romane thematisiert. Unser abendliches Gespräch vor dem Schichtbeginn gewinnt rasch an Tiefe, bald gilt der weltberühmte Schriftsteller aus dem sächsischen Hohenstein-Ernstthal und Wahl-Radebeuler als Schirmherr unserer Sicherheitsinteressen – sind wir doch in einem

Streckenwärter Max Frey, Bahnmeisterei Annaberg-Buchholz, 1989.

Hannes (Hans-Jürgen Enderlein), Max Frey und der Autor bei Räumungsarbeiten am Bahnhof Großrückerswalde, Frühjahr 1989. Fotos: Wolfgang Thomas

gewissen Sinn allesamt Radebeuler.
Wie auch immer: Zu später Stunde schließlich fällen wir die Entscheidung, die kommende Nacht ohne Wagenburg zu verbringen. Unsere schienengebundenen Wohnwagen sind für dergestalt Vorkehrungen schlechthin ungeeignet.
Wir schreiben das Jahr 1987. Es ist Oktober, ein später Herbst, den man – ich bleibe im Bild – auch Indianersommer nennt. In der Frühe schon kommen wir in Niederschmiedeberg an. Hier warten die Kollegen der Bm Annaberg-Buchholz auf uns. Wir machen uns bekannt. Wenige Worte, dann ist die Rückbautechnologie erläutert. Der Schneidbrenner faucht, die ersten Hauruck-Kommandos beim Buckeln der Schienenstücke erschüttern die morgendliche Stille. Die Reste des Schienenwegs laden wir später in Niederschmiedeberg vom Arbeitszug, dann geht es wieder hinaus in Wald und Wiese. Und so fort. Über viele Tage.
Ich sage es gleich: Eisenbahninteressierte werden in diesem Beitrag eines Beteiligten keine bislang unbekannten Fakten zum Abriss der DR-Kursbuch-Strecke 422 kennenlernen. Nein, ich versuche nur, als Zeitgenosse über rund dreißig Jahre nach hinten zu blicken, meine Wahrnehmungen von damals aufzurufen – Bruchstücke von Gesprächen, emotional geprägte Situationen, Widersprüche oder Wunderlichkeiten – und sie, so gut es eben geht, als Bilder aneinander zu reihen. Mir graust jedenfalls. Diese wunderschöne Eisenbahn wird der Erfüllung des Schrottplanes der Rbd Dresden geopfert. Lastkraftwagen und neuen Straßenführungen soll sie weichen, ein Wahnsinn.
Die Kollegen der Bahnmeisterei machen allerdings nicht den Eindruck, als rühre sie der Verlust

In mühsamer Handarbeit wurde das Streckengleis abgebaut, hier bei Oberschmiedeberg. Die damaligen Aufwendungen dafür haben den Schrottwert weit übertroffen. Foto: W. Thomas

ihrer Strecke sonderlich. Abgeklärt waltet Gotthard seines Amtes als Arbeitszugführer. Max hilft tatkräftig überall und sammelt unverdrossen Kleineisen auf.
Und doch, irgendwie ist es seltsam: Am Abend noch fabulierten wir über den Wilden Westen, Landnahme und Eisenbahnbau. Und plötzlich sind wir ungewollt zu Statisten eines – mit ein wenig Fantasie – durchaus vergleichbaren Szenarios geworden, mit vertauschten Vorzeichen allerdings. Wir sind hier die Räuber, die sich daranmachen, den Ureinwohnern ihre angestammte Eisenbahn für immer wegzunehmen, eines fragwürdigen Fortschritts wegen.
Unsinn, sage ich mir. Auch Max winkt ab, lächelt über meine blühende Vorstellungskraft. Er selber habe bislang keine Feindseligkeiten bemerkt oder gar gehegt, und die erwähnten Vorkommnisse mit partisanenhaft agierenden Einheimischen seien nie bedrohlicher Natur gewesen. Streckenwärter Max Frey ist hoch im Rentenalter. Über das 65. Lebensjahr hinaus auf seinem Dienstposten weiterzuarbeiten, ist bei der DDR-Reichsbahn so gut wie Normalität. Die Alten werden schlichtweg gebraucht – oft so lange, wie es ihnen selber recht ist.
„Was, der ist vierundsiebzig?“ Ungläubig blicken wir uns an. Das hätte man nun doch nicht gedacht. So ein federnder, aufrechter Gang, kein Stöhnen beim Bücken oder Heben, kein Fluchen über das Wetter, über allem ein stets freundliches Antlitz mit wachen hellen Augen. Uns fehlen die Worte. *„Und eine Brille hat er auch nicht“*, bemerkt Hannes.
Zum Frühstück sitzen wir oft in einem der straßengebundenen Reichsbahn-Aufenthaltswagen. Sein Brot entnimmt Max dann der von zu Hause mitgebrachten Aluminiumschachtel. Kaffee schenkt er sich aus einer Thermoskanne im gleichen, landauf landab bewährten Design ein. Er kaut bedächtig, ja, andächtig. Macht ein Spaß die Runde, nickt er manchmal, lächelt. Mitunter geht sein Blick lange durch die offene Wagentür, in Fernen wohl, in die unsereiner nicht folgen kann: Abschied von seiner Eisenbahn? Max raucht nicht. Wenn wir nach der Pause wieder zu unseren Schienen und Schwellen gehen, höre ich ihn dann und wann leise vor sich hin pfeifen. Einmal singt er, ebenso zurückhaltend, ein paar Zeilen aus einem Schlagertext. Dabei hat er die Hände in den Hosentaschen, wie ein Teenager.
„Wie geht es dir beim Rückbau dieser, deiner Eisenbahnstrecke? Hast du das Gefühl, an dem Ast zu sägen, auf dem du sitzt?“ Max schüttelt den Kopf. *„Nein, dafür sind wir beide zu alt, die Strecke und ich, wir gehören zusammen. Die oben haben den Abriss samt Brücken befohlen, da kann man nichts machen. Doch merkwürdig ist es schon, wenn all jene Schwellen, über die man seit Jahr und Tag gelaufen ist, jetzt plötzlich aus dem Schotterbett gerissen werden. Und es gibt weiß Gott genügend wohldurchdachte Pläne und hilfsbereite Hände, um die Sanierung in die Tat umsetzen zu können, aber.... Naja, es ist ein Machtspiel.“*
Mit den Unsummen an Mark der DDR, die der Rückbau insgesamt verschlungen hat, hätte man gut und gerne die Preßnitztalbahn am Leben erhalten können. Wir stehen im Kreis, die Köpfe gesenkt, wie bei einer Trauerfeier.
Die Aufgaben des Streckenwärters bei der Deutschen Reichsbahn sind in der Dienstvorschrift 816, Teilheft 1 (DV 816, Th 1) niedergelegt: Hier steht Grundsätzliches zum Prüfplan für den jeweiligen Streckenabschnitt, zum einzuhaltenden Meldeweg und zur Ausrüstung des Streckenwärters. Meines Wissens wird im sächsischen Sprachraum überwiegend der Ausdruck „Streckenläufer“ verwendet, wenn von den einsamen Solisten auf dem Schwellen-

Von einem Felsen konnte die Abbauszenerie mit der GISAG-Werklok vor Oberschmiedeberg luftbildartig aufgenommen werden. Foto: Wolfgang Thomas

band die Rede ist. Einsam, das heißt hier: Tagelang ist nur der Rhythmus, den der Schienenweg vorgibt, der Cantus firmus des Streckenläufers, seine Leitmelodie. Die Kollegen sieht er selten, es gibt keinen festen Platz, der ihm zum Frühstück zustünde und einen Wolkenbruch kann er kaum im Trockenen aussitzen. Minutiös muss er dabei sein Dienstbuch führen und noch den kleinsten Mangel am Gleis nebst zugehörigen Anlagen darin festhalten, oft anhand geheimnisvoll anmutender Zeichen. Dabei hat er noch ständig auf der Hut zu sein, um nicht unter die Räder zu kommen. Das ist kein Job für Besserwisser, Redebesessene oder sonstwie fantasiearme Menschen. Ich weiß, wovon ich rede: Diese Einsamkeit nagt oder quält den Solisten nicht. Sie gehört zu ihm, ist Naturell und schafft Lebensqualität.
Max Frey, Streckenwärter bei der Bahnmeisterei Annaberg-Buchholz im sächsischen Erzgebirge, ist – so glaube ich – einer von denen. Wenn wir in den Arbeitspausen zusammenstehen, machen Geschichten die Runde. Oder einer holt seinen Fotoapparat, eine riesige Pentacon Six, aus seiner Umhängetasche und steigt auf das hohe Ufer über der Preßnitz, um Luftaufnahmen vom Arbeitszug zu machen. Wenn Max erzählt, hören sogar die Jüngeren zu. *„Du immer mit deinen philosophischen Vergleichen“* – er meint mich und die Sache mit den Solisten und lacht herzhaft – *„daran denke ich nimmer! Vielleicht passt das ja zum Streckenläuferdienst auf der Regelspurstrecke. Oder zum Landwirt, wenn er seine Ackerfurche zieht. Oder zu dir, wenn du durch die Flusstäler ziehst und fotografierst…“ „Mag sein“*, sage ich.

Gruppenfoto des Abbautrupps im Bahnhof Niederschmiedeberg. Der zweite von links auf der Wagenplattform ist der Streckenwärter Max Frey. Foto: W. Thomas

„Aber der Bauersmann muss doch im Schnee nicht aufs Feld. Ihr aber habt zu laufen, seid immer Solisten, in zumeist abgelegener Gegend und bei jeglichem Wetter." Wieder lacht Max dieses Wortes wegen, dann sagt er schlicht: *„Ich weiß schon. Ich kann mir überhaupt nicht vorstellen, eine andere Arbeit gemacht zu haben über all die Jahre."*

Max geht 1950 zur Bahn, arbeitet acht Jahre im Gleisbau, wird dann Streckenwärter bei der Bm Annaberg-Buchholz, läuft auf der Preßnitztalbahn, solange hier Züge fahren und baut – hier ist es zu lesen – seine Strecke mit zurück. Zu Zeiten des Regelbetriebes teilen sich Max und sein Kollege Helfried die Arbeit. Sie laufen, zum Beispiel, in Ober- bzw. Niederschmiedeberg los, Max hinauf nach Jöhstadt, Helfried talwärts, auf Wolkenstein zu – das sind für jeden rund zwölf Streckenkilometer, alle zwei Tage.

„Max, dann sehen wir dich wohl gar nicht mehr?" Die Frauen in der Betriebsküche des Kühlschrankwerkes in Niederschmiedeberg – wir essen hier ein paar mal preiswert zu Mittag – bedauern lebhaft, dass der Streckenläufer nicht mehr kommt, weil es ja keine Strecke mehr gibt. Und so ist es wohl allerorten rechts und links dieser 750-mm-Spur: Den Leuten ist Max ebenso bekannt wie der Postbote. Sicher wird Max auch einen Bäcker wissen, irgendwo zwischen Jöhstadt und Wolkenstein, dessen Kuchen ihm der liebste ist und den er dann an einem stillen Platz, den nur er kennt, gleich neben der 422, zu seiner Vesperpause genießt. Nur die Lokpersonale wissen um des Streckenläufers Klausur: Kommt gerade eine IV K vorbei, grüßen die Männer im Führerstand zum Bahndamm hin. Sie sehen Max, obwohl er keine signalfarbene Schutzweste trägt. Die gibt es um diese Zeit im Osten noch nicht. Der obliga-

torische Blaumann indes wirkt bei entsprechenden Lichtverhältnissen geradezu als Tarnkappe. Das birgt natürlich auch Gefahren.
Streckenwärter Frey weiß um die Problemzonen im Oberbau seiner Eisenbahn, kennt die Lage der Querhöhenfehler, Kreuzschläge und jene Stellen, wo sich unter dem überschießenden Krautwuchs Schlammstellen bilden und die Schwellen auf- und niederspringen, wenn ein Zug darüberfährt. Wenn dabei die Wagen leichte Tanzbewegungen ausführen, begeistert das wiederum die Fotofritzen unter den Eisenbahnfreunden.
Dann der Winter! Neuschnee! Da könnte man rund um die Uhr draußen sein, mit Kollegen und Sicherheitsposten, versteht sich, weil die Schneedecke die Geräusche der heranrollenden

Ein Gruppenfoto aus den 1950er Jahren ca. am km 1,5 (Zschopaubrücke Dreischienengleis). Max Frey ist links unten zu sehen, neben ihm Gotthard Hesse. Sammlung: Familie Weinberger

Züge beträchtlich dämpft. Schneezäune aufrichten, Übergänge freischaufeln, Weichen gangbar halten. Max erzählt: *„Wir stehen in der Kaufhalle und bezahlen unsere Jagdwurst. Es schneit ununterbrochen. ´Herr Frey, was haben sie bloß für Wetter mitgebracht,` klagt gleich die Kassiererin. Mein Kollege hat die Antwort schon auf der Zunge. ´Sie haben doch sicher Fernsehen, gute Frau, und ein ordentliches Westbild obendrein? Dann ist ihnen bestimmt die aktuelle Werbung für die Deutsche Bundesbahn aufgefallen, ein herrliches Plakat – es zeigt eine Schnellzug-E-Lok, die mit hoher Geschwindigkeit durch den Schnee pflügt – darüber steht in dicken Buchstaben: ´Alle reden vom Wetter` Unter dem Foto liest man, wesentlich kleiner, die Worte: ´wir nicht`."*

Ob unter diesen oder ähnlichen Ausnahmezuständen manchmal nicht doch, verständlicherweise, der Gedanke an einen Schluck Glühwein oder Grog nicht zu unterdrücken ist? Max unterbricht mich gleich: *„Zuhause schon mal, im Kreise der Familie – aber in de Kneipp nei setzn, is net mei Ding."* Und im Dienst, falls ich darauf hinauswolle, schon gar nicht. Mit Nachdruck sagt er das.

Wenn Gleise, Wege, Wälder oder Dämme unter einer dicken Decke aus Schnee und Harsch liegen, hat gewöhnlich alles Wild schwere Zeit. Der Streckenläufer entdeckt dann viel mehr vom Zug erfasste Tiere als in den schneefreien Monaten des Jahres – und hat dann oft seine Müh und Not damit. Später erfahre ich, dass Max allerhand Hasen hält, aber „tut machen könnt er keene." Indem er das schildert, fällt mir mein Großvater Josef ein. Auch er arbeitete im Gleisbau, in einer Rückkolonne im Bornaer Braunkohlentagebau. Das war Schwerstarbeit, ein Leben lang. Dennoch stand er im Umgang mit seinen Hasen vor den gleichen Problemen wie Max. Ebenso sammelte er im Wald übers ganze Jahr trockene Zweige auf, um sie dann mit dem Fahrrad als Brennmaterial nach Hause zu bringen. Max Frey, eine Generation jünger als mein Großvater, bevorratet seinen Haushalt auf dieselbe Weise. Am Rande seiner einsamen Dienstgänge durch das Preßnitztal entstehen immer wieder kleine Stapel von Brennholz. Deren Abtransport in seinen Heimatort Steinbach bewerkstelligt er zusammen mit seinem Schwiegersohn Ullrich auch schon mal mit einer Draisine. Selbstverständlich geht solches Vorhaben nur in Zugpausen zu realisieren, unter Einhaltung der festgelegten Meldewege und Handlungen. Vorgeschrieben ist ebenso die Mitführung von Signalhorn und weiß-rot-weißer Flagge.

Im November 1987 liegt der Einsatz beim Rückbau der Preßnitztalbahn hinter uns. Wir gehen wieder dem gewohnten Tagewerk auf unserer Oberbaugroßmaschine nach.

Doch im zeitigen Frühjahr 1989 heißt es noch einmal: Anreise zur Preßnitztalbahn. Unsere Wohnwagen stehen diesmal im Bahnhof Thermalbad Wiesenbad, auf den Gleisen der Zschopautalbahn. Wir sind alle rund eineinhalb Jahre älter geworden, auch Max Frey. Nur, ihm sieht man es nicht an. Er steht in seinem 76. Lebensjahr und arbeitet wie eh und je, ein Unverwüstlicher. Wir sollen restliches Kleineisen einsammeln und überdies den Bahnhof Großrückerswalde aufräumen. Auf seiner Fläche würde – so die aktuelle Vorstellung – eine Schauanlage zur Erinnerung an die Preßnitztalbahn entstehen.

Max, Hannes und ich arbeiten meistens zusammen. Max ist präsent wie immer, erzählt brillant, hört aufmerksam zu. Unsere Gespräche drehen sich heuer allerdings weniger um die

Eisenbahn. Vielmehr erörtern wir immer wieder die Weltlage. So nennen wir unseren Gedankenaustausch, der nicht für jedes Ohr bestimmt ist. Wir kommen über die Teilung Deutschlands, es geht nicht anders, auf Hitlers Krieg zu sprechen. Max erzählt von seiner Zeit in Paris, lächelt, wenn er schildert, wie die Kameraden ihre Barbesuche diskutieren. *„Ich weiß genau, dass davon nicht einmal die Hälfte stimmt.“* Max sind Verlockungen dieser Art sowieso gleichgültig: Er war persönlicher Chauffeur des Kommandeurs seiner Einheit und damit in ständiger Bereitschaft. Für den Offizier war er unentbehrlich – mit dieser elementaren Begründung bewahrt er Max Frey vor dem Kessel von Stalingrad. Unser Kollege fährt sich, während er darüber spricht, mit dem Handrücken über die Augen.
Später fokussieren wir das Thema Weltlage stückweise auf die größte DDR dieser Welt. Michail Gorbatschow schafft neue Realitäten. Die Volkswahlen stehen bevor. Im Land formiert sich der Widerstand. Die Demontage der Preßnitztalbahn geht darüber, für alle sichtbar, mit Riesenschritten zu Ende. Was wir zu diesem Zeitpunkt nicht einmal ahnen: Ein halbes Jahr später wird auch der DDR das Totenglöcklein läuten, ja, es sieht fast danach aus, als wäre sie im Sog unserer untergehenden Eisenbahnstrecke mitgerissen worden.
Dann ändern sich die politischen Verhältnisse von Grund auf. Der Preßnitztalbahn wird, wir wissen es, in historisch kurzer Zeit das Wunder der Auferstehung zuteil. Die Wiedergeburt einer Deutschen Demokratischen Republik hingegen kann ich mir nicht vorstellen.

Wir sehen Max nie wieder. Hannes sagt: *„Mensch, Wolle, schreib das alles doch mal auf, du bringst ja sowas einigermaßen, denn Leute wie unseren Streckenwärter aus Steinbach gibt es nimmer viele auf dieser Welt!“*
Dreißig Jahre später sitze ich mit Karin und Ullrich Weinberger in Steinbach am Tisch. Karin ist die Tochter von Max, Ullrich sein Schwiegersohn. Ich frage die beiden nach Max und sie berichten. Ich erzähle, wie ich ihn vor Jahrzehnten erlebt habe und warum wir ihn so mochten. Bilder machen die Runde, eines stammt aus der „Freien Presse“ vom September 1982 und zeigt den Reichsbahnsekretär Max Frey, wie er aus ganzem Herzen in die Kamera strahlt. „Ein Eisenbahner von Format“ – so titelt der danebenstehende Kurzbeitrag. Ein Foto vom Turnverein Steinbach, auf dem unser Protagonist mit einem kleinen Kugelschreiberkreuz markiert ist. Weinbergers Hochzeitstorte ist zu sehen, von Max hochkonzentriert durchs Haus bugsiert…
Wehleidig war er nie. Eines Nachmittags, Max hatte noch an seinem Gartenzaun gestanden und sich mit dem Nachbarn unterhalten, sagte er, dass es ihm gerade nicht gut ginge. Am Abend legte er sich auf das Sofa. Dort schlief er ein, ganz ruhig, im Beisein seiner Frau Hannah und Karin und Ullrich Weinberger, 1994 war das. Beim Zuhören kommt mir eine uralte Redewendung, ein Leitspruch, besser noch, eine Erkenntnis in den Sinn. Sie lautet, leicht abgewandelt: „Laufen, das ist Beten mit den Füßen.“

4.21 Den Streckenrückbau dokumentieren

(Text und Fotos Thomas Böttger)

15. Juli 1988: Nachdem die Deutsche Reichsbahn vollendete Tatsachen geschaffen hatte und die Gesamtstilllegung der Preßnitztalbahn zum 31.12.1986 vollzog, nahm ich mir vor, den Rückbau fotografisch zu dokumentieren. Das hatte seinen guten Grund, denn im Sommer 1986 lernte ich bei der Traditionsbahn Radebeul Ost - Radeburg Andreas W. Petrak kennen. Wir beide hatten damals die Idee, als bleibende Erinnerung an die Schmalspurbahn Wolkenstein - Jöhstadt ein Buchmanuskript über diese Strecke zu erstellen. Bezüglich der Herausgabe hatte in der DDR der VEB Transpress-Verlag in Berlin das Sagen, welcher unser Projekt jedoch ablehnte. Durch die neuen Möglichkeiten im vereinten Deutschland nahm die Sache dann einen anderen Verlauf...
Auch in der einzigen Fachzeitschrift der DDR für Eisenbahnfreunde, dem „Modelleisenbah-

Speziell für den Streckenrückbau hatte die DR die Werklok II des VEB Gießerei und Maschinenbau „Ferdinand Kunert" Schmiedeberg angemietet, hier vor Reisezugwagen 974-331.

ner", hätten wir uns einen würdigen „Nachruf" gewünscht. Ab 1982 war dieses Blatt teilweise farbig geworden, es gab aber in jener Zeit nie wieder einen Beitrag über die Preßnitztalbahn, aufgrund der Informationssperre über diese Strecke. Schließlich brachte der „Modelleisenbahner" im Heft 12/1987 in der Rubrik „Kurzmeldungen" einen kleinen Artikel „Streckenrückbau im Preßnitztal", an welchem ich mitgewirkt habe.
Da sich 1987 keine IV K mehr in Wolkenstein befand, hatte die Rbd Dresden für den Streckenrückbau im Sommer die Werklok II des VEB Gießerei und Maschinenbau „Ferdinand Kunert" (GISAG) Schmiedeberg angemietet. Weil der Abbau der Strecke bis November abgeschlossen sein sollte, wollte die Deutsche Reichsbahn diese Ns 4 nicht kaufen. Ins heimische Weißeritztal gelangte diese Lok allerdings nie wieder, über Wilischthal kam sie als 199 008 zur Döllnitzbahn (heute 199 032-6). Für den Einsatz mit dem Abbauzug entfernte man damals die Industrie-Kupplung und ersetzte diese durch die übliche Trichterkupplung. Als Ersatz für die nicht mehr verfügbare Rampe in Wolkenstein entstand im Bahnhof Großrückerswalde eine provisorische Entladerampe für Schmalspurfahrzeuge. Im Rahmen des „Studentensommers" übernahmen angehende Akademiker von Mitte August bis Mitte September den Gleisrückbau bei Oberschmiedeberg. Allerdings schafften es die unerfahrenen Studenten in jenem Zeitraum nur etwa 1,6 km Streckengleis abzubauen. Weil die Schienen immer noch bis km 11,265 lagen, wies der Leiter der Anlagen DR im April 1988 an, den Rückbau bis 30.09.1988 abzuschließen. Da die Deutsche Reichsbahn dafür nicht genügend eigene Arbeitskräfte abstellen konnte, kamen 1988 Eisenbahnpioniere der Nationalen Volksarmee (NVA) vom Standort Neuseddin zum Einsatz. Das waren Bausoldaten, umgangssprachlich „Spatentruppe", also junge Männer, welche aus Gewissensgründen den Dienst mit der Waffe verweigerten.
Am 15. Juli 1988 hatte ich mir vor der Spätschicht nochmals vorgenommen, einige Fotos vom Streckenrückbau zu machen. Von der Preßnitztalstraße aus habe ich gesehen, dass der Abbauzug hinter Niederschmiedeberg stand. So habe ich also mein Simson-Mokick abgestellt und bin über die Wiese in Richtung Baustelle gelaufen. Eigentlich hatte ich vermutet, dass hier, wie im Vorjahr, wieder Studenten zu Werke gehen. Also habe ich schon mal aus der Ferne die ersten Bilder geschossen. Als ich die Uniformen der jungen Männer erkannt habe, dann der große Schreck. Das waren doch Bausoldaten und in der DDR war das Fotografieren von Militärangehörigen streng verboten. Als ich schon wieder umkehren wollte, rief mir ein Soldat hinterher: „Du kannst doch ruhig noch Fotos machen, rede mal mit unserem Oberleutnant, der ist völlig okay." Also kurz mit diesem Offizier, welcher mich sowieso schon mit Fotoapparat gesehen hatte, ein paar Worte gewechselt. Er hatte wirklich nichts gegen mein Ansinnen und so konnte ich die Jungs von der Spatentruppe ganz aus der Nähe ablichten. Weil ich nicht wusste, ob mein illegales Vorgehen vielleicht anderweitig registriert worden ist, war ich dann froh, dass meine „Simme" kein Kennzeichen hatte. So konnte ich unbemerkt wieder in Richtung Karl-Marx-Stadt verschwinden. Tatsächlich zog sich der Streckenrückbau bis zum Juni 1989 hin, erst dann konnte der Vollzug nach oben gemeldet werden. Im Mai 1992 erinnerten Reste des Dreischienengleises immer noch an das frühere Vorhandensein einer Schmalspurbahn. Ein kleines Stück dieser Gleisanlage konnte vor der Verschrottung gerettet werden und bildet zusammen mit einer „Alu-IV K" eine kleine Schauanlage in Wolkenstein.

Fotoimpressionen vom Streckenrückbau bei Niederschmiedeberg mit NVA-Bausoldaten. Eigentlich waren solche Aufnahmen in der DDR verboten. Aber „Wo kein Kläger, da kein Richter“.
Im oberen Bild ist auch Max Frey (mit Mütze) mit von der Partie.
Fotos: Th. Böttger

4.22 Ein Neubeginn im Wilischthal

(von Thomas Böttger)

14.12.1991: Am 15. Dezember 1886, und damit einige Jahre vor dem Bau der Preßnitztalbahn, begann der Bahnbetrieb auf der ebenfalls schmalspurigen Wilischthalbahn von Wilischthal nach Ehrenfriedersdorf. Weitere Strecken kamen bis 1911 hinzu. Damit erreichte das sogenannte Thumer Schmalspurnetz seine größte Ausdehnung von 43,7 km.
Nach Wirtschaftlichkeitsuntersuchungen in den 1960er Jahren begann hier das langsame „Schmalspurbahnsterben". Am 15. August 1967 endete der Verkehr auf der Strecke Schönfeld-Wiesa - Thum, am 28. Mai 1972 auch auf der Strecke durch das Wilischthal. Mit Einstellung des Betriebes auf der Linie Meinersdorf - Thum endete am 01.01.1976 die Existenz dieses Schmalspurbahnnetzes. Zumindest beinahe, denn die beiden Papierfabriken in Schön-

In jedem Ende liegt ein neuer Anfang: Im Juni 1992 standen die Ns 4 199 007-6 und 199 008-4 nur noch untätig herum. Letztere Loknummer trägt heute die V10 C (LKM 250310/1962).

Hier die werkseigene V10 C (LKM 250218/1960) mit Übergabe auf Zschopaubrücke Wilischthal im September 1989. Fotos: Thomas Böttger

feld und in Wilischthal waren weiterhin auf einen Eisenbahnanschluss angewiesen. So gab es vom Bahnhof Wilischthal bis zum Zweigwerk der Patentpapierfabrik zu Penig einen etwa 1,5 Kilometer langen schmalspurigen Restbetrieb mit Ns 4 bzw. V10 C. Weil der VEB Feinspinnerei Venusberg nach der Stilllegung seine Werklok nicht mehr einsetzen konnte, übernahm die DR diese Ns 4 mit der Bezeichnung 199 007-6. Verstärkung kam 1990 in Form der baugleichen 199 008-4 (die Nummer wurde später an V10 C LKM 250310/1962 vergeben). Erstere Lok befindet sich heute im Bestand der IG Preßnitztalbahn e. V. Die zweite Ns 4 war beim Streckenrückbau der Preßnitztalbahn im Einsatz und fährt inzwischen als 199 032-6 bei der Döllnitzbahn. Gelegentlich war auch die werkseigene V10 C der Papierfabrik im Anschlussbetrieb zu sehen. Diese Maschine existiert heute bei der Museumsbahn Schönheide mit der fiktiven Nummer „199 051".

Da sich nach der Wende die wirtschaftliche Situation der Papierfabrik Wilischthal immer mehr verschlechterte, nahm auch allmählich der Frachtverkehr ab. Eine Schließung dieses Restbetriebes war also bereits zu befürchten, zumal sich auch die Fachwerkbrücke über die Zschopau nicht mehr im besten Zustand zeigte. Deshalb organisierte die noch junge IG

Preßnitztalbahn e. V. am 14.12.1991 ihren ersten „Plandampf" mit „Gastlok" auf einer „Gaststrecke". Zwei Tage zuvor war bereits die 99 586 aus Kurort Oberwiesenthal mit einem Loktransportwagen angekommen. Gleichzeitig musste an jenem Freitag das Wassernehmen und Anheizen vorgenommen werden.

Seit fast 20 Jahren dampfte es nun wieder und zugleich letztmalig im Wilischthal. Das sonnige Winterwetter lockte etliche hunderte Menschen an die sonst verlassene Station. Bei jeder Fahrt wurde umrangiert, so dass immer wieder neue Garnituren auf den Film gebannt werden konnten. Meist hatte 99 586 einen Personen- und einen Packwagen im Schlepp, aber auch die vorhandenen Rollfahrzeuge kamen zur Freude der Fotografen und Videofilmer auf dem noch vorhandenen Streckenstück zum Einsatz. Viele nahmen auch den beschwerlichen Aufstieg zum Affenstein in Kauf, um die Szenerie von oben abzulichten. Immerhin gab es durch diese Veranstaltung für den letzten Restbetrieb im Thumer Schmalspurnetzes noch einen würdigen Abschied.

Viele der Teilnehmer verließen traurig den Veranstaltungsort. Aber es gab auch Grund zur Freude, denn beim Besuch des Werkes gab es bereits einen Ausblick auf künftige (Schmalspur-) Zeiten. Die gerade erst von der IG erworbene IV K 99 568 wurde dort kurz gezeigt, bevor sie zur Preßnitztalbahn transportiert wurde. Somit hatte also Freddy Quinn recht, denn er sang: „Jeder Abschied kann ein neuer Anfang sein". Das galt zwar nicht für das Wilischthal, aber für die IG Preßnitztalbahn.

Von seiner besten Seite zeigte sich das Winterwetter am 14.12.1991 in Wilischthal. Hier ein Blick vom Affenstein auf die Zschopaubrücke mit 99 1586-9. Foto: Thomas Allgeier

Nach 19 Jahren dampfte es auf den Schmalspurgleisen in Wilischthal wieder mal richtig.
Foto: Thomas Böttger

99 1586-9 schiebt ihren kurzen Personenzug durch die Brücke an der ehemaligen Schlösselmühle.

Ein begehrtes Motiv war die 72,25 m lange Zschopaubrücke an der Zufahrt zum Bahnhof Wilischthal. Heute ist sie als Fragment erhalten geblieben.
Fotos: Thomas Allgeier

4.23 Wiedergeburt als Museumsbahn

(von Armin Bellmann)

1992: Die politische Wende sowie die Wiedervereinigung der beiden deutschen Staaten lässt plötzlich Dinge zu, die vor wenigen Monaten, als die DDR noch existierte, völlig undenkbar waren.
Als Kind habe ich noch die Frauensteiner Schmalspurbahn kennengelernt, denn oben auf dem Gebirgskamm wohnten meine Großeltern. Die umgestürzte 99 715 habe ich mir aus der Ferne noch angesehen, dann gab es die Bahn nicht mehr und die Fahrten zu den Großeltern fanden im Bus statt. Schnell entwickelte sich die Preßnitztalbahn zu meiner neuen Lieblingsstrecke. Doch einige Jahre später war mit der Preßnitztalbahn eine weitere Gebirgsbahn Geschichte. Dass es damals in Radebeul die Traditionsbahn gab, tröstete mich nicht wirklich. Und ich verstand nicht, warum es keine zweite Traditionsbahn geben durfte?
Doch dann kam die Wende und mit ihr eine Entwicklung, die dafür sorgte, dass zumindest ein Teilstück der Preßnitztalbahn wieder errichtet werden konnte. Wie wir heute wissen, ist die Strecke bis Steinbach wieder in Betrieb. Doch Anfang der 1990er Jahre begann der Wiederaufbau in kleinen Etappen. Vom Heizhaus in Jöhstadt startete der Wiederaufbau, den ich zu der Zeit jedoch noch nicht verfolgte. Mein erster Besuch „in der Neuzeit" war im Jahr 1992, als die ersten Streckenmeter befahren wurden.
Auch in den Jahren danach habe ich die Entwicklung der Museumsbahn verfolgt. Ich freue mich, dass zumindest wieder ein Drittel der Bahnstrecke befahren wird. Das tröstet mich auch darüber hinweg, dass es in Frauenstein wohl nie wieder dampfen wird.

Vom Unmut der Bevölkerung zur Streckenstilllegung zeugte diese Schrift am Bahnhofsgebäude Steinbach, hier am 07.01.1984. Foto: Thomas Becher

Mittelschmiedeberg, den 8.09.1987

Reichsbahndirektion Dresden
Präsident der Reichsbahndirektion
Gen. Dieter Neumann

Ammonstraße

Dresden

Betr.: Antrag zur Erhaltung eines Reststückes der Schmalspurbahn Wolkenstein-Jöhstadt im Bereich des Gemeindeverbandes Preßnitztal der Streckenkilometierung vom Km 10,5-Km12,0

Weiterhin wird der Antrag vom DFD, der Nationalen Front, der FDJ sowie dem Kulturbund der Ortsgruppe Steinbach und Umgebung befürwortet.
Die Unterzeichnenden und die aufgeführten Organisationen sind sich einig darüber, dem Präsidenten der RBD Dresden vorzuschlagen, aus Gründen des kulturhistorischen Erbes und anderer Gründe, ein Teilstück der Wolkenstein-Jöhstädter Schmalspurbahn zu erhalten.

Ziel der Erhaltung dieser Teilstrecke soll es sein,

- das Traditionsbewußtsein zu erhalten
- die kulturhistorische Anlage zu erhalten
- die Attraktivität des Ortes zu erhöhen.

Es ist geplant, dieses Teilstück zu bestimmten Anlässen und kulturpolitischen Höhepunkten zu nutzen. Dabei denken wir an das Befahren der Teilstrecke mit Draisinen und anderen Kleinfahrzeugen, sowie evtl. die Aufstellung eines Personenwagens zur Förderung der Jugendarbeit im Ort.

Die Erhaltung der Anlage bitten wir Sie einer technischen Dienststelle Ihres Verantwortungsbereiches vorzuschlagen.
Alle anderen Arbeiten, die mit der Pflege und Erhaltung der Anlage (Teilstrecke) im Zusammenhang stehen, werden von der Arbeitsgemeinschaft 1760 unter Leitung des Kollegen Allendoff und anderer interessierter Bürger von Ober- und Mittelschmiedeberg ausgeführt. Die Unterschriften bürgen dafür.

Wir bitten den Antrag dringenst zu bearbeiten, da zum Zeitpunkt rege Aktivitäten beim Rückbau der Strecke zu erkennen sind.

Wir danken Ihnen im Voraus und wünschen uns einen positiven Bescheid.

Mit frdl. Grüßen

Auch andere Ideen zur Nach-Nutzung der Schmalspurbahn gab es, wie dieses Schreiben an die Rbd Dresden vom 08.09.1987 beweist. Aber die DR blieb hart, auch aus einem Draisinenbetrieb wurde nichts, obwohl es doch so viele Befürworter gab ...
Sammlung: Thomas Böttger

Der Bahnhof Großrückerswalde, hier zu sehen am 31.07.1990, war die letzte erhaltene Station der Preßnitztalbahn. Es sollte eine kleine Schauanlage entstehen, aber die neue Zeit bot andere Möglichkeiten. Foto: Karl Wolf

Von 1992 bis 2000 wurde der Streckenabschnitt Jöhstadt - Steinbach völlig neu aufgebaut. Hier ist der Einsatz eines Schienenbaggers am 21.04.2000 zwischen dem Haltepunkt Andreas-Gegentrum-Stolln und Steinbach zu sehen. Foto: Holger Drosdeck

So sah der heutige Bahnhof Steinbach im April 1987 aus. Von der Gleisanlage ist nichts mehr zu erkennen. Nur Wasserhaus und Güterschuppen haben überlebt. Ein neuer Kindergarten war auf dem Gelände errichtet worden.
Slg.: Th. Böttger

Am 21.05.1999 war der Abriss des Kindergartens in vollem Gange, um Platz für die Museumsbahn zu schaffen. Das Wasserhaus hat schon wieder alle Fenster.
Slg.: Th. Böttger

Am 27.08.2000 erfolgte mit den Pfeifsignalen von 99 1734-6, 99 1401 (Lok 20^{II}), Lok 10^{II} (beide Mansfelder Bergwerksbahn) und 99 1713-9 die feierliche Einweihung des neuen Bahnhofs Steinbach.
Foto: H. Drosdeck

4.24 Der Preß´ Kurier animiert zum Besuch der Preßnitztalbahn

(von Stefan Müller)

Herbst 2000: Schon als Kind interessierte ich mich für die Eisenbahn. Meine ersten Eisenbahnfotos schoss ich nach meinem 10. Geburtstag, also ab dem Winter 1997/1998. Dabei interessierte mich zuallererst die am Haus vorbeifahrende Müglitztalbahn (meine Erinnerungen dazu können im Buch „Anekdoten und Geschichten zur Müglitztalbahn" nachgelesen werden). Auch die benachbarte Weißeritztalbahn zog mich sehr an, denn dort gab es im Gegensatz zu meiner Heimatstrecke Dampflokomotiven im Plandienst zu erleben. War das herrlich, wenn ich mit meinen Großeltern in den Ferien von Kipsdorf nach Freital-Hainsberg gefahren bin. (siehe „Anekdoten und Geschichten zur Weißeritztalbahn") Doch von der Preßnitztalbahn, beziehungsweise dem Wiederaufbau einer schon abgebauten Schmalspurstrecke, wusste ich damals noch nichts. Dies sollte sich im Sommer 2000 ändern.

Meine Eltern kannten meine Leseleidenschaft – denn schon damals hatte ich nahezu jede freie Minute ein Eisenbahnbuch in der Hand – und brachten mir eine für mich unbekannte

Der Preß' Kurier

Ausgabe 4/00
Aug./Sept. 2000
(Heft 55)

DM 4,00
€ 2,04

ISSN 1439-1406

Die ultimative Zeitschrift für Eisenbahnfreunde

Gesamtstrecke Jöhstadt - Steinbach eröffnet!
Festwoche 19.-27. August mit „Non-Stop-Programm"
VSE: Aktuelles vom Eisenbahnmuseum Schwarzenberg
Neues aus Sachsen, Prignitz, Rügen, Mansfeld, ...

Eisenbahnzeitschrift namens „Preß´ Kurier“ von einem Dresden-Ausflug mit. Es war die Ausgabe 55 und auf der Titelseite war eine IV K vor dem Steinbacher Wasserhaus zu sehen. Auf den ersten Blick hatte ich mich in diese Szenerie verliebt. Und sofort stand für mich fest, dort muss ich so schnell wie möglich hin! Doch da es sich um eine Museumsbahn handelte, musste ich bei der Planung des Ausfluges natürlich auf die Fahrtage achten. Also war schnell klar, dass lange Wochenende bis zum 3. Oktober ist wunderbar geeignet.
Nun fehlte nur noch eine Unterkunft. In Zeiten, als noch kein PC zur Grundausstattung der Wohnung gehörte, musste daher ein Gastgeberverzeichnis von Jöhstadt bestellt werden. Wenige Tage später traf dieses ein und sofort begann ich mit der Suche nach einer passenden Unterkunft. Nicht zu teuer sollte es sein, aber dennoch auch etwas Niveau bieten. Und nach kurzer Zeit war klar, der Berghof in Jöhstadt war unser Reiseziel. Nun stand unserem langen Wochenende bei der Preßnitztalbahn nichts mehr im Wege – naja, fast nichts, es mussten schließlich noch ein paar Wochen ins Land gehen, bis wir dann endlich starten konnten.
Am 30. September ist es dann endlich soweit, wir fahren nach Jöhstadt zur Preßnitztalbahn! Wie habe ich die letzten Tage darauf gewartet. Nach gut 2,5 h Autofahrt sind wir endlich angekommen. Ich schaue mir den Bahnhof an, der leider über keinerlei Gleise mehr verfügt. Am Empfangsgebäude befindet sich stattdessen ein großer Parkplatz und daneben ein ziemlich hässlicher Neubaublock. So hatte ich mir den Beginn des Ausfluges nicht vorgestellt, aber dann entdeckte ich den Lokschuppen und die IV K-Maschinen. War das eine Freude, schließlich kannte ich von der Weißeritztalbahn nur die Einheits- und Neubauloks, umgangssprachlich auch als „VII K“ bezeichnet. Alles wird fotografiert.
Doch am meisten freue ich mich auf die Mitfahrt nach Steinbach, denn dort will ich mir unbedingt das Wasserhaus ansehen. Wir lösen die Fahrkarte und steigen in einen Wagen ein. Nach der Klasse haben wir nicht geschaut, deshalb staunen wir umso mehr, als im Wagen nur „Holzbänke“ zu finden sind. Erst beim Aussteigen wird klar, dass wir in einem Wagen der IV. Klasse saßen.

Auf der Fahrt nach Jöhstadt wird kurz vor Schmalzgrube gehalten, um das erste Foto des Tages anzufertigen. Foto: Stefan Müller

Die Fahrt fasziniert mich. Es geht durch Wälder und immer am Fluss entlang. Dazu die hübschen Stationen – es gefällt mir! In Steinbach bin ich dann völlig begeistert, denn das Wasserhaus ist in Natura noch viel hübscher als auf dem Foto des Preß´ Kuriers! Unzählige Fotos werden hier angefertigt, bevor es langsam Zeit wird, wieder in den Zug einzusteigen. Diesmal schauen wir uns die Wagen genau an und entdecken ein Fahrzeug, welches als Wagen der I. Klasse ausgeschildert ist. Dort steigen wir ein und was uns dort erwartet, überrascht uns sehr. Polstersitze vom Feinsten! Sowas kannten wir bisher nicht, denn bei der Weißeritztalbahn gibt es immer nur lederbezogene Bänke.

In Jöhstadt angekommen werden die Dahnanlagen angeschaut. Am Bahnsteig ist derweil 99 1542-2 mit ihrem Zug zum Stehen gekommen und am Lokschuppen sonnt sich 99 1590-1. Fotos: St. Müller

In Steinbach wird 99 1542-2 mit Wasser befüllt. Wenige Minuten später setzt die Maschine um, damit sie kurze Zeit später zur Rücktour nach Jöhstadt aufbrechen kann. Fotos: St. Müller

Diese Rückfahrt genießen wir noch ein bisschen mehr als die Hinfahrt. Wir sitzen ganz gemütlich und schauen uns die vorbeiziehende Landschaft an. Besonders interessant ist auch die Station Forellenhof mit ihrer Gaststätte und dem Fischteich. Hier werden wir später Station machen, aber jetzt bleiben wir im Zug sitzen. Mit Volldampf wird Schmalzgrube verlassen und wir streben hinauf nach Jöhstadt. Nun gehe ich auf die Plattform und lasse mir den Dampf um die Nase wehen.

Viel zu schnell erreichen wir Jöhstadt. Doch schon jetzt nach einer Fahrt ist klar: Diese Bahn begeistert mich und hier werde ich noch häufig wieder herkommen! Das nächste Mal zum kommenden Pfingstfest. Deshalb wird gleich nach Ankunft im „Berghof“ das Zimmer für das kommende Jahr gebucht.

IV K-Dampf pur gibt es an diesem Wochenende auf der Preßnitztalbahn zu erleben.

Nach der Kreuzung mit 99 1568-7

beschleunigt 99 1542-2 ihren Zug aus dem Bahnhof Schmalzgrube.
Fotos: St. Müller

4.25 Riesenschnitzel und Pfingstfest

(von Stefan Müller)

Pfingsten 2001: Nach unserem ersten Besuch bei der Preßnitztalbahn im letzten Jahr war also klar, dass wir dieses Jahr beim Pfingstfest dabei sein wollen. Die Unterkunft hatten wir ja bereits im vergangenen Jahr gebucht, sodass diesmal die Aufregung nicht ganz so groß war. Die Vorfreude hingegen war riesig. Was wird hier zu Pfingsten los sein, welche Loks kommen zum Einsatz? Das waren die Fragen, die ich mir in den vergangenen Tagen stellte. Doch wie es tatsächlich werden sollte, hatte ich mir nicht annähernd ausgemalt. Ganz viel Dampf konnte geschnuppert werden und unzählige Bilder entstanden.

Unser Ferienquartier, der „Berghof", liegt an der Straße nach Oberwiesenthal und in unmittelbarer Nähe der tschechischen Grenze. Die Zimmer sind in Ordnung, nicht besonders toll aber auch nicht schlecht, nur die Toiletten befinden sich auf dem Gang. Aber es gibt ein unschlagbares Argument für diese Unterkunft: das Essen. Fast täglich bestelle ich mir Riesenschnitzel. Der ganze Teller wird vom Schnitzel belegt, sowas habe ich noch nie gesehen. Und genau so ein großes Schnitzel brauche ich nach meinen Touren zur Preßnitztalbahn.

Neben der Preßnitztalbahn werden in diesem Jahr auch die Fichtelbergbahn, das Eisenbahnmuseum in Schwarzenberg sowie das Schmalspurbahnmuseum in Rittersgrün besucht. Dafür ist die Lage vom „Berghof" natürlich ideal. Nur einige Minuten Fahrt und wir sind schon in Bärenstein, von wo aus es auch bis Oberwiesenthal nicht mehr lange dauert. Zunächst wird aber in Bärenstein am Bahnhof gehalten und auf die Triebwagen der Erzgebirgsbahn gewartet. Schließlich interessiere ich mich nicht nur für Schmalspurbahnen, sondern auch für die Normalspur. Und außerdem handelt es sich auch hier, wie bei meiner Heimatstrecke im Müglitztal, um „Desiro-Triebwagen", also die DB-Baureihe 642, die ich schon damals sehr gerne auf Film banne.

Nach kurzem Stopp geht die Fahrt weiter nach Oberwiesenthal und später nach Rittersgrün. Ich bin fasziniert von so vielen Eisenbahnattraktionen auf kleinem Raum. Der Besuch des

Der Berghof in Jöhstadt mit Vater und Sohn. Bis in die 1930er Jahre hieß das Lokal „Weißer Hirsch". Dann wurde es in Anlehnung an das gleichnamige Haus auf dem Obersalzberg umbenannt. Foto: Ines Müller

Schwarzenberger Museums am nächsten Tag unterstreicht, dass wir in Zukunft noch sehr oft hierher kommen werden, um uns den weiteren Werdegang der Schmalspurbahnen und Eisenbahnmuseen anzusehen.

Mir gefällt es hier so gut, dass ich am Pfingstmontag eigentlich gar nicht wieder nach Hause will. Aber es muss ja sein. Dafür fahren wir nochmal nach Steinbach und erleben diesmal aus der Zuschauerperspektive die Einfahrt eines Museumszuges sowie das anschließende Wassernehmen. Wieder entstehen viele Fotos und ich kann es kaum erwarten, die vollen Filme beim Fotografen abzugeben. Für mich dauert es viel zu lange, bis ich die Fotos endlich abholen kann. Schließlich weiß man bis dahin nicht, ob die Fotos etwas geworden sind, nicht wie heutzutage, wo direkt ein Vorschaubild auf der Kamera angezeigt wird.

Das Wetter war durchwachsen, dennoch sind die Bilder ganz gut geworden. Nun wird jedes einzelne Foto beschriftet und dann beispielsweise in den „Preßnitztalbahn-Fotokasten" einsortiert, schließlich soll alles seine Ordnung haben und auch schnell wiedergefunden werden, wenn ich mir die Fotos wieder einmal ansehen möchte.

Der Kurzurlaub beginnt mit einem Besuch des Bahnhofs Jöhstadt, wo die IV K-Lokomotiven für ihre Einsätze vorbereitet werden.

In der Nähe vom Haltepunkt Schlössel kann 99 1568-7 mit ihrem Zug abgelichtet werden. Fotos: St. Müller

4.26 IV K, „VII K“ und ganz viel Regen…

(Text und Fotos von Stefan Müller)

3. Oktober 2003: In diesem Jahr freue ich mich ganz besonders auf den Besuch im Preßnitztal, denn zwei besondere Loks sind angekündigt. Zum einen die 99 1564-6 der BVO Bahn GmbH und zum anderen die 99 1779-0 der DB-Tochter Mitteldeutschen Bahnreinigungsgesellschaft, welche normalerweise zwischen Radebeul Ost und Radeburg bei der Lößnitzgrundbahn im Einsatz steht. Bei der ersten Lok handelt es sich um eine „gewöhnliche“ IV K, nur dass es sich eben nicht um eine eigene Maschine der IG Preßnitztalbahn handelt, sondern um eine Lok, die geliehen ist und logischerweise zwischen Steinbach und Jöhstadt nur ganz selten zum Einsatz gelangt. Die Neubaulok 99 1779-0 ist hingegen eine ganz besondere Rarität. Nicht speziell wegen des Loktyps (immerhin wurden 24 Neubauloks gebaut), sondern viel mehr, weil diese Lokgattung zu Zeiten des regulären Betriebes nie hier im Einsatz stand und auch zu Zeiten der Museumsbahn bisher nicht zum Einsatz kam. Lediglich zu „Steinbach 2000“ war eine Ein-

Bei strömendem Regen verlässt die 99 1564-6 mit ihrem Zug den Bahnhof Jöhstadt.

Nach der Ankunft in Steinbach wird vom Zug abgekuppelt und Wasser genommen. Wenig später kann die Rückfahrt nach Jöhstadt starten.

heitsmaschine (die Vorgängerbauart) für einige Tage auf der Strecke im Einsatz. Noch etwas zu den Lokomotiven: Die 1909 von Hartmann in Chemnitz (Fabriknummer 3217) gelieferte 99 1564-6 gelangte als „154“ in den Dienst der Königlich Sächsischen Staatseisenbahnen. 1962 erfolgte ein nahezu vollständiger Neubau der 210 PS-starken Lokomotive im Reichsbahnausbesserungswerk Görlitz. Die 99 1779-0 wurde 1953 unter der Fabriknummer 32018 von LKM in Babelsberg ausgeliefert und als 99 779 bei der Deutschen Reichsbahn in Dienst gestellt. Sie verfügt über 600 PS, also 390 mehr als die 99 1564-6.
Leider passt das Wetter überhaupt nicht zu diesem tollen Ereignis. Doch was nützt es? Wenn schon mal zwei Lokomotiven der BVO hier fahren, müssen natürlich im Regen Fotos angefertigt werden!

In Schmalzgrube kreuzt die 99 1564-6 mit dem von 99 1779-0 bespannten Zug nach Steinbach.

Zunächst ist 99 1779-0 beim Halt in Schmalzgrube zu sehen.

Einige Zeit später steht sie mit ihrem Zug nach Jöhstadt abfahrbereit im Bahnhof Steinbach.

4.27 Mit dem Zittauer Triebwagen durch das Preßnitztal

(von Thomas Böttger)

10. Mai 2008: Das Pfingstfest 2008 versprach etwas ganz Besonderes: Der 2006/07 betriebsfähig aufgearbeitete Zittauer Triebwagen VT 137 322 sollte das erste Mal seit Indienststellung außerhalb seiner Stammstrecke, nämlich zum „Zweiten Schmalspurfestival auf Reisen im Preßnitztal", zum Einsatz kommen. Wir, das waren in diesem Fall mein Vater, mein Sohn und ich, haben deshalb am 10. Mai 2008 einen „Wandertag" entlang der Strecke eingelegt.

Dieses letzte Exemplar von vier Prototypen aus dem Jahr 1938 stand seit 1964 nach einem Motorschaden im Bertsdorfer Lokschuppen und wurde nur sehr selten der Öffentlichkeit gezeigt. So beispielsweise nach vielen Jahren zum Jubiläum „100 Jahre Zittauer Schmalspurbahn" im Mai 1990.

Ab dem 11. August 2007 konnte er seit über 40 Jahren wieder im planmäßigen Reiseverkehr eingesetzt werden. Wenn der Ausbruch des 2. Weltkrieges nicht die Beschaffung von weiteren Triebwagen verhindert hätte, wären sie vielleicht zum gewohnten Bild auf sächsischen Schmalspurbahnen geworden. Mit den bei Busch in Bautzen gebauten modernen Fahrzeugen hätte man den aufwendigen Dampflokbetrieb sicherlich zurückdrängen können. Aber hätte, wenn und aber gilt nicht, denn die Geschichte lief nun mal anders ab. Umso erfreulicher, dass dieser Einzelgänger heute wieder im Einsatz ist, denn die baugleichen Triebwagen VT 137 323 bis 325 kamen nach dem Krieg zu den Polnischen Staatsbahnen (PKP), wo sie in den 1970er Jahren ausgemustert und verschrottet wurden.

Am Ziel der Wanderung kamen 99 1715-4, VT 137 322 und der Steyer-Bus (Saurer Diesel) der Ausflugslinie gemeinsam auf das Bild. Foto: Thomas Böttger

Bereits am 9. Mai war der VT 137 322 zu Test- und Personaleinweisungsfahrten mit einem Straßentieflader der EBB Press mbH in Steinbach eingetroffen. Wegen eines Getriebeschadens war das Fahrzeug in den Tagen zuvor nochmals gründlich untersucht worden. Am Sonnabend, dem 10. Mai, begann, zusammen mit drei weiteren Dampfzügen, der planmäßige Fahrbetrieb.

Bevor wir uns auf Schusters Rappen, die ersten Kilometer entlang des Schwarzwassers, machten, schauten wir erst einmal in der Ausstellungs- und Fahrzeughalle in Schlössel vorbei. Neben einer kleinen Modellbahnausstellung waren hier Rahmen und Kessel der Neubau-I K Nr. 54 zu sehen. Die nächste Attraktion, nämlich die erste Fahrt dieser Lok im Erzgebirge, nach der Montage im Dampflokwerk Meiningen, warf also schon ihre Schatten voraus.

Nach unserer Fotowanderung mit zahlreichen Motiven auf Speicherkarte und Diafilm haben wir am Nachmittag den Bahnhof Steinbach erreicht, denn zurückfahren wollten wir natürlich mit dem seltenen VT 137 322. Hier stand er schon neben der 99 1715. Da gerade der Saurer-Diesel-Oldtimerbus der Ausflugslinie aus Wolkenstein eingetroffen war, konnte schnell ein Foto mit allen drei Fahrzeugen gemacht werden. Dann war endlich die Abfahrtszeit des Triebwagens herangerückt und es ging los. Nun konnte das Fahrzeug seine 45 km/h Höchstgeschwindigkeit voll ausfahren, ungewöhnlich schnell für eine Reise mit der Schmalspurbahn. Entsprechend lang war der Aufenthalt zur Zugkreuzung in Schlössel. Allerdings war am Wagenboden ein starkes Vibrieren zu spüren, denn das Getriebe machte wohl wieder Probleme. Wie später zu erfahren war, musste dieses Problem bei einer nächtlichen Reparatur beseitigt werden. Dadurch konnte der Einsatz bis zum Pfingstmontag abgesichert werden. Immerhin nutzten 4.700 Fahrgäste die Züge und mehr als 6.000 Besucher konnten zu dieser Veranstaltung begrüßt werden.

Hier ein Blick auf die Bedienelemente im Führerstand des Zittauer Triebwagens. Foto: Tony Böttger

Wegen der höheren Reisegeschwindigkeit des Triebwagens fanden die Zugkreuzungen in Schlössel statt. Foto: Thomas Böttger

Bei einer Rast im Schwarzwassertal konnte VT 137 322 bei der Talfahrt auf der Stützmauer vor Schmalzgrube abgelichtet werden.

Am Bahnübergang Schmalzgrube wartete eine Gruppe von Radfahrern auf die Vorbeifahrt des Triebwagens. Im Bahnhofsbereich ist die blaue 199 008 zu sehen.

Einen solch komfortablen Blick hat der Triebfahrzeugführer im VT 137 322. Für ähnliche Sichtverhältnisse muss sich das Personal von 99 1590-1 schon weit hinauslehnen.
Fotos: Tony Böttger

4.28 Triebwagenklänge und Blasmusik

(Text und Fotos von Stefan Müller)

Pfingsten 2008: Das Pfingstfest bei der Preßnitztalbahn ist ein Termin, den ich mir nicht entgehen lassen möchte, schon gar nicht in diesem Jahr. Denn der Zittauer Triebwagen VT 137 322 ist zu Gast. Anlass für mich, ein Wochenende ganz in Familie im Westerzgebirge zu verbringen. Auch meine Eltern und Großeltern sind dabei. Nach einem kurzen Zwischenstopp in Steinbach fahren wir nach Jöhstadt und stellen unsere Autos ab. Nun heißt es Dampf und Diesel schnuppern.

Doch zunächst schaue ich ganz interessiert der Blaskapelle zu, welche es sich vor einer IV K gemütlich gemacht hat. Bei „Rosamunde" und Co wird anschließend eine leckere Bratwurst gegessen sowie an der Tombola teilgenommen. Und ich habe Glück, gewinne einen Preßnitztalbahn-Kalender für das kommende Jahr!

Während VT 137 322 in den Bahnhof Jöhstadt einfährt, stellt sich die Blasmusikkapelle für ein Erinnerungsfoto vor der 99 1590-1 auf.

99 4511-4 stellt ihren Zug zur Abfahrt nach Steinbach bereit.

Ihr folgt der VT 137 322.

VT 137 322 erreicht den Bahnhof in Schlössel ...

... und kreuzt hier mit dem talwärts fahrenden Personenzug, welcher mit 99 1542-2 bespannt ist.

Nachdem der talwärts fahrende Zug die Station Schlössel verlässt,

setzt der VT 137 322 seine Fahrt nach Jöhstadt fort.

4.29 20 Jahre IG Preßnitztalbahn – Keine Feier ohne Loks der Bauart Meyer

(von Thomas Böttger)

Oktober 2008: Inmitten der Abbauwirren der Preßnitztalbahn, welche sich im unteren Abschnitt bis in das Jahr 1989 hinzogen, fanden sich Heimatfreunde, welche Erinnerungen an die Strecke bewahren wollten. Weil die Vorstände des Deutschen Modelleisenbahnverbandes der DDR (DMV) mit Angehörigen der Deutschen Reichsbahn besetzt waren, mussten diese natürlich auch deren Interessen vertreten. Und diese bestanden darin, dass die abgebaute Strecke möglichst schnell auch aus den Köpfen verschwindet.

Deshalb gründete sich am 17. Oktober 1988 in Mauersberg mit acht Mitgliedern die IG Preßnitztalbahn nicht als DMV-AG, sondern als Gruppe im Kulturbund der DDR. Die Ziele freilich waren damals noch bescheiden. So sollte aus den auf dem Bahnhof Großrückerswalde „vergessenen" Personenwagen 970-628 und Gepäckwagen 970-331 vom Abbauzug ein kleines Museum entstehen. Mit der politischen Wende und den damit verbundenen neuen Möglichkeiten verlagerten sich die Aktivitäten nach Jöhstadt. In der Jahreshauptversammlung im Oktober 1990 wurde der Aufbau einer Museumsbahn Jöhstadt - Schmalzgrube mit Option der Verlängerung bis Steinbach beschlossen, Großrückerswalde fiel daraufhin aus dem Fokus der Aktivitäten heraus.

Die Wurzel der heutigen Museumsbahn lag in Großrückerswalde. Hier die ersten Aktivisten an den zwei „vergessenen" Wagen des Abbauzuges im Mai 1990. In der damaligen Wendeeuphorie war sogar ein kompletter Wiederaufbau im Gespräch. Foto: Thomas Böttger

Zur großen Jubiläumsparty vom 3. bis 5. Oktober 2008 sollte es nun etwas ganz Besonderes geben. Ein Treffen von 14 Gelenkloks der Bauart Günther-Meyer, besser als IV K bekannt, in und an der Fahrzeughalle Schlössel. Immerhin sind von den einst in der Sächsischen Maschinenfabrik Chemnitz gebauten 96 Lokomotiven noch 22 Exemplare erhalten. So holten die Organisatoren neben den vereinseigenen 99 542, 99 568 und 99 590 noch folgende Maschinen nach Jöhstadt:

- 99 516 und 99 585 der Museumsbahn Schönheide
- 99 539 der Traditionsbahn Radebeul (als einzige Kessel voran in Richtung Wolkenstein)
- 99 562 des Deutschen Dampflokmuseums Neuenmarkt-Wirsberg
- 99 564 und 99 608 der Sächsischen Dampfeisenbahngesellschaft mbH (SDG)
- 99 566 des Sächsischen Eisenbahnmuseums Chemnitz
- 99 579 des Sächsischen Schmalspurbahn-Museums Rittersgrün (einzige Original-IV K)
- 99 584 des Eisenbahn & Technik Museums Rügen (Prora)
- 99 604 und 99 606 des Vereines zur Förderung Sächsischer Schmalspurbahnen

Am Donnerstag vor der großen Feier standen die Loks vereint vor dem Jöhstädter Lokschuppen und konnten hier vor historischer Kulisse abgelichtet werden. Alle Maschinen waren mit Reichsbahn-EDV-Nummern ausgerüstet worden. Sogar aus der 99 604 wurde die 99 1604-0 obwohl diese Nummer nie vergeben wurde, denn die Lok quittierte bereits im August 1968 ihren Dienst bei der DR. Bekanntermaßen wurde das EDV-Nummernsystem erst 1970 eingeführt. Danach erfolgte die Überführung zur Fahrzeughalle Schlössel, wofür auch 199 008 zum Einsatz kam. Für die Fotografen hatte man am Bahnsteigende einen Hochstand

Bereits am 02.10.2008 herrschte Hochbetrieb vor dem Jöhstädter Lokschuppen. Ganz links 99 1608-1, rechts daneben 99 1604-0. Auf dem Streckengleis rangierte 99 1585-1 mit einer weiteren IV K. Die grüne 99 539 stand als einzige „verkehrt herum“. Foto: Roland Böttger

aufgebaut, damit die vorbeifahrenden Züge zusammen mit der Lokparade aufgenommen werden konnten. Der Höhepunkt hierbei war die Nachtfotoparade, bei welcher sich 13 Loks (außer 99 539) gegen 20:30 Uhr vor der Halle versammelten und angeleuchtet wurden. Diese IV K-Versammlung dürfte die größte ihrer Art in der Geschichte der Sächsischen Schmalspurbahnen gewesen sein. Ob es so etwas nochmal zu erleben gibt?

Interessant ist auch dieser Durchblick am Heizhaus Jöhstadt. Rechts die 199 007-6, welche ebenfalls zum Umsetzen von kalten Loks benötigt wurde.

Im Bahnhof Schmalzgrube stand 99 1781-6 mit zwei Rollfahrzeugen fotogerecht da. Auch bei dieser Lok zeigte die Rauchkammer in Richtung Wolkenstein. Fotos: Roland Böttger

Eine Szene aus Schlössel vom 02.10.2008. Hinten rechts rangiert 99 1568-7. Vorn stehen 99 1562-0, 99 1584-4 und die grüne 99 539 der Traditionsbahn Radebeul.
Foto: R. Böttger

Für die Fotografen hatte man am Streckengleis vor der Fahrzeughalle Schlössel einen Hochstand errichtet. So konnte am 05.10.2008 der Zug mit 99 1608-1 gemeinsam mit den aufgestellten Fahrzeugen abgelichtet werden.

Die einzige Original-IV K bei dieser Feier war die 99 1579-4 vom Sächsischen Schmalspurbahnmuseum Rittersgrün. Hier ausgestellt in der Fahrzeughalle Schlössel.
Fotos: Th. Böttger

4.30 Willkommenstour für I K Nr. 54

(von Thomas Böttger)

Juni 2009: Am 12. Januar 2006 verkündete der Verein zur Förderung Sächsischer Schmalspurbahnen (VSSB) zur Eröffnungsveranstaltung „125 Jahre Schmalspurbahnen in Sachsen" das Projekt zum Neubau einer Lok der Gattung I K. Die letzte Originallokomotive, die Nr. 12, hatte bis 1964 in der Gießerei Schmiedeberg als Werklok überlebt und wurde damals leider verschrottet.

In dieses „Netzwerk-Projekt" waren viele sächsische Firmen eingebunden. Diese stellten einen Großteil der Bauteile kostenlos her, um damit an die große Tradition des sächsischen Handwerks zu erinnern. Durch diese Unterstützung war der Lokneubau überhaupt erst möglich geworden, denn noch immer musste die Stiftung etwa eine Million Euro selbst aufbringen. Dank zahlreicher Spenden war dies möglich. Die ursprüngliche Kalkulation beinhaltete noch einen Kostenrahmen von 1,5 Millionen Euro. Im Dampflokwerk Meiningen begann im Januar 2009 die Endmontage der Nr. 54, welche im Juni ihren Abschluss fand.

Weil die Betreuung der Lok durch die IG Preßnitztalbahn erfolgt, heizte man die Neubau-I K am 26. Juni 2009 erstmals in Jöhstadt an. Nachdem die ersten Testfahrten erfolgreich verliefen, startete die Lok am Abend des 28.06.2009 zur Willkommenstour entlang der Dampfbahn-Route Sachsen.

So rollte die I K Nr. 54 zunächst mit eigener Kraft von Jöhstadt kommend in den Bahnhof Steinbach ein. Dort gab es das bekannte Fotomotiv am Wasserhaus erstmals mit einer neuen

Am 28.06.2009, als die I K Nr. 54 aus Jöhstadt eintraf, war dieses Motiv am Wasserhaus Steinbach erstmals möglich. Foto: Roland Böttger

Lokgattung. Der VSSB nahm dies zum Anlass, der IG Preßnitztalbahn ein Stationsschild der Dampfbahn-Route Sachsen zu übergeben. Dicht umlagert von Fotografen erfolgte anschließend die Verladung der I K auf den Straßentieflader der Eisenbahn-Bau- und Betriebsgesellschaft Pressnitztalbahn mbH. Der Mitteldeutsche Rundfunk moderierte das Programm und stellte das Projekt vor. Besonders hervorgehoben wurde die Herstellung der Feuerbüchse durch die Klempnerei Johannes Kraußе in Steinbach, denn sein Urgroßvater war der bekannte Photografen- und Klempnermeister Hermann Krauße, dem viele Aufnahmen aus der Frühzeit der Preßnitztalbahn zu verdanken sind. Bis zum Abschluss der Tour gab es ein anspruchsvolles Fahrprogramm bis zur offiziellen Einweihung in Radebeul am 04.07.2009.

Die I K Nr. 54 rollt vor den Augen des zahlreichen Publikums durch den Bahnhof Steinbach.

Dicht umlagert war die Verladung der I K Nr. 54 auf den Tieflader der PRESS am 28.06.2009 in Steinbach. Hier startete die Willkommenstour durch Sachsen. Fotos: Roland Böttger

Gemeinsam mit 99 1568-7 fuhr die werksneue I K Nr. 54 an das Steinbacher Wasserhaus heran. Gut sind hier die Größenverhältnisse beider Maschinen vergleichbar.

Fototermin mit Vertretern der Dampfbahnroute Sachsen, der Stiftung Sächsische Schmalspurbahnen sowie der Sächsischen Dampfbahngesellschaft vor der I K am 28.06.2009 in Steinbach.
Fotos: Roland Böttger

4.31 Die erste Fahrt mit der I K Nr. 54

(Text und Fotos von Stefan Müller)

30.08.2009: Gut zwei Monate ist die I K Nr. 54 inzwischen im Dienst. Es wird also Zeit, die kleine Lok einmal selbst in Aktion zu erleben. In Steinbach angekommen macht sie schon mächtig Dampf am Wasserhäuschen.

Kurze Zeit später steht die I K an ihrem Zug, der sehr gut besetzt ist. Der Abfahrtspfiff ertönt und schon setzt sich der Zug mit Volldampf in Bewegung. Schnell wird noch die Ausfahrt fotografiert und schon beginnt die Nebenherfahrt mit dem Auto. Zumindest bis Schmalzgrube, denn von dort wird mit dem Zug mitgefahren.

Ein herrliches Gefühl, das erste Mal mit der I K unterwegs zu sein. Jede Steigung treibt die Maschine förmlich zur Höchstleistung. Viel zu schnell endet die Fahrt in Jöhstadt.

Anschließend warten wir auf die Abfahrt des Zuges, bevor die Wanderung nach Schmalzgrube beginnt. Das Wetter ist herrlich, nicht zu heiß, aber die Sonne scheint, sodass die Wanderung Spaß macht, wenn auch nicht ganz so viel wie die Fahrt mit der I K!

Nachdem die I K Nr. 54 mit frischem Wasser versorgt wurde, wird sie mit ihrem Zug aus dem Bahnhof Steinbach ausfahren.

Nach einer Betriebspause am Lokschuppen in Jöhstadt setzt die I K Nr. 54 um, befördert ihren Personenzug nach Steinbach und kreuzt in Schmalzgrube mit dem von 99 1568-7 bespannten bergwärts fahrenden Zug.

4.32 Die Preßnitztalbahn auf Reisen

(von Stefan Müller)

Sommer 2010: In den diesjährigen Semesterferien absolviere ich mein vierwöchiges studienbegleitendes Praktikum bei der Dampfbahnroute Sachsen in Radebeul. Während des Praktikums bin ich nicht nur im Büro sondern fast jedes Wochenende bei einem anderen Eisenbahn-Festival dabei. Dabei gibt es auch immer wieder Begegnungen mit Mitgliedern und Fahrzeugen der IG Preßnitztalbahn. Eine dieser Veranstaltungen findet in Wernesgrün statt. Dort wird zu dieser Zeit die Idee einer Schmalspurbahn von Schönheide nach Wernesgrün im Rahmen des Projektes „Via Wilzschhaus" diskutiert. Um den Gästen einen Vorgeschmack auf einen möglichen zukünftigen Bahnbetrieb zu geben, steht neben dem Stand der Dampfbahnroute der Tieflader der Pressnitztalbahn mit der I K Nr. 54 an Bord, die zu dieser Zeit von den Mitgliedern der IG Preßnitztalbahn betreut wird. Im Gegensatz zum Nachbau der I K war dem Projekt aus finanziellen Gründen allerdings kein Erfolg beschieden und so bleiben die Fotos vom „Wernesgrüner Hauptbahnhof" eine Einmaligkeit.

„Bahnhofsfest in Wernesgrün" – Eine einmalige Veranstaltung. Fotos: Stefan Müller

Auch die „Wernesgrüner Bierkutsche“ stattet der I K Nr. 54 einen Besuch ab. Platz für einen Bahnhof wäre an dieser Stelle vorhanden gewesen, doch am Ende fehlte das Geld für die Realisierung des Schmalspurbahnprojektes. Fotos: Stefan Müller

Wenige Tage später bin ich mit der Dampfbahnroute beim „Tag der Sachsen“ in Oelsnitz (Erzgebirge) zu Gast. Nebenan haben die Vereinsfreunde der IG Preßnitztalbahn ihren Platz eingenommen. Wie in jedem Jahr präsentieren sie sich mit einer Dampflok, dieses Jahr mit 99 1542-2. Tausende Besucher werden dadurch auch auf die Museumsbahn aufmerksam und kommen vielleicht schon bald ins Preßnitztal, um selbst in den Zügen mitzufahren – so funktioniert Marketing 2010!

Noch sind keine Besucher beim Tag der Sachsen in Oelsnitz zu sehen, denn es ist Freitagmorgen. Dafür ist bereits die 99 1542-2 vor Ort, die an diesem Wochenende einer der Hingucker für tausende Besucher sein wird.
Foto: Stefan Müller

Die Freiwillige Feuerwehr Niederwürschnitz in Aktion mit der Jugendfeuerwehr des Regionalbereiches Stollberg: Die Jugendfeuerwehren (270 Teilnehmer) bildeten eine „Eimerkette“ vom ehemaligen Äquator an der Badstraße über die Hedwigschachtstraße, Bahnhofstraße bis zur Unteren Hauptstraße. Dort erhielt die historische Handdruckspritze Wasser aus Eimern. Mittels dieser Pumpe füllten die Kameraden die Wasserkästen der 99 1542-2.
Fotos: Th. Böttger

4.33 Eine Neu-Rüganerin im Erzgebirge – Der Einsatz von 99 1781-6

(Text und Fotos von Thomas Böttger)

Ostern 2011: Die Schmalspurbahn Wolkenstein - Jöhstadt gehörte zu den letzten Strecken in der DDR, auf welcher ausschließlich Lokomotiven der BR 99[15-61] (sächs. Gattung IV K) bis in die 1980er Jahre zum Einsatz kamen. Diese betagten Maschinen waren zwar in den 1960er Jahren einer Großteilerneuerung unterzogen worden, mit einer indizierten Leistung von 210 PSi / 154 kW standen sie aber hinter den Einheits- und Neubauloks zurück. Vor allem vor den gut ausgelasteten Nahgüterzügen zwischen Wolkenstein und Niederschmiedeberg mussten sich die kleinen Loks ganz schön ins Zeug legen. Dass hier damals ausschließlich die Gattung IV K zu sehen war, wurde vor allem mit der Oberbaubelastung und den 52 Brücken (Gesamtlänge 1.278 m) begründet.

Deshalb erschien es Ostern 2012 als ein kleines Wunder, dass die „große" Neubaulok 99 1781-6 zwischen Steinbach und Jöhstadt zum Einsatz kommen sollte, zumal diese Maschine lange Zeit zuvor ausgemustert wurde und im Freigelände des DB-Museums Nürnberg 13 Jahre lang Wind und Wetter ausgesetzt war. Nach Auflösung dieser staatsbahneigenen Schmalspursammlung erwarb 2006 die IG Preßnitztalbahn diese „VII K" als nichtbetriebsfähiges Exponat. Ihren neuen Platz fand sie in der Ausstellungs- und Fahrzeughalle Schlössel. Weil die durch die EBB Preßnitztalbahn mbH betriebene Schmalspurbahn „Rügensche BäderBahn" dringend eine weitere Neubaulok benötigte und Fördermittel für die Beschaffung nur noch 2010 bereit standen, wurde 99 1781-6 an den Landkreis Rügen verkauft, denn dieser ist Aufgabenträger und Eigentümer des „Rasenden Roland" Putbus - Göhren. Im Januar 2011 fuhr diese Lok mittels Tieflader gen Meiningen, wo ihr im Dampflokwerk eine umfassende Instandsetzung zu Teil wurde. Hier erhielt sie unter anderem einen neuen Kohlekasten sowie neue Wasserkästen.

Als besonderes „Osterei" konnte nun die fabrikneu wirkende 99 1781-6 vom 6. bis 9. April 2012 erstmals auf der Preßnitztalbahn selbst dampfen. Weil sie über größere Wasservorräte

Weil die Wasserkästen der Neubaulok wesentlich höher als bei einer IV K sind, musste am 10.04.2011 in Steinbach eine andere Lösung gefunden werden.

als die IV K verfügte, musste sie nicht bei jeder „Runde“ das Wasserhaus in Steinbach ansteuern. Hier gab es sowieso das Problem, dass der Wasserkran für die VII K zu niedrig und Wasser mittels Schlauch aufzufüllen war. Die gut besetzten Museumszüge zog die Neubaulok der Rügenschen Bäderbahn mühelos über die Strecke. Dabei ergaben sich völlig neue Fotoimpressionen auf der sonst von der BR 99$^{15-61}$ dominierten Strecke.

Ein ungewöhnliches Motiv war die Ausfahrt der „großen“ 99 1781-6 aus dem Bahnhof Schlössel am 10.04.2011.

Auch der Halt am Forellenhof konnte fotografisch dokumentiert werden.

4.34 Oberbauarbeiten mit neuer Technik

(Text und Fotos von Thomas Böttger)

Herbst 2011: Die Betriebspause der Preßnitztalbahn im Spätherbst 2011 wurde dazu genutzt, um zwischen Schlössel und dem Bahnübergang Grumbacher Straße Schotter auszubringen. Zur Wiederherstellung der Gleislage war vom 1. bis 3. November 2011 die Gleisstopfmaschine Plassermatic 08-75/4ZW der Erfurter Gleisbau GmbH im Einsatz. Technik, welche man sich auf der alten Preßnitztalbahn absolut nicht vorstellen konnte. Diese Maschine besitzt Tauschdrehgestelle für die Spurweiten 750 mm, 900 mm und 1.000 mm und war schon auf mehreren Schmalspurbahnen der Republik zu sehen. Auf vier hydraulischen Stützen kann sich das Fahrzeug sogar selbst anheben, was die Verladung wesentlich vereinfacht. Zum Wenden gibt es in Maschinenmitte sogar noch einen Drehstempel.

Bei dieser Bauaktivität war auch 199 008 mit einem Schotterbettungspflug zu beobachten, welcher der Gleisstopfmaschine folgte. Unter beträchtlicher Lärm- und Staubentwicklung wurde damit der Bettungsquerschnitt wieder hergestellt. Mit dieser Maßnahme konnte wieder etwas für die Erhöhung des Fahrkomforts auf der Museumsbahn getan werden.

Hier ist die Plassermatic 08-75/4ZW am 03.11.2011 am Hp Forellenhof im Einsatz, zur DR-Zeit undenkbar.

199 008 mit dem Schotterbettungspflug auf Fahrt in Richtung „Grumbacher Brücke“ am 03.11.2011.

4.35 Besuch bei „Aquarius C“ und „Meppel“

(Text und Fotos von Stefan Müller)

2. Juni 2012: Auch in diesem Jahr wird Pfingsten wieder traditionell bei der Preßnitztalbahn verbracht. Diesmal ist die „Aquarius C“ das Highlight. Und natürlich das „Meppel“, das heute einen Güterzug bespannen darf.

In Jöhstadt gibt es zunächst eine kleine Lokparade. Neben den beiden Maschinen ist auch eine IV K mit von der Partie. Die kleinen Meyerloks sind typisch für die „alte“ und „neue“ Preßnitztalbahn. Der Anblick des „Meppel“ gehört im Museumsbahnzeitalter auch dazu, doch die „Aquarius C“ ist im Erzgebirge eine Besonderheit.

Die Lok hatte bereits einen bewegten Lebenslauf hinter sich: Bei ihr handelt es sich um eine 1939 von Borsig gefertigte Heeresfeldbahnlok der Gattung HF 210 E. 1939 wurde sie durch das Waffenprüfamt 5 (WaPrüf 5) als HF-Nr. 191 in Betrieb genommen und kam u. a. auf der Heeresfeldbahn Tuleblja-Demjansk zum Einsatz. Nach dem Zweiten Weltkrieg verschlug es die Lok nach Österreich. Bis 1957 kam sie bei der Salzkammergut-Lokalbahn (SKGLB) mit der Betriebsnummer 22 zum Einsatz. Dazu wurde sie auf die Spurweite von 760 mm umgespurt. Nach Einstellung der SKGLB gelangte sie zur Zillertalbahn, wo sie von 1958 bis 1972 hauptsächlich im Güterzugverkehr ihren Dienst versah. Ab 1974 fuhr sie fünf Jahre für EUROVAPOR auf der Bregenzerwaldbahn. Ihre weiteren Stationen waren die Zillertalbahn und die Jagsttalbahn Dörzbach - Möckmühl. Von 1991 bis 1996 war sie ohne Tender im Deutschen Technikmuseum Berlin ausgestellt. Nach einer Hauptuntersuchung 1996/1997 erfolgte im Mai 1997 die Inbetriebnahme bei der Rügenschen Kleinbahn. Seit Mai 2009 gehört

die Lokomotive der PRESS, die sie zwar weiterhin überwiegend auf der Insel Rügen einsetzt, aber auch zu besonderen Anlässen nach Jöhstadt holt.

Nach der kleinen Lokparade am Lokschuppen in Jöhstadt setzt 99 4511-4 um. Anschließend befördert sie ihren (Foto-) Güterzug nach Steinbach.

4.36 Auch in Tschechien kennen die Eisenbahnfans Jöhstadt

(Text und Fotos von Bohumil Sadek)

1. September 2012: Heute besuche ich wieder einmal die Museumsbahn Jöhstadt - Steinbach, bei der ich seit einiger Zeit regelmäßig vorbeischaue. Mein Interesse an der Preßnitztalbahn besteht aber schon viel länger und zwar seit ich eine Ausgabe der Zeitschrift „Železničár" (Der Eisenbahner) von 1981 in die Hand bekam. Dort waren zwei Fotos eines Sonderzuges zu sehen. Den Zug bespannten zwei „Meyerloks". Von diesem Bericht und der Preßnitztalbahn fasziniert, versuchte ich, etwas über ihre Historie herauszufinden. Doch leider musste ich feststellen, dass es zu diesem Zeitpunkt die Schmalspurbahn von Wolkenstein nach Jöhstadt schon nicht mehr gab, denn das Magazin war inzwischen schon einige Jahre alt. Ich war sehr traurig, dass ich das romantische Flusstal der „Prísečnice" (Pressnitz) nicht mehr auf schmaler Spur abfahren konnte. Auch das tolle Wasserhaus in Steinbach, welches ich von Fotos sehr gut kannte, war nicht mehr in Betrieb und das machte mich traurig. Ich dachte, es wäre eine Schande, wenn das legendäre Wasserhäuschen jetzt auch noch zerstört werden würde, doch es kam ja zum Glück anders!
Da ich kaum noch Hoffnung auf Eisenbahnbetrieb im Preßnitztal besaß, widmete ich mich in den kommenden Jahren vielen anderen Eisenbahnaktivitäten, vor allem denen, die im Zusammenhang mit meiner Heimat Dubí standen. Ganz speziell interessierte mich die Tschechische Staatsbahnlinie von Most (Brüx) über Dubí nach Moldava im Erzgebirge, die bis 1945 über Freiberg weiter nach Nossen führte. Auch für die Sammlung der historischen Triebfahrzeuge im Lokdepot Louny investierte ich einige Freizeit. Doch habe ich auch in dieser Zeit die Preßnitztalbahn nie ganz aus den Augen verloren. Dank der Zeitschrift „Železničár" erfuhr ich von den Bestrebungen, die Preßnitztalbahn auf einigen Kilometern wieder aufzubauen. Ich war fasziniert, wie die Enthusiasten in den Folgejahren die acht Kilometer lange Strecke zwischen Steinbach und Jöhstadt für den Museumsbetrieb wieder auferstehen ließen. Ich freute mich über jeden Fortschritt der Bauarbeiten, der in meiner Lieblingszeitschrift vermeldet wurde: Schlössel, Loreleifelsen, Schmalzgrube, Forellenhof, Andreas-Gegentrum-Stolln – und schließlich war der Bahnhof Steinbach erreicht. Ich war erfreut, dass die Strecke nicht mehr nur Eisenbahngeschichte und in Vergessenheit geraten war, sondern dass es den Enthusiasten gelang, die Strecke wieder mit Leben zu erfüllen. Eine tolle Leistung!
Im Jahr 2000 wurde ich eingeladen, das Böhmisch-Sächsische Eisenbahnfestival in Cranzahl zu besuchen. Dabei bestand auch die Gelegenheit, endlich die Preßnitztalbahn kennenzulernen. Fast 20 Jahre nachdem der denkwürdige Artikel erschienen ist! Meine Erwartungen wurden in jeder Hinsicht erfüllt. Wiederaufgebaute Gleise, historische Gebäude, Fahrzeuge in technisch einwandfreiem Zustand, nettes Personal und toller Reisekomfort. Besonders freute es mich, den Krimauer Normalspur-Triebwagen M131.1513 auf einem Schmalspur-Rollwagen in Steinbach zu sehen – ein einmaliges Erlebnis! Am meisten beeindruckte mich die Schönheit der hiesigen Landschaft, die nur wenige Kilometer von der Grenze entfernt ist. Nach dem Festival war ich mir sicher, dass ich bald wieder mit der Preßnitztalbahn fahren würde, aber es dauerte dann doch zehn Jahre, bis ich wiederkam.

Seit 2010 bin ich meist jedes Jahr mit der Preßnitztalbahn unterwegs. Es ist zu jeder Jahreszeit schön – am Ende der Ferien im August, im Herbst, zu Nikolaus oder zum Jahreswechsel. Oft komme ich nicht allein sondern mit Freunden hier her. Dann starten wir unsere Exkursion am Bahnhof in Steinbach, wo wir uns die abgestellten Güterwagen ansehen und die historischen Gebäude „unter die Lupe nehmen“. Auch haben wir uns bereits den nicht wieder aufgebauten Teil der Preßnitztalbahnstrecke bis Wolkenstein angesehen. Doch das schönste Erlebnis ist es, wenn wir entlang der Museumsbahn unterwegs sind und aus den Tiefen des Waldes ein fröhlich klingender Pfiff erschallt und wenig später eine schön polierte schwarze Dampflokomotive angefahren kommt. Beim Pfiff versuchen wir immer zu erraten, welche Lok kommen wird – eine „Meyerlok“ oder mein Liebling, die fünfachsige 99 713, oder sogar die Heeresfeldbahnlok „Aquarius C“? Wir unternehmen oft auch Wanderungen entlang der Strecke, beispielsweise bis zum Andreas-Gegentrum-Stolln, denn unterwegs kann man immer wieder die Vorbeifahrt eines Dampfzuges genießen.
Bei unseren Besuchen interessieren wir uns auch immer für weitere Eisenbahnrelikte. Sei es der Besuch des einstigen Grenzbahnhofes in Reitzenhain oder auch die Wanderung von Jöhstadt bis zur tschechischen Grenze entlang der einstmals geplanten Verlängerung der Preßnitztalbahn zum Anschluss an die Normalspurstrecke Chomutov - Vejprty.
Doch eines darf bei unseren Touren nie fehlen: Die Fahrt mit der Museumsbahn! Auch wenn ich die Strecke inzwischen gut kenne, ist es noch immer interessant, aus dem Fenster hinauszusehen. In engen Kurven beobachten wir die Dampflok beim Arbeiten, herrlich! Besonders schön sind die Zugkreuzungen in Schmalzgrube. Bei der Ankunft in Jöhstadt bestaunen wir den wunderschön restaurierten Lokschuppen. Und bei jeder Fahrt schauen wir, ob es wieder einen Fortschritt bei der Wiedererrichtung des Bahnhofes in Jöhstadt gibt.

„Aquarius C“ erreicht am 1. September 2012 den Bahnhof Jöhstadt.

Zwei Fotos vom 1. September 2012: Oben sehen wir „Aquarius C“ am Wasserhäuschen in Steinbach. Im dortigen Bahnhof ist an diesem Tage auch der 1. Klasse-Wagen Ka4 970-003 zu sehen.

Einen ganz besonderen Ausflug unternahm ich am 9. Dezember 2012, denn damals herrschte tiefster Winter im Preßnitztal. In Steinbach angekommen, wartete ich auf die Ankunft des Zuges aus Jöhstadt. Nach der Einfahrt und dem Abkuppeln der 99 1542-2 schaute ich der „Meyerlok“ beim Wassernehmen zu. Es kam mir vor, als würde ich auf eine Modellbahnanlage schauen, so traumhaft sah die Natur aus. Nach dem Umsetzen der Lokomotive lief ich langsam zum Bahnsteig, denn bevor im Laufe des Tages die Fotografie im Mittelpunkt stand, wollte ich zunächst eine Runde im mollig warmen Zug mitfahren.
Auf dem Bahnhof fielen mir sofort die Eiszapfen an den Wagen auf – was für ein Anblick! Und auch die anschließende Fahrt durch den Winterwald ließ keine Wünsche offen. Tolle

Landschaft, eine mächtig schnaufende IV K am Zug und überall Schwibbögen in den Fenstern, so wie es in der Adventszeit im Erzgebirge sein muss. Ich war total begeistert!
Ein weiteres Highlight bot sich dann bei der Ankunft in Jöhstadt. Der Lokschuppen war komplett mit Eiszapfen behangen. Diese waren teilweise zwei Meter lang. Nach der Erkundung des Bahnhofs ging es auch schon wieder zurück nach Steinbach, von wo aus ich zu meiner kleinen Fototour startete.
Ich bin sehr froh, dass es die Preßnitztalbahn wieder gibt und dass ich mit meiner Geschichte einen kleinen Teil zum Buch meines Eisenbahnfreundes Stefan beitragen kann. Ich wünsche den Museumsbahnern, dass die Preßnitztalbahn noch bekannter wird und sich die Anzahl der Fahrgäste weiter erhöht. Meiner Lieblingsschmalspurbahn wünsche ich zudem ***„Allzeit gute Fahrt“!***

Mit Eiszapfen behangene Wagen und eine mächtig schnaufende IV K konnte ich am 9. Dezember 2012 in Steinbach fotografieren. Auch auf den Wagendächern lässt sich gut erkennen, wie stark der Schneefall in den vergangenen Tagen war.

Die aus Steinbach kommende „Aquarius C“ verlässt den Bahnhof Schmalzgrube zur Fahrt nach Jöhstadt.

Viel Schnee und Eis empfängt Bohumil Sadek und die anderen Reisenden in Jöhstadt. Passend zur Weihnachtszeit schmückt ein Herrnhuter Stern das Heizhaus der Erzgebirgsstadt.

4.37 Mit Musik auf Tour entlang der Museumsbahn – 3. Erzgebirgische Liedertour 2013

(von Thomas Böttger)

18. August 2013: Seit dem Jahr 2010 wird von dem Team der Baldauf-Villa in Marienberg alljährlich im August die Erzgebirgische Liedertour organisiert. Dabei gehen aber nicht die Musikanten auf Tour, sondern es handelt es um eine musikalische Erlebniswanderung oder Fahrradtour, bei welcher an verschiedenen Stationen des Weges musiziert wird. In jedem Jahr wählt man dazu eine neue Route aus, auf der man das Erzgebirge von seiner schönsten Seite erleben kann. Im Jahr 2013 folgte die 3. Erzgebirgische Liedertour dem Lauf der Preßnitz und des Schwarzwassers.

Am 18. August 2013 ließen sich von dieser Einladung tausende Ausflugsfreudige anlocken, um entlang der Preßnitztalbahn echt erzgebirgische Musik zu erleben, zumal auch das Wetter mitspielte. Am Bahnhof Steinbach boten Heiner Stephanie und Frau Ingrid aus Olbernhau

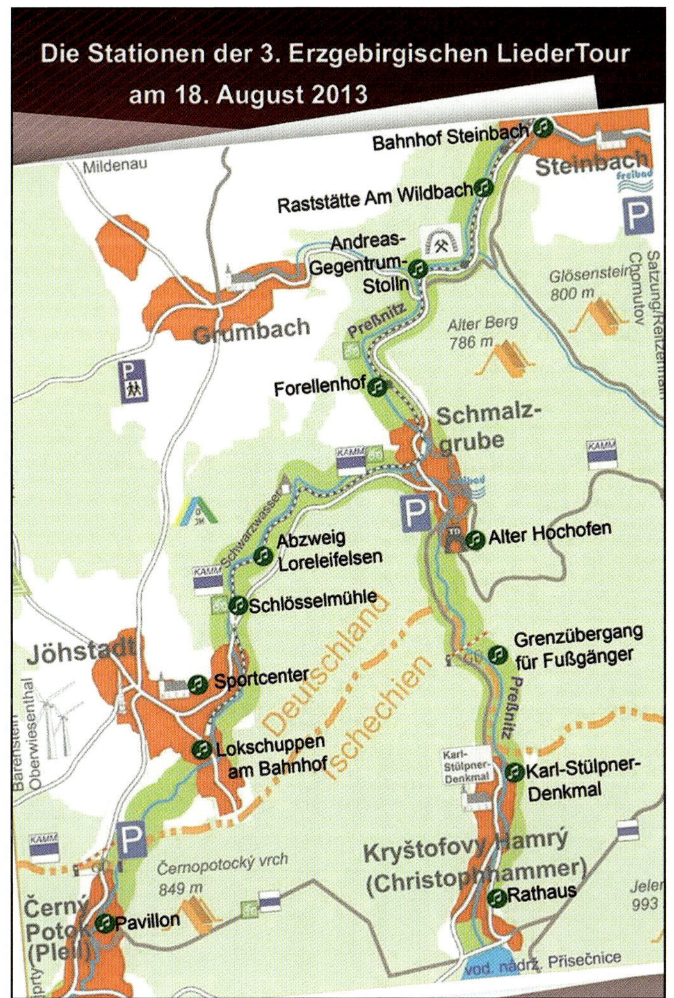

Die 3. Erzgebirgische Liedertour folgte dem Lauf von Preßnitz und Schwarzwasser. Quelle: Baldauf Villa Marienberg

Weitere Informationen: http://www.musik-erzgebirge.de Erzg. Lieder Tour Rückblick 18.08.2013: LiederTour Schmalzgrube - Steinbach - Jöhstadt

zusammen mit Sigmund Spiegelhauer seine Lieder mit seinen typisch ironischen Texten dar. Dies sorgte hier beim Publikum für Schmunzeln und eine heitere Atmosphäre. Weitere Musikanten spielten an den Stationen „Raststätte Am Wildbach“, „Andreas-Gegentrum-Stolln“ und „Forellenhof“ auf. Aber auch abseits des Schienenstranges von Schmalzgrube bis Kryštofovy Hamry (Christophhammer) konnte man verweilen und grenzüberschreitend den Klängen der Volksmusikanten lauschen. Möglich machte dies das Schengener Abkommen, durch welches seit dem 21.12.2007 die stationären Grenzkontrollen zwischen Deutschland und Tschechien wegfielen. So gab es am Grenzübergang keine Grenzer mehr sondern MundArtliches mit „De Holzmauser“ aus Zwickau, zwischen Stapeln von gefällten Fichtenstämmen. Wer der Route weiter an der Preßnitz bis zum Rathaus Kryštofovy Hamry folgte, konnte am Stülpner-Denkmal Reinhold Lindner aus Augustusburg und die böhmische Harfenzitterspielerin Alžbeta Trojanová mit ihren Liedern erleben. Den Wanderern im Schwarzwassertal bot sich bis zum Bahnhof Jöhstadt noch viermal ein musikalischer Genuss. Am Endpunkt Lokschuppen gab es erzgebirgische Lieder mit Stefan Gerlach (Zwönitz), Christoph Rottloff (Drebach) und Frank Mäder (Aue). Parallel zu dieser Veranstaltung fuhr natürlich die Museumsbahn unter dem Motto: „Zur Fahrt mit der Preßnitztalbahn bitte einsteigen!“ Von 10:00 Uhr bis 16:30 Uhr blieben alle musikalischen Stationen (siehe Übersichtskarte) besetzt und ab 17:00 Uhr traf man sich zum gemeinsamen Abschlusskonzert an der „Raststätte am Wildbach“ in Steinbach. Alles in allem eine sehr gelungene Veranstaltung, bei welcher historische Eisenbahntechnik und erzgebirgische Folklore wohltuend verknüpft werden konnten.

Eine Station der 3. Liedertour war der Alte Hochofen in Schmalzgrube, hier gab es Erzgebirgsmusik mit „Sterni und Freunde“. Foto: Thomas Poth

An der Schlösselmühle in Jöhstadt spielten „De Ranzen“ aus Annaberg-Buchholz vor dem Publikum auf.

Schrammelmusik am Güterschuppen Steinbach mit Heiner Stephanie und seiner Hauskapelle aus Olbernhau.

Der Ausklang der Tour fand an der Raststätte „Am Wildbach“ mit allen beteiligten Musikern und Gästen statt.
Fotos: Baldauf Villa Marienberg

4.38 4. August Horch Klassik 2014 – Oldtimer der Schiene und Straße vereint

(Text und Fotos von Thomas Böttger)

20. Juli 2014: Seit 2010 organisiert das August Horch Museum Zwickau gemeinsam mit dem Motorsportclub Zwickau e. V. für Oldtimer bis Baujahr 1980 die August Horch Klassik.
Gewidmet ist diese Rundfahrt dem bedeutenden Gründer der Automobilbauunternehmen Horch und Audi, welcher 1902 nach Sachsen kam. Von Köln-Ehrenfeld verlagerte er sein Unternehmen Horch & Cie in das vogtländische Reichenbach, weil er hier entsprechende Investoren fand. Im Jahr 1904 zog seine Firma in das damals bedeutende Zwickau um. Horch wurde vor allem bekannt durch seine Pkw der Oberklasse mit Achtzylindermotoren, welche sich durch besondere Laufruhe auszeichneten. Aufgrund von Meinungsverschiedenheiten mit dem Aufsichtsrat verließ er 1909 jedoch das Unternehmen. Da er die Marke „Horch" für seine neue Firma nicht verwenden durfte, erfand man den Markennamen „Audi" (audi (lateinisch) = höre! = horch!). 1932 schlossen sich die vier sächsischen Automobilhersteller DKW, Horch, Audi und Wanderer zur Auto Union zusammen. Aufgrund des Volksentscheides 1946 in Sachsen wurden auch die Zwickauer Horch- und Audiwerke verstaatlicht. Aus diesen entstand später der VEB Sachsenring Automobilwerke Zwickau, der Hersteller des „Trabant". In Ingolstadt gründete man 1948 die Auto Union neu. So ziert das Logo mit den symbolischen vier Ringen auch heute noch die dort produzierten Audi-Fahrzeuge.
Der Rundkurs wird jedes Jahr neu festgelegt und führt durch verschiedene Regionen von Sachsen. Spannend wurde es am 20. Juli 2014 zur 4. August Horch Klassik, welche unter dem Motto „80 Jahre Silberpfeile" stand, denn bei dieser Tour fungierte auch die Ladestraße am Bahnhof Schmalzgrube als Kontrollstelle. Schirmherr der Veranstaltung war übrigens Prof. Dr. Bernd Rosemeyer, der Sohn des Auto Union-Star-Rennfahrers Bernd Rosemeyer. An diesem Sonntag gingen 165 historische Pkw und Motorräder auf ihre 150 km lange Fahrt durch das Erzgebirge. Bei vollem Fahrbetrieb der Museumsbahn wurden die Oldtimer gegen 11:15 Uhr in

Einmalige Fotomotive ergaben sich zur August Horch Klassik 2014 am Bahnhof Schmalzgrube, wie die 99 1568-7 neben einer BMW-Limousine.

Auch einige historische Motorräder bereicherten die Oldtimertour. Im Hintergrund ist 99 4511-4 zu sehen.

Obwohl zeitlich nicht stimmig, bot auch der von I K Nr. 54 geführte Zug einen guten Kontrast zu den historischen Kraftfahrzeugen.

Schmalzgrube erwartet, dadurch ergaben sich nicht alltägliche Fotomotive von Veteranen der Straße und Schiene, quasi als Abschluss der 1. Eisenbahn- und Oldtimertage Erzgebirge. Das älteste Kraftfahrzeug war ein Adler K7/15 aus dem Jahr 1910. Weiterhin waren noch Audi Alpensieger (Baujahr 1919), ein Ford T (Baujahr 1919), ein Wanderer W10 / II (Baujahr 1927) oder Fahrzeuge von BMW, Buick, Chevrolet, DKW, Horch, Mercedes, Opel, Porsche, Rolls Royce, Sachsenring, Trabant und anderen Marken unterwegs. Das Bild ergänzten die 35 Motorräder der Baujahre 1928 bis 1962. All diese technischen Kleinode gaben dieser Veranstaltung eine faszinierende und einmalige Atmosphäre.

4.39 Gastspiele der Schlepptenderlokomotiven

(von Thomas Böttger)

Pfingsten 2015: Völlig untypisch für sächsische Schmalspurstrecken sind eigentlich die Schlepptendermaschinen, sieht man mal von den wenigen Einsätzen des Prototypes GR-001 (99 1401) ab, denn hier legte man Wert auf gute Sichtverhältnisse, auch bei Rückwärtsfahrt „Tender voran". Zudem genügten auf den kurzen Stichstrecken die Betriebsvorräte von Tenderlokomotiven.

Weil die Eisenbahn-Bau- und Betriebsgesellschaft Pressnitztalbahn mbH (PRESS) seit 2008 auch die RügenscheBäderBahn „Rasender Roland" mit gleicher Spurweite betreibt, kommen seitdem auch Gastloks von der größten Insel Deutschlands ins Preßnitztal. Ein besonderes Schmankerl bot sich Pfingsten 2013, als die frisch aufgearbeitete 99 4652 zusammen mit „Aquarius C" einen der drei Personenzüge bespannte. Diese Maschine war 1974 von der Deutschen Reichsbahn an den Unternehmer Walter Seidensticker verkauft worden. Für den Einsatz auf der Dampf-Kleinbahn Mühlenstroth ließ er die Lok auf 600 mm umspuren. Seit 1981 fährt sie wieder auf 750 mm-Gleisen und kam über Jagsttalbahn und Öchsle-Schmalspurbahn auf die Insel Rügen. Im Raw Görlitz wurde sie 1993/94 optisch aufgearbeitet und erhielt ihre alte Reichsbahnnummer 99 4652 (EDV-Nummer hatte die Maschine nie) zurück. Ein ganz besonderes Schauspiel war an jenen Pfingsttagen die Restaurierung. Mittels Motorpumpe und C-Schlauch wurden in Steinbach die Wasserkästen des Schlepptenders mit Preßnitzwasser gefüllt. Auch die Bekohlung war ein Novum auf dieser Strecke, denn diese erfolgte mittels 25-Kilogramm-Steinkohlensäcken, welche man am Ende der Ladestraße gelagert hatte.

Die Eisenbahn-Bau- und Betriebsgesellschaft Pressnitztalbahn mbH übernahm „Aquarius C" im Jahr 2009 und setzte sie vorwiegend auf Rügen ein. Das vorläufige Aus im Fahrbetrieb kam Ostern 2016 mit den letzten Einsätzen aber auf der Preßnitztalbahn. Anschließend wurde die Lok zum Verkauf ausgeschrieben und im Lokschuppen Carlsfeld hinterstellt. Der Club 760 –

Auch am 11.09. 2011 war „Aquarius C" bereits im Preßnitztal unterwegs, hier in Schlössel. Der Schlepptender eignete sich sogar für den „Kindertransport". Foto: K. Böttger

Am 23.05.2015 pumpte man für die 99 4652 das Wasser aus der Preßnitz. Rechts im Bild die Steinkohlensäcke für die Bekohlung. Foto: Th. Böttger

Volldampf voraus am 24. Mai 2015! Das Pfingstfest ist das Highlight auf der Preßnitztalbahn. Eigene Lokomotiven sowie Fahrzeuge anderer Bahnen sorgen für ein abwechslungsreiches Programm. Foto: Johannes Mühle

Verein der Freunde der Murtalbahn erwarb „Aquarius C“ im Hebst 2016. Damit ging die über 30-jährige Einsatzgeschichte in Deutschland zu Ende. In der Werkstatt der Pinzgauer Lokalbahn wurde sie aufgearbeitet und den neuen Einsatzbedingungen (Vakuumbremse, Umspurung auf 760 mm) angepasst. Seit 2018 steht die einmalige Maschine nun für den Museumsbetrieb auf der Taurachbahn zu Verfügung. Damit dürften die Einsätze im Preßnitztal Geschichte sein.

Am 28.03.2016 verabschiedete sich „Aquarius C“ wohl für immer von der Preßnitztalbahn. Die beiden Aufnahmen entstanden vor und hinter Schlössel.
Fotos: Th. Böttger

„Aquarius C“ fährt bei der Pinzgauer Lokalbahn am 14.06.2018 bei Rettenbach im Salzachtal.
Foto: Thomas Oberkalmsteiner

4.40 Blumenfotografieren während der Fahrt erlaubt

(Text und Fotos von Stefan Müller)

17. Juli 2016: Unseren Sommerurlaub verbringen wir dieses Jahr im Vogtland und im Westerzgebirge. Nach einer wunderschönen sonnigen und erlebnisreichen Woche in Bad Elster fahren wir weiter nach Oberwiesenthal. Einen Zwischenstopp legen wir zunächst bei der Museumsbahn Schönheide ein, bevor das Oldtimerfest beim FHWE besucht wird, wo der Wernesgrüner Schienenexpress im Einsatz steht. Anschließend geht es nach Oberrittersgrün zum dortigen Schmalspurbahnmuseum. Wir haben also einen tollen Eisenbahntag, der mit der Ankunft in Oberwiesenthal ausklingt. Die Unterkunft am Fuße des Fichtelbergs ist schön gelegen, denn bis zum Bahnhof Oberwiesenthal ist es nicht weit. Am Sonntag steht gleich wieder die Eisenbahn im Vordergrund, denn heute geht es nach Jöhstadt. Doch leider spielt das Wetter nicht so richtig mit. Es ist kalt und regnet leicht. Der Aussichtswagen ist demzufolge vorerst keine Alternative bei dieser Fahrt. Schade, denn darin lässt sich die herrliche Landschaft am besten genießen. Doch in Schmalzgrube wird es besser, also wird in den Aussichtswagen umgestiegen, wo bereits Jörg Müller Platz genommen hat. So können wir gleich über den kommenden Preß` Kurier reden, für den ich einen Artikel über meine Urlaubserlebnisse verfassen möchte.

In vollem Blütenzauber präsentiert sich das Wasserhaus in Steinbach. Genau wie die Blumen braucht auch die Zuglok 99 1542-2 regelmäßig eine große Portion Wasser.

Und noch etwas fällt mir bei der Fahrt auf: die Blumen blühen herrlich. Früher hieß es immer: „Blumenpflücken während der Fahrt verboten“, doch für mich heißt es auf der Rückfahrt: „Blumenfotografieren während der Fahrt erlaubt“, wobei ich genau genommen natürlich während der Zwischenhalte meine Fotos schieße. So entstehen etwas andere Fotos als gewohnt…

In Schmalzgrube sorgen Rosen und Löwenzahn für ein gutes Fotomotiv. Die wenigen Minuten Aufenthalt werden also für vielfältige Fotografien genutzt.

4.41 Der Spurwechselbahnhof Wolkenstein und das Zughotel
(von Thomas Böttger)

2016: Mit Eröffnung der normalspurigen Zschopautalbahn Chemnitz - Annaberg am 1. Februar 1866 ging auch die Station Wolkenstein in Betrieb. Weil sich die Stadt selbst auf einem steilen Felsabhang am anderen Ufer der Zschopau erstreckt, entstanden die Gleisanlagen auf der Flur des Dorfes Schönbrunn. Deshalb hat sich der Gemeinderat mehrmals um eine Umbenennung der Station bemüht, jedoch stets ohne Erfolg. Mit Anbindung der Preßnitztalbahn nach Jöhstadt im Jahr 1892 gab es hier im Tal noch ausreichend Platz für die Erweiterung zum Spurwechselbahnhof. Weil sich der Abzweig der Schmalspurbahn etwa 1,5 km in Richtung Annaberg befand, wurde dieser Streckenteil mit einem Dreischienengleis ausgerüstet. Dieses endete just an der Stelle, wo die Preßnitz in die Zschopau mündet. Zuständig für den Streckenabzweig war in früherer Zeit das Stellwerk 1, mitten im Wald gelegen.
Doch mit ständiger Zunahme des Verkehrsaufkommens kamen die Königlich Sächsischen Staatseisenbahnen nicht um eine Bahnhofserweiterung herum. Deshalb begannen hier 1910 die Bauarbeiten, welche zwei Jahre später ihren Abschluss fanden. Neben dem Empfangsgebäude gab es nun mehrere Dienst- und Wirtschaftsgebäude, Güterschuppen, Wasserstation und einen Schmalspurlokschuppen. Auf die geplante zweite Rollgrube hat man verzichtet, so dass die Trennung von ein- und ausgehenden Frachten nie möglich wurde. Auch den Normalspurteil unterzog man einer Modernisierung, er erhielt neue Bahnsteige und einen Personentunnel. In seiner Glanzzeit besaß der Bahnhof Wolkenstein immerhin zwölf Gleise.

Der Bahnhof Wolkenstein in den 1970er Jahren. Links dampft es mächtig vor dem Schmalspurlokschuppen und rechts ist ein Güterzug mit BR 50 eingefahren. Foto: Winfried Reichardt

So sah der Schmalspurbetrieb in den letzten Jahren aus. Trotz Fahrgastandrang, hier im Frühjahr 1982, war die Stilllegung beschlossene Sache und die Anlagen verkamen. Foto: Winfried Reichardt

Während Züge der normalspurigen Zschopautalbahn hinter der Westfassade des Empfangsgebäudes ein- und ausfuhren, befand sich der Schmalspurbahnsteig in Richtung der Zschopau. Für den Güterverkehr gab es noch den sogenannten „oberen Bahnhof", das war ein Rangiergleis auf einer Felswand, oberhalb des Regelspurteiles.

Nach der Stilllegung des oberen Abschnittes Niederschmiedeberg - Jöhstadt im Januar 1984 fungierte der zweiständige Lokschuppen in Wolkenstein sozusagen als neuer Lokbahnhof. Mit vollkommener Aufgabe des Reiseverkehrs im September stand dann hier nur noch eine IV K unter Dampf. Langsam begannen die Schmalspurbahnanlagen zu verwahrlosen und hatten ab 01.01.1987 keinerlei Bedeutung mehr. Doch auch die umfangreichen Güteranlagen auf dem Normalspurteil wurden von der Eisenbahn bald nicht mehr benötigt. So hat in den Wirren der Wendezeit der frühere Mitropa-Koch Ulrich Reuter mit einem ausgemusterten Mitropa-Speisewagen an der Seitenladerampe (B 101) einen Imbissbetrieb eröffnet. Dieses Unternehmen entwickelte sich recht erfolgreich zum Wolkensteiner Zughotel. So können heute hier Gäste in mehreren Originalwagen der Mitteleuropäischen Schlaf- und Speisewagen Aktiengesellschaft (Mitropa) speisen und übernachten. Ein Schmuckstück ist der Präsidenten- und Generalsekretärwagen aus dem Jahr 1966 mit Konferenz- und Übernachtungsabteil.

Aber auch für den früheren Schmalspurteil fand sich eine neue Verwendung. Im Jahr 2011 konnte Herr Reuter den früheren DR-Katastrophenzug aus dem Bww Löbau erwerben, in welchem sich heute Ferienwohnungen befinden. Dieser „Ferienzug" am Zschopaufluss besteht aus folgenden vier Bghw-Wagen:

- 67 50 99-32 362-7 Küchenwagen (Ferienwohnung 5 – früher mit Kücheneinrichtung)
- 67 50 99-42 366-6 Bettenwagen (Ferienwohnung 1 – früher 30 Hängebetten)
- 67 50 99-46 364-7 Operationswagen (Ferienwohnung 4 – früher Op-Raum und Desinfektion)
- 67 50 99-64 361-0 Maschinenwagen (Sanitärwagen – früher mit zwei Schönebecker Dieselaggregaten)

Davor gibt es einen Grillplatz, auf welchem die Kleindiesellok Ns 2f (LKM 248646/1955) mit einem Tonwagen der Waldeisenbahn Muskau ihre Runden auf 600 mm-Spur drehen kann.
Weil das Empfangsgebäude von der DB AG nicht mehr benötigt wurde, gelang Ulrich Reuter 2011 der Kauf. Heute zeigt es sich im sanierten Zustand und im ehemaligen Schalterraum öffnete zu Karfreitag 2016 das Café "Alter Bahnmeister". In den oberen Etagen konnten 15 barrierefreie Wohnungen eingerichtet werden. Auch den anderen Gebäuden nahm sich Herr Reuter an, so entstand im ehemaligen Wasserhaus sowie in der Bahnmeisterei weiterer Wohnraum. Das alte Wäschehaus wurde sogar um eine Etage aufgestockt, um auch hier Wohnungen einzurichten. Auch wenn die Schmalspurbahn in Wolkenstein schon längst Geschichte ist, so blieb zumindest das historische Gebäudeensemble aus der Zeit der dampfenden IV K erhalten. Inzwischen ist der Bahnhof Wolkenstein auch Station der Dampfbahn-Route Sachsen. Ein Rest des früheren Dreischienengleises sowie eine Attrappe der 99 1542 erinnern noch an den einstigen Spurwechselbahnhof im Zschopautal.

Blick vom Aussichtspunkt „Hag“ auf den Bahnhof Wolkenstein am 18.06.2016. Auf dem Schmalspurteil befinden sich die Ferienwohnungen des Zughotels. Auch ein kleines Schmalspurgleisoval in 600 mm Spurweite ist vorhanden. Foto: Thomas Böttger

Am 19.10.2019 fand sich 86 1333-3 vor der Alu-Attrappe der 99 1542-2 ein, dahinter fährt ein 642er der Erzgebirgsbahn aus. Ein Stück Dreischienengleis wurde hier als Denkmal erhalten. Foto: Katrin Böttger

Wo früher die Schmalspurbahn nach Jöhstadt abfuhr, steht heute der frühere DR-Katastrophenzug, in welchem sich die Ferienwohnungen befinden. Davor eine Kleindiesellok vom Typ Ns 2f.

Ein Blick in das Innere der Bghw-Wagen des Ferienzuges.
Fotos: Th. Böttger

4.42 125 Jahre Preßnitztalbahn – Mit Schnee und Eis beginnt das Jubiläumsjahr

(Text und Fotos von Karl Wolf)

13. Januar 2017: Mit einer Veranstaltung in der Fahrzeughalle beginnt heute offiziell das Jubiläumsjahr „125 Jahre Preßnitztalbahn“, das gemeinsam mit dem Jubiläum „25 Jahre Museumsbahn“ begangen wird. Bei passend zur Jahreszeit recht winterlichen Bedingungen begebe ich mich auf die Reise von Zwickau nach Jöhstadt, genauer gesagt zur Fahrzeughalle der IG Preßnitztalbahn. Hier angekommen, fotografiere ich zunächst die Vorbeifahrt des von 99 1590-1 geführten Sonderzuges, der sogleich am seit wenigen Jahren existierenden Haltepunkt an der Fahrzeughalle hält. Einige Festgäste steigen aus und gemeinsam gehen wir in die gemütlich warme Halle, um den Festreden zu lauschen. Ein Rückblick auf die bisher so umfangreiche und zugleich von großem Erfolg gekrönte Historie der IG Preßnitztalbahn e. V., auf die Jahre des Streckenaufbaus sowie die in den weiteren Jahren so umfangreichen Festivitäten sowie den Fahrbetrieb zwischen Jöhstadt und Steinbach stimmte die Besucher ein. Es folgt der Ausblick auf das Festjahr, mit den vielfältigen und über das ganze Jahr verteilten Höhepunkten.

Nach einigen Stunden ist die Veranstaltung vorbei. Draußen tobt inzwischen ein richtiger Schneesturm, so wie es früher häufig der Fall war und wodurch es auf vielen Schmalspurbahnen in ganz Sachsen zu Schneeverwehungen kam. Doch solche Folgen gibt es heute nicht,

Tief verschneit und winterlich kühl präsentiert sich die Landschaft um Jöhstadt zu Beginn des Jahres 2017. Hier ist 99 1590-1 mit ihrem Sonderzug zwischen Schlössel und der Fahrzeughalle unterwegs.

denn im Hintergrund ist schon der herannahende Zug zu hören. Dieser ist im dichten Schneegestöber erst wenige Augenblicke vor der Vorbeifahrt zu erkennen. So muss Winter sein!

Während der Festreden beginnt heftiges Schneetreiben, welches Karl Wolf samt Sonderzug wenig später auf Film bannt.

4.43 Eine Militärübung im Preßnitztal

(von Karl Wolf)

20. Mai 2017: Ein Highlight des Festjahres „125 Jahre Preßnitztalbahn" ist die historische Militärübung. Damit wird die Schmalspurbahn erstmals in ihrer Geschichte für militärhistorische Übungszwecke genutzt. Entlang der Strecke befindet sich die 4. Kompanie des 1. Bataillons der königlich-sächsischen Jäger in Kampfhandlung mit dem 5. Thüringer Infanterieregiment Nr. 94 und der I. Sechspfünder Garde-Batterie Berlin.

Am Morgen findet im Bahnhof Steinbach, in dem bereits seit Freitag ein Biwak abgehalten wird, die Verladung einer Kanone statt, sodass wenig später ein von der I K Nr. 54 gezogener Militärtransport in Richtung Jöhstadt abfahrbereit am Bahnsteig steht. Wenige Minuten nach Abfahrt des Militärzuges wird dieser an der Station Forellenhof von versteckten Einheiten der Österreicher angegriffen, die sich nun ebenfalls in dieses Militärschauspiel einmischen. Daraufhin gehen die mit dem Zug reisenden Jäger zum Gegenangriff über. Den strategisch wichtigen Bahnhof Schmalzgrube patrouliert derweil das Thüringer Infanterieregiment. Ein 70-Millimeter-Geschütz wird hier permanent nachgeladen und abgefeuert.

Verwundete oder gar tote Kämpfer gab es an diesem Tag natürlich nicht, schließlich handelte es sich lediglich um eine Manöverübung von Militärhistorikern aus Sachsen, Thüringen und Berlin, die den anwesenden Schaulustigen und Fotografen etwas boten, was vorher noch nie jemand rund um die Preßnitztalbahn erlebte.

Militärs warten mit ihrer Kanone auf den Zug. Foto: Karl Wolf

Wenig später erreicht der Militärtransportzug Steinbach, wo sogleich ein Flachwagen samt Kanone in den Zug eingereiht wird. Die Kämpfer steigen ein, sodass die Verlagerung der Truppe in Kürze starten kann.

Mit Volldampft verlässt der Militärzug den Bahnhof Steinbach. Fotos: Karl Wolf

Österreichische Kämpfer erwarten den Militärzug bereits an der Haltestelle Forellenhof und eröffnen nach der Ankunft sogleich das Feuer.

Nachdem die Kampfhandlungen mit den Österreichern beendet sind, fährt der Militärzug weiter nach Schmalzgrube.

Hier finden umfangreiche Rangiermanöver statt.
Fotos: Th. Böttger

„Wasser auffüllen“ – so erklingt das Kommando in Schmalzgrube. Danach kann die Fahrt fortgesetzt werden. Fotos: Thomas Böttger

4.44 25 Jahre Museumsbahn und 125 Jahre Preßnitztalbahn – Das Doppeljubiläum

(von Thomas Böttger)

1. Juni 2017: Erstmals seit 1967, als Eisenbahner, Anwohner und Freunde der Preßnitztalbahn das 75-jährige Bestehen der Preßnitztalbahn feierten, sollte es 2017 ein richtig großes Streckenjubiläum geben – und diesmal gleich doppelt. Immerhin vergingen 50 Jahre, bis sich wieder so ein freudiges Ereignis einstellen sollte. Nun, eine kleine Jubiläumsfeier konnte auch 1982 anlässlich „90 Jahre Wolkenstein - Jöhstadt" arrangiert werden, wenn auch unter widrigen Umständen (siehe Seite 85). Weil zu Pfingsten 1992 die Geburtsstunde der Museumsbahn schlug, als die Strecke 100 Jahre bestand, werden auch zukünftig diese beiden Jubiläen zusammenfallen.

Der Bahnhof Jöhstadt in Panoramaansicht am 03.06.2017. Links 99 1568-7, in der Mitte 99 1590-1 mit Jubiläumsbeschriftung. Rechts die als 99 699 beschriftete 99 1715-4.

Ein Blick auf das Jöhstädter Festgelände am 03.06.2017. Neben den oben genannten Loks ist auch 99 4511-4 „Meppel" in Bildmitte mit von der Partie. Fotos: Thomas Böttger

Am 1. Juni gegen 18:10 Uhr begann in der Ausstellungs- und Fahrzeughalle Schlössel die offizielle Festveranstaltung mit einer Festrede des Vereinsvorsitzenden Mario Böhme. Anwesend waren auch der Präsident des Sächsischen Landtages, Dr. Matthias Rößler, die Landtagsabgeordneten Steve Ittershagen und Ronny Wähner, der Landrat des Erzgebirgskreises Frank Vogel sowie zahlreiche Bürgermeister sowie Stadt- und Gemeinderäte. Auch Unternehmer, Geschäftspartner, Unterstützer sowie Freunde der Preßnitztalbahn waren vor Ort. Zuvor hatten die Infanteristen des Königlich Sächsischen Jäger-Bataillons in Steinbach ein weiß-grünes Band zerschnitten und es folgte die Abfahrt des I K-Zuges mit rund

Am Festwochenende fuhr die „Schein"- 99 699 tendervoran in Richtung Jöhstadt, hier vor dem Hp Stolln.

Noch ein Motiv vom Lbf Jöhstadt mit allen eingesetzten Maschinen aus der DR-Zeit.
Fotos: Th. Bölttger

Wegen der starken Streckenbelegung fuhr der I K-Zug nur zwischen Steinbach und Schlössel.
Hier bei Einfahrt in Schlössel am 03.06.2017.

Nach Umsetzen der Lok wurde der I K-Zug auf Gleis 2 umgesetzt um Gleis 1 für den Zug aus Jöhstadt freizuhalten. Auch der Zugbegleiter trug dazu die passende Uniform.

Neben dem Panoramablick für die Fahrgäste aus dem Bänkelwagen 1531K konnte auch der Schaffner als Trittbrettfahrer die Landschaft genießen.
Fotos: Katrin Böttger

80 Gästen in Richtung Jöhstadt. Weitere zwei Züge, bespannt mit 99 1568-7 und 99 1715-4, für die Festteilnehmer folgten. Die drei Jöhstädter IV K´s 99 1542-2, 99 1568-7 und 99 1590-1 waren an den Wasserkästen zuvor schon mit Folien zum Jubiläum beklebt worden. Auch die 99 1715-4 trug am 1. Juni noch dieses Jubiläumsgewand, aber am Pfingstwochenende hatte man etwas anderes mit ihr vor. In Erinnerung an den Heizlokeinsatz der 99 699 vom 02.07.1969 bis 08.08.1969 im ehemaligen Möbelwerk Jöhstadt wurde sie entsprechend umnummeriert und gedreht. Während die richtige 99 699 damals kalt nach Jöhstadt geschleppt wurde, zog nun die (Schein-) 99 699 „verkehrt herum" einige Museumszüge durch das Tal. Insgesamt waren sechs Lokomotiven unter Dampf zu erleben. Das Besondere daran war, dass die IV K- und VI K-bespannten Züge von Steinbach bis Jöhstadt durchliefen. Der I K-Zug, dessen Fahrkarten für das gesamte Pfingstfest ausverkauft waren, pendelte zwischen Steinbach und Schlössel. Die Weiterförderung der Fahrgäste nach Jöhstadt übernahm ein Transferzug, gezogen von 99 4511-4, dem „Meppel". Das bedingte in Schlössel umfangreiche Rangiermanöver, wodurch sich ungewöhnliche Fotomotive ergaben. Leider war dem Landesamt für Straßenbau und Verkehr dieses große Jubiläum völlig egal. So blieb die S 265 zwischen Steinbach und Schmalzgrube über mehr als 15 Monate gesperrt, um einen 127 m langen Stützmauerabschnitt an der Preßnitz zu sanieren und die Tiefenbachbrücke zu ertüchtigen. Den motorisierten Eisenbahnfreunden und Touristen mutete man einen über 20 km langen Umweg zu. Insider fanden ihre „Umleitung" über einen Forstweg, so verschwanden hinter dem BÜ Grumbacher Straße ab und zu mehrere Autos im Wald. Zum Vergleich: Obwohl wegen des harten Winters 1891/92 der Bau der Preßnitztalbahn unterbrochen wurde, benötigte man genau 15 Monate, um die 23 km lange Gesamtstrecke mit all ihren Kunstbauten fertig zu stellen. Von den anwesenden Festrednern aus der Kommunalpolitik wollte jedoch niemand darüber sprechen, warum in unserer heutigen modernen Welt alles wesentlich länger dauert...

Passend zum großen Doppeljubiläum gab es das gesamte Wochenende strahlenden Sonnenschein. Hier war 99 1542-2 soeben in Schlössel eingefahren. Foto: Katrin Böttger

Im Bahnhof Schlössel kam es zur Begegnung des I K-Zuges mit den Fahrzeugen der Reichsbahnzeit.

Besonders viel Mühe hat man sich mit der Beschriftung der Lokomotiven zum Doppeljubiläum gemacht. Hier ist die Beschriftung von 99 1590-1 besonders gut zu erkennen.

Vor der Grumbacher Brücke konnte dieses Motiv mit 99 1590-1 und Moskwitsch 2140 eingefangen werden.
Fotos: Th. Böttger

4.45 Ein Diesellokwochenende im Jubiläumsjahr

(Text und Fotos von Ladislav Fric)

09.07.2017: Was in den ersten Jahren der Museumsbahn alltäglich war, ist heutzutage schon eine kleine Besonderheit: Eine Diesellok vor dem Museumszug.
Im Jubiläumsjahr der IG Preßnitztalbahn findet Anfang Juli ein Dieselzug-Wochenende statt. Für mich die Möglichkeit, einmal wieder Fotos mit einer V10C-Maschine vor den Personenwagen anzufertigen. Im Einsatz ist die blaue 199 008-4 der PRESS, ein echter Hingucker, sodass an diesem Tag viele schöne Fotos entstehen.

In Steinbach steht der nach Jöhstadt fahrende Zug zur Abfahrt bereit.

Auch ein diesellokbespannter Schmalspurzug kann ein Hingucker sein. Hier sehen wir den Zug auf der Fahrt nach Schmalzgrube.

Nach dem Halt in Schmalzgrube wird die „Fotokurve“ passiert.

Auf der Fahrt zum Endpunkt Jöhstadt verlässt der Personenzug den Bahnhof Schlössel.

Nach einem kurzen Aufenthalt im Bahnhof Jöhstadt fährt die 199 008 mit ihrem Zug wieder nach Steinbach und wird dabei kurz vor Schmalzgrube von Ladislav Fric fotografiert.

4.46 Silvia´s Bahnhäus´l

(von Stefan Müller)

Juli 2017: Der Bahnhof von Großrückerswalde erstreckte sich in der Ära der „Alten Preßnitztalbahn“ von Kilometer 5,9 bis Kilometer 6,5 WJ. In seiner Hauptausdehnung verfügte der Bahnhof über zwei Haupt- und ein Nebengleis sowie fünf Weichen. Empfangsgebäude, Freiabort und zwei Güterwagen vervollständigten das Bahnhofsensemble. Bedeutung besaß die Station sowohl für den Personen- als auch für den Güterverkehr, wobei v. a. große Mengen Holz transportiert wurden. Eine besondere Begebenheit spielte sich zur Einstellung des Personenverkehrs am 30. September 1984 auf dem Bahnhof ab: Die Feuerwehrkapelle Streckewalde, die vom Seniorentanz in Mauersberg zurückkehrte, spielte spontan einige Lieder zum Abschied von der Bahn, unter anderem „´s is Feierobnd“. Gut zwei Jahre fuhren noch Güterzüge durch Großrückerswalde, zuletzt am 21. November 1986. Im Folgejahr lief der Streckenabbau auf Hochtouren, doch die beiden im Abbauzug eingesetzten Reisezugwagen blieben im Bahnhof zurück. Die Einrichtung einer „Traditionsstätte Bahnhof Großrückerswalde“ kam nicht zustande, sodass heutzutage kaum noch etwas an den Bahnhof erinnern würde, gäbe es nicht „Silvia´s Bahnhäus´l“. Gutes Essen lockt zur Einkehr in das historische Empfangsgebäude.

Sylvia´s Bahnhäus´l in Großrückerswalde. Foto oben: Thomas Böttger Foto unten: Stefan Müller

4.47 IV K 145 und der Sachsenzug

(Text und Fotos von Johannes Mühle)

30.09.2017: Heute ist ein ganz besonderer Gast im Preßnitztal unterwegs: Die IV K 145 des Interessenverbandes der Zittauer Schmalspurbahnen. Und auch die Wagen können sich sehen lassen, denn es handelt es sich um den erst wenige Monate alten Sachsenzug. Doch zurück zur Lokomotive: Die IV K 145 hat einen interessanten und zugleich ungewöhnlichen Lebenslauf. 1908 von der Sächsischen Maschinenbaufabrik vormals Richard Hartmann unter der Fabriknummer 3208 gebaut, kam sie als IV K 145 der Königlich Sächsischen Staatseisenbahnen zum Einsatz. Bei der Deutschen Reichsbahn bekam sie die Nummer 99 555. 1962 erhielt sie im Rahmen einer Rekonstruktion einen Neubaukessel. Doch schon elf Jahre später endete ihre Einsatzzeit, denn am 27. Dezember 1973 wurde sie in Mügeln „z"-gestellt. Im Gegensatz zu vielen anderen Dampfloks erfolgte ihre Verschrottung nicht, sondern sie kam im Mai 1977 ins thüringische Söllmnitz, um als Denkmallok an die einstige 1000 mm-Schmalspurbahn von Gera nach Wuitz-Mumsdorf zu erinnern. Dort erhielt sie wenig Pflege, sodass sich ihr Zustand immer mehr verschlechterte. Dieser Prozess konnte erst am 23. August 2002 gestoppt werden, als der Interessenverband der Zittauer Schmalspurbahnen die Maschine erwarb und anschließend nach Bertsdorf überführte. 6 Jahre später begann am 26. Mai 2008 die betriebsfähige Wiederaufarbeitung der Lok, welche im Folgejahr abgeschlossen werden konnte. Und so fährt die IV K 145 seit ihrer feierlichen Wiederinbetriebnahme am 31.07.2009 wieder im Zittauer Gebirge und bei Gasteinsätzen auch auf anderen Schmalspurstrecken in Sachsen.

IV K 145 ist mit dem Sachsenzug am 30. September 2017 zwischen Forellenhof und dem Bahnhof Schmalzgrube unterwegs.

Am Abend des 30. September ist die IV K 145 letztmals mit dem Sachsenzug auf dem Weg von Steinbach nach Jöhstadt. Die letzten Sonnenstrahlen des Tages sorgen für eine romantische Atmosphäre.

4.48 Zwei VI K im Preßnitztal

(Text und Fotos von Johannes Mühle)

15. April 2018: Beide in Sachsen noch erhaltenen VI K-Lokomotiven gemeinsam im Einsatz zu erleben, ist ein seltenes Spektakel. Heute besteht diese Möglichkeit, denn zwischen Jöhstadt und Steinbach sind 99 1713-9 und 99 1715-4 im Einsatz. Dabei gibt es ganz unterschiedliche Zugkompositionen zu bestaunen. Teilweise verkehrt nur ein Zug, dafür mit Vorspannmaschine. Dann sind zwei Züge auf der Strecke unterwegs und es können Zugkreuzungen beobachtet werden. Besonders fotogen sind die Güterzüge.
Zu den Lokomotiven: 99 1713-9 wird von der SDG normalerweise auf der Lößnitzgrundbahn eingesetzt und trägt dabei die Nummer 99 713. Auch auf der Weißeritztalbahn ist sie bei besonderen Anlässen zu sehen. Im Preßnitztal ist sie ein seltener Gast, ganz im Gegensatz zur 99 1715-4, die in Jöhstadt stationiert ist und deshalb häufiger die Züge auf der Museumsbahn bespannt.

Während 99 1715-9 noch im Bahnhof Jöhstadt für ihre Einsätze vorbereitet wird, ist 99 1713-9 schon auf dem Weg von Steinbach nach Jöhstadt, hier zu sehen vor dem Bahnhof Schmalzgrube.

Beide VI K-Maschinen haben inzwischen den Bahnhof Schmalzgrube erreicht. Zunächst verlässt 99 1713-9 mit ihrem Personenzug den Bahnhof. Wenig später setzt sich auch 99 1715-4 mit ihrem Güterzug in Bewegung.

Die Zugkreuzung in Schlössel beobachtet Johannes Mühle.

99 1715-4 wird mit ihrem Güterzug wenig später bei Schmalzgrube abgelichtet.

Mit Vorspann von Steinbach nach Jöhstadt! Beide VI K gemeinsam an einem Zug – ein wahres Highlight für Fotofreunde.

4.49 50 Jahre Lehmann Gartenbahn (LGB)

(Text und Fotos von Thomas Böttger)

Pfingsten 2018: Traditionell wird das Pfingstfest bei der Preßnitztalbahn groß gefeiert, begann doch im „Jahr 1“ der Museumsbahn mit einigen Metern Gleis zu Pfingsten 1992 in Jöhstadt das zweite Leben dieser Schmalspurbahn. Damals hätte wohl keiner gedacht, dass die Weltfirma Märklin das Jubiläum „50 Jahre Lehmann Gartenbahn“ (LGB) 26 Jahre später hier vom 19. bis 21.05.2018 feiern wird. Speziell für dieses Event wurden Sondermodelle der IV K 99 1568-7 in limitierter Auflage herausgebracht. Diese Lok im Maßstab 1:22,5 der Epoche IV war nicht im Handel erhältlich, sondern konnte nur bei einer Auktion im Internet ersteigert werden. Die fünf höchsten Gebote bekamen ihr Sondermodell und den Erlös stellte Märklin der IG Preßnitztalbahn zur Verfügung.

Da die Veranstaltung unter dem Motto „Zu Pfingsten gibt´s viel doppelt“ stand, hatten die Veranstalter neben den in Jöhstadt stationierten IV K und 99 1715-4 auch die RüBB-Maschinen 99 4632 und 99 4652 als Gastloks ausgewählt. Die beiden letzteren zogen sogar erstmals Personenwagen ihrer Stammstrecke durch das Preßnitz- und Schwarzwassertal. Damit sich Vorbild und Modell auch begegnen konnten, stand auf einem Podest neben der Fahrzeughalle Schlössel immer die LGB-Ausgabe der vorbeidampfenden Lok.

Auch im Außengelände der Fahrzeughalle Schlössel gab es einige Modellbahnanlagen im Gartenbahnmaßstab zu sehen, hier mit verschiedenen Fahrzeugkombinationen.

Natürlich durfte auch der Bahnhof Jöhstadt im Modell nicht fehlen. Ein kleiner Vorgriff darauf, wenn in ein paar Jahren wieder Züge vor dem Empfangsgebäude halten.

Der Lokschuppen Jöhstadt mit einer Szene vom großen Doppeljubiläum 2017. Nur die Wagen passen nicht so richtig zur I K Nr. 54.

Hier ist das Modell der 99 1568-7 der Sonderedition im Maßstab 1:22,5 zu sehen.

Bei der Vorbeifahrt der Museumszüge war ein Vergleich von Vorbild und Modell möglich. Auf diesem Foto ist „zweimal" die 99 4652 zu sehen.

Hier treffen die 99 1715-4 und das LGB-Modell der 99 653 aufeinander. Einige Unterschiede an beiden Loks wird der aufmerksame Betrachter erkennen.

Da in einer Taktfolge von 45 Minuten gefahren wurde, waren sechs Lokomotiven im Einsatz zu erleben. Zusätzlich zu den Zügen der Museumsbahn verkehrten auch kostenlose Pendelzüge zwischen Jöhstadt und der Ausstellungs- und Fahrzeughalle Schlössel. Dadurch konnte ein absolutes Parkchaos vermieden werden, weil auch das Außengelände um die Halle in den Mittelpunkt des Festes einbezogen wurde. So waren hier mehrere liebevoll gestaltete Gartenbahnanlagen zu bewundern. Im Inneren der Fahrzeughalle stand das Modell des Bahnhofes Jöhstadt nebst Lokschuppen zweifelsohne in der besonderen Publikumsgunst und war ständig dicht umlagert.

Da auch das Wetter mitspielte, lockte diese Veranstaltung allein am Pfingstsonntag über 2.000 Fahrgäste in die historischen Züge der Preßnitztalbahn. Die „Ausflugslinie Preßnitztal“ bot historischen Schienenersatzverkehr mit einem IFA H6B zwischen Wolkenstein und Steinbach.

Erstmals war 99 4632 von der Rügenschen Bäder-Bahn mit „Gastwagen“ in Jöhstadt zu sehen.

Kräftig legt sich das Personal ins Zeug, um die Maschine per Schaufel mit Kohle zu versorgen.

4.50 Ausflug anlässlich des 50. Geburtstages von LGB ins Preßnitztal

(Text und Fotos von Sebastian Fischer)

Pfingsten 2018: Es sollte ein schöner und erlebnisreicher Tag werden, als ich mich gemeinsam mit meinem Vater auf den Weg ins Preßnitztal machte. Den ersten Teil der Reise mussten wir mit dem Auto absolvieren. Wir kamen so in Wolkenstein an, dass wir nicht lange auf den historischen Schienenersatzverkehr warten mussten. Dieser wurde mit einem IFA H6 Bus und einem Skoda 9Tr gefahren. Als wir eintrafen, fuhr gerade der H6 Bus weg. Das war schon eine schöne Einstimmung auf die folgenden Ereignisse. Wir starteten dann pünktlich um 9:33 Uhr in Wolkenstein und kamen genauso pünktlich in Steinbach an. Dort schauten wir zunächst an den Souvenirständen vorbei. Auch verschiedene Eisenbahnvereine präsentierten sich hier. Am Bahnsteig stand bereits unser Dampfzug nach Jöhstadt. Wir stiegen in den Speisewagen ein und stärkten uns mit einem schönen und leckeren „Eisenbahnerfrühstück". Der Zug wurde mit der 99 590 bespannt, welcher pünktlich 10:45 Uhr zur Fahrt nach Jöhstadt startete. Wir fuhren bei fantastischem Wetter durch das wunderschöne Preßnitz- und Schwarzwassertal. In Schmalzgrube fand in alter sächsischer Tradition das Kreuzen mit dem Zug aus Jöhstadt statt. Unser Zug gab nach der Ankunft im Bahnhof drei Pfiffe ab: „Lang, kurz, lang." Das bedeutet, dass der Fahrweg bzw. die Fahrstraße gesichert und damit die Einfahrt des Gegenzuges in den Bahnhof frei ist. Dies quittierte der vor der Einfahrt an einer Trapeztafel wartende Dampfzug mit einem Pfiff.

Nach der Zugkreuzung ging es mit typischem Läuten, bei den Einheimischen „bimmeln" genannt, weiter bis zum Bahnhof Schlössel. Dort fand erneut eine Zugkreuzung statt. Weiter führte uns die Reise zum Haltepunkt Fahrzeughalle, wo wir den Dampfzug verließen. Die Fahrzeughalle dient sowohl zur sicheren und wettergeschützten Abstellung der wertvollen, historischen Fahrzeuge als auch zu deren Wartung.

Bereits außerhalb der Fahrzeughalle gab es viele verschiedene LGB-Anlagen zu sehen. Einige Händler waren vor Ort, um Fahrzeuge oder Ersatzteile an den Mann oder die Frau zu bringen. Natürlich haben wir auch die Chance genutzt, um für unsere Gartenbahn das eine oder andere Mitbringsel zu erwerben. Nach dem ausführlichen Rundgang durch das Außengelände besuchten wir nun die Ausstellung im Inneren der Fahrzeughalle. Mehrere kleine Gartenbahn-Anlagen luden die kleinen Gäste zum Spielen ein. Außerdem war eine große Vitrine mit den neuen und aktuellen Produkten des Herstellers LGB zu bestaunen. Dort waren unter anderem mehrere Varianten der IV K sowie Nachbildungen der VI K und I K mit passenden Wagen ausgestellt. Viele weitere sehr schöne Gartenbahn-Anlagen sowie Original-Fahrzeuge der Preßnitztalbahn schauten wir uns an. Auch einige Kleinserien-Hersteller hatten ihre Modelle ausgestellt, die vom Original kaum zu unterscheiden waren. Zu meiner großen Freude traf ich an einer Anlage einen guten Freund, mit dem ich drei Jahre lang den Beruf des Lokführers erlernt hatte. Das Highlight folgte kurz darauf: Am Stand der Verlagsgruppe Bahn begegnete ich dem allseits bekannten und beliebten ehemaligen Moderator der SWR-Sendung Eisenbahn-Romantik: Hagen von Ortloff. Nach einem kurzen und sehr informativen Gespräch mit

Andreas und Sebastian Fischer an der Seite von Hagen von Ortloff.

ihm gab es natürlich ein gemeinsames Erinnerungsbild und auch eine Autogrammkarte. Nach diesem tollen Erlebnis verließ ich die Halle, um wieder ins Freigelände zu gelangen. Dort konnte man Original- und Modell-Lokomotiven perfekt nebeneinander beobachten, sobald das Original an der Fahrzeughalle vorbeigeschnauft kam.

Mit dem nächsten Dampfzug fuhren wir weiter zum Endpunkt der Preßnitztalbahn nach Jöhstadt. Pünktlich kam der von 99 568 bespannte kurze Pendelzug angedampft, welcher nur zwischen Schlössel und Jöhstadt verkehrte. Nach wenigen Augenblicken waren wir auch schon in Jöhstadt angekommen. Wir beobachteten gespannt die Rangiervorgänge. Unsere Zuglok fuhr nach getaner Arbeit erst einmal zum Lokschuppen, um dort Wasser zu nehmen. Nun kam die VI K 99 715 an den Zug gedampft. Es war sehr schön und beeindruckend zu gleich, viele verschiedene Lokomotiven und Wagen erleben zu dürfen.

Nach einer Stärkung besichtigten wir das Bahnhofsgelände und waren vom sehr guten Zustand der Gebäude, Fahrzeuge als auch der Gleise und Weichen angetan. Als nächster Zug kam der „Rügenzug“, diesen aus vier Wagen gebildeten Zug zogen abwechselnd zwei „RüBB-Lokomotiven“, welche extra für dieses Wochenende von der Ostseeinsel hierher überführt wurden. Als Zuglok des „Rügenzuges“ kam die Heeresfeldbahnlok mit Reichsbahn-Betriebsnummer 99 4652 in den Bahnhof eingefahren. Diese fuhr nun zum Lokschuppen. Dafür setzte sich die zweite Lok aus Rügen, die 99 4632, vor den Zug. In der Zwischenzeit ergatterten wir zwei Plätze im Aussichtswagen, was angesichts der Anzahl an Fahrgästen gar nicht so leicht war. Nach der obligatorischen Bremsprobe und des Aushändigens der Wagenliste und des Bremszettels ging die Fahrt pünktlich um 13:05 Uhr los. In Schlössel und Schmalzgrube kreuzten wir mit den anderen beiden Zügen, es gab also viel zu fotografieren. In Schlössel kam uns 99 715 und in Schmalzgrube 99 590 entgegen.

In Steinbach angekommen, beobachteten wir das Umsetzen sowie das Wassernehmen unserer Zuglokomotive, denn es war noch genügend Zeit, bis unser historischer SEV nach Wolkenstein abfuhr. Auf dem Bahnhofsgelände schauten wir uns um und entdeckten so

99 4632 steht am Wasserhäuschen in Steinbach und wird gleich mit frischem Wasser versorgt, bevor sie den nächsten Zug nach Jöhstadt bespannt.

Während im Bahnhof Steinbach die 99 4632 umsetzt, warten am Bahnhofsvorplatz die historischen Busse auf Fahrgäste nach Wolkenstein.

manches Highlight. An einem Stand eines Hobbybastlers standen verschiedene Lokomotiven der Regelspur im Gartenbahn-Maßstab 1:22,5. Darunter war die im Original nicht gebaute 3. Kriegslokbaureihe aus dem Zweiten Weltkrieg, die 53. Das Modell war sehr detailliert und eine imposante Erscheinung. Auch an den anderen Ständen und im Güterschuppen gab es einiges zu entdecken.

Als wir später zur SEV-Haltestelle liefen, kamen zu unserer großen Freude nun alle drei Busse angefahren: der IFA H6, der Skoda 9Tr mit Hänger und ein Robur Lo. Wir entschieden uns für den H6 Bus, um zurück nach Wolkenstein zu gelangen. Auf der Heimfahrt zogen wir unser Fazit: Es war eine wunderbare Veranstaltung, die uns noch lange in guter Erinnerung bleiben wird!

Modell- und Original-IV K an der Fahrzeughalle.

4.51 Schritt für Schritt zum Bahnhof Jöhstadt

(von Jörg Müller)

Ein langer Weg liegt hinter den Mitgliedern der IG Preßnitztalbahn. Doch nun ist das Empfangsgebäude in Jöhstadt wieder mit der Preßnitztalbahn verbunden. Von 1892 bis 1984 war der Bahnhof Jöhstadt bekanntlich der Endpunkt im Personenverkehr. Das weiter in Richtung Staatsgrenze führende Gleis diente immer nur dem Güterverkehr. Obwohl die „Geburtsstunde" der Museumsbahn im Jahre 1992 in Jöhstadt begangen wurde, fehlte der Gebirgsstadt im Museumsbahnzeitalter bisher ein richtiger Bahnhof, denn auf dem historischen Gelände entstand nach der Streckenstilllegung ein Wohnblock samt Wäscheplatz, der dafür sorgte, dass das Empfangsgebäude vorerst nicht an die Museumsbahn angebunden werden konnte und ein Behelfsbahnsteig für die Museumsbahn in Höhe des Lokschuppen zu errichten war.

Doch nun ist es endlich vorbei mit diesem Provisorium, was neben den Aktiven der IGP vor allem den vielen hunderten Spendern zu verdanken ist, die sich zunächst an der 2009 gestarteten Aktion „Wir zählen die Tage" und später auch an der Aktion „Neuer Bahnhof Jöhstadt" beteiligt haben. Bei der erstgenannten Spendenaktion waren die Spendenzertifikate mit jährlich wechselnden historischen Motiven des Jöhstädter Bahnhofs verziert, sodass eine „Sammelleidenschaft für den guten Zweck" entstand. Die zweite Spendenaktion war hingegen in die Teilabschnitte „Erste neue Weichen" und „Auf nach Süden" unterteilt, sodass es auch

Am 3. Januar 1984 hat soeben die 99 1606-5 mit ihrem Personenzug den Endbahnhof erreicht. Foto: Wolfgang Nitzsche

hier wiederum verschiedene Spendenzertifikate gab. Für unsere eisenbahnbegeisterte Familie war natürlich klar, dass wir ebenfalls einen Beitrag zum Wiederaufbau des Bahnhofs leisten. Und ab und zu schauten wir auch persönlich vorbei, wie weit die Arbeiten vorangeschritten waren.

Nachdem die Spendenaktion „Wir zählen die Tage" einen erheblichen Spendenbetrag erbracht hatte, konnte der Verein die Planungen für die ersten Arbeiten zur Wiederherstellung des Bahnhofs Jöhstadt angehen. Nach ersten Vorarbeiten, die für die spätere Gleisverlegung notwendig waren, sowie dem Eingang von erheblichen Spenden für die Aktion „Erste neue Weichen" begann die sichtbare Wiederherstellung des Bahnhofsareals. Neu verlegte Gleise

Sammlung: Jörg Müller

SPENDENZERTIFIKAT
IG Preßnitztalbahn e.V.

NEUER BAHNHOF
Jöhstadt

SPENDENAKTION
ERSTE NEUE WEICHEN

Zur Unterstützung der Spendenaktion „Erste neue Weichen" hat

Jörg u. Ines Müller

einen Betrag von 20,- Euro der IG Preßnitztalbahn e.V. gespendet.

Mario Böhme
Vorsitzender

Jöhstadt,
den 24.12.14

Jörg Müller
Schatzmeister

Zertifikat Nr.: 157

Interessengemeinschaft Preßnitztalbahn e.V. • Am Bahnhof 78 • 09477 Jöhstadt
Unser Spendenkonto: IBAN: DE13 8704 0000 0412 2677 00 • BIC: COBADEFFXXX bei der Commerzbank Chemnitz

SPENDENZERTIFIKAT
IG Preßnitztalbahn e.V.

NEUER BAHNHOF
Jöhstadt

SPENDENAKTION
AUF NACH SÜDEN

Zur Unterstützung der Spendenaktion „Auf nach Süden" hat

Jörg & Ines Müller

einen Betrag von 20,- Euro der IG Preßnitztalbahn e.V. gespendet.

Mario Böhme
Vorsitzender

Jöhstadt,
den 29.11.16

Jörg Müller
Schatzmeister

Zertifikat Nr.: 219

Interessengemeinschaft Preßnitztalbahn e.V. • Am Bahnhof 78 • 09477 Jöhstadt
Unser Spendenkonto: IBAN: DE13 8704 0000 0412 2677 00 • BIC: COBADEFFXXX bei der Commerzbank Chemnitz

Sammlung: Jörg Müller

und Weichen auf Höhe des Wohnblockes sorgten dafür, dass seit Mai 2015 Lokomotiven über eine Gleisverbindung umsetzen können, ohne das aufwendige Rangierarbeiten durchgeführt werden müssen. Damit entfällt auch der Einsatz einer zweiten Lok, die bis dahin das Rangieren übernehmen musste.

„Auf nach Süden" hieß der zweite Abschnitt zum Projekt „Neuer Bahnhof Jöhstadt".

Mit Hilfe von Spendengeldern in Höhe von gut 120.000 Euro wurde 2018 die südliche Eintahrt in den Bahnhof aus Richtung Landesgrenze realisiert.

Rund 200 Meter Gleis in Richtung Landesgrenze waren neben der Einfahrweiche zu verlegen. Hinzu kamen Arbeiten zur Wiederherstellung des Bahnübergangs der Straße zum Jöhstädter Ortsgebiet am Dürrenberg, welche im Juli abgeschlossen waren. Damit entstand ein „Brückenkopf" auf der südlichen Bahnhofsseite und es fehlte „nur" noch die Verbindung zwischen Südseite und dem bisherigen Ende der Museumsbahn. Doch bis zur Einweihung dieses Abschnittes wird es noch dauern, schließlich müssen erst Ersatzparkplätze geschaffen werden.

Der alte Bahnhof Jöhstadt am 10.05.2008. Inzwischen sind hier die Gleisanlagen weiter gewachsen. Das Problem ist die Beschaffung einer Ersatzparkfläche. Foto: Thomas Böttger

Seit der Errichtung der vor dem Wohnblock verlegten Gleise werden hier nicht benötigte Wagen abgestellt. Zudem können die Zuglokomotiven ohne größeren Aufwand umgesetzt werden.
Foto: Stefan Müller

Noch steht der Wohnblock in Jöhstadt. Dieses „Markenzeichen“ der ersten Jahrzehnte der Museumsbahnepoche wird in einigen Jahren der Vergangenheit angehören.
Foto: Stefan Müller

Ostern 2019 war die südliche Bahnhofseinfahrt bereits fertiggestellt.

Allerdings fehlten weiterhin die Gleise vor dem Empfangsgebäude.
Fotos: Karl Wolf

4.52 Mit Inselbetrieb gen Süden – Wiederaufbau Bahnhof Jöhstadt

(von Thomas Böttger)

Während der Bahnhof Steinbach im Jahr 2000 nahezu original wieder aufgebaut werden konnte, gibt es in Jöhstadt seit Beginn des Museumsbetriebes ein Dauerprovisorium. Die Züge beginnen und enden nicht mehr, wie bis 1984 üblich, vor dem Empfangsgebäude, sondern in Höhe des Lokschuppens. Schuld daran ist hauptsächlich ein Wohnblock, welcher 1988 auf dem Bahnhofsareal errichtet worden ist. Von 1993 bis Mai 2015 geschah hier das Umsetzen der Lok mit aufwendigen Rangierarbeiten, wozu stets ein zweites Triebfahrzeug notwendig war. Erst der Einbau einer neuen Gleisverbindung brachte hier eine grundlegende Verbesserung. Auch „wuchsen" die Schienen weiter bis in Höhe des Plattenbaues, welcher nie so recht in das Bild einer Museumsbahn passen wollte. Aber das große Ziel, welches es noch zu realisieren gilt, heißt „Neuer Bahnhof Jöhstadt". Zumindest gibt es schon rund 200 Meter Gleis nebst Weiche als südlicher „Brückenkopf".

Wegen der im Juli 2018 noch vorhandenen Gleislücke gab es hier einen Inselbetrieb mit V10C 199 008 und zwei blau lackierten Schotterwagen zwischen km 23,060 und 23,260. Dieser war notwendig für den Aufbau dieser südlichen Bahnhofsausfahrt zwischen BÜ Dürrenbergstraße und einer noch als Fragment erhaltenen Brücke über das Schwarzwasser. Auf diesem Abschnitt sollen zukünftig wieder Rangierfahrten zum Umsetzen, so wie früher üblich, stattfinden. Das kuriose dabei, die Preßnitztalbahn ist durch die Stilllegung des Abschnittes Wolkenstein - Steinbach selbst ein vom Netz getrennter Betrieb. Also war dies eine Insel an der Inselstrecke? Zu bemerken wäre noch, dass die PRESS auch noch eine richtige „Inselbahn" betreibt. Nämlich die schmalspurige Bäderbahn Putbus - Göhren auf Rügen. Diese fährt auf einer Insel, hat aber einen physischen Anschluss zur Normalspur, ist also doch keine Inselbahn. So schwierig ist eben manchmal die deutsche Sprache.

Doch zurück nach Jöhstadt, dies war die erste Zugfahrt an der Südeinfahrt seit dem 13. Januar 1984, jenem denkwürdigen „Freitag, dem 13." an dem das traurige Ende (siehe Seite 112) Realität wurde. Über zwei mobile Laderampen konnten die Schienenfahrzeuge auf das Spezialfahrzeug der PRESS gelangen und damit den gleislosen Bereich des Bahnhofes überwinden. Dabei handelt es sich um eine Art „Culemeyer" mit fest installierten Spurweiten und Volvo-Zugmaschine. Zuvor waren die etwa 14 m langen Schienen bei einem Arbeitseinsatz auf die bereits ausgelegten Schwellen montiert worden. Dies geschah in körperlich schwerer Handarbeit, wie sie bereits die Erbauer der Preßnitztalbahn zu leisten hatten. Sechs der anwesenden Mitstreiter hatten bereits Erfahrungen im April 1992 beim Wiederaufbau der nördlichen Bahnhofseinfahrt sammeln können. Immerhin 26 Jahre sollten vergehen, bis an der Ergänzung der Jöhstädter Gleisanlagen gearbeitet werden konnte.

Neben dem Abriss des Wohnblockes muss auch noch die Frage der Ersatzparkflächen geklärt werden. Denn für eine Fahrt mit der Museumsbahn wird auch weiterhin das Auto die wichtigste Zubringerfunktion erfüllen müssen.

Kurz vor diesem Brückenfragment über das Schwarzwasser in Jöhstadt endet das Gleis der Museumsbahn. Auf dem Foto ist eine Szene vom Arbeitseinsatz am 22.07.2018 zu sehen.

Auch der Bahnübergang über die Dürrenbergstraße ist seit über 30 Jahren wieder befahrbar.

Am 27.07.2018 befuhr 199 008 mit zwei Schotterwagen den neuen Gleisabschnitt an der südlichen Bahnhofseinfahrt von Jöhstadt.
Fotos: Thomas Poth

4.53 Museumsbahn im „Museumswinter“
(von Thomas Böttger)

Januar 2019: Während in heutigen Tagen Kälte und Schneefall in den typischen Wintermonaten Dezember, Januar und Februar schon als „Unwetter“ bezeichnet werden, war das vor 40 … 50 Jahren noch völlig normal. Der Straßenverkehr hielt sich in Grenzen, deshalb war auch von querstehenden Lkw oder „Schneechaos“ nichts zu spüren. Besonders im oberen Erzgebirge waren die Menschen darauf eingestellt und nahmen es gelassen. Der typische Erzgebirger hatte seine Bretteln im Vorhäusel stehen und die Bauern holten die Pferdeschlitten aus der Scheune.

Ja, so richtige Winter habe ich früher auch beim Skiurlaub im Betriebsferienheim „Heilbrunnen“ erlebt. Nicht selten kam es vor, dass die Verbindungsstraße Jöhstadt - Grumbach wegen Schneeverwehung aufgegeben werden musste. Da diese in Richtung Jugendherberge „Raummühle“ etwas abfällt, haben wir dann die Fahrbahn als Schlittenpiste genutzt. Wenn gar nichts mehr ging, musste eben der Heimleiter mit Schneeschuhen und Rucksack einkaufen gehen und es gab nur Makkaroni. Und keiner hat sich darüber aufgeregt, dafür war der Winter viel zu schön. Auch haben wir Skilanglauf durch dick verschneite Wälder unternommen und dabei den zauberhaften Anblick genossen. Sogar aus den Fichten am Wegesrand waren plötzlich lauter kleine „Schneemonster“ geworden. Na klar gab es damals auch schon Schneebruch mit seinen tragischen Folgen. Abgesperrt wurde trotzdem nichts, wenn etwas passiert wäre, war man eben zur falschen Zeit am falschen Ort. Wenn sich auf der Straße nichts mehr drehte, blieb als sichere Verkehrsverbindung immer noch die Schmalspurbahn Wolkenstein - Jöhstadt. Mittels Schneepflug und Schaufeln konnten deren Gleise immer von der „weißen Pracht“ freigehalten werden.

Im schneereichen Januar 2019 gab es wieder eine ähnliche Situation. Radio MDR SACHSEN berichtete darüber am 13.01.2019:

„Wintersportgäste brauchen Geduld in Jöhstadt – Ähnlich wie den Grumbachern ging es bis

Hoher Aufwand war notwendig, um auch die Gleisanlagen vor dem Jöhstädter Lokschuppen befahrbar zu halten, hier am 03.02.2019. Foto: Thomas Poth

Hier war der Klimaschneepflug, geschoben von 199 008-4 am 05.02.2019 unterwegs im Schwarzwassertal bei Schlössel.

Nach der Ankunft in Steinbach musste per Schaufel nachgeholfen werden, um die Gleise frei zu bekommen.
Fotos: Thomas Poth

Sonntagabend den 2.700 Einwohner von Jöhstadt. Knut Schmiedel vom Skiclub Edelweiß Jöhstadt e. V. sagte MDR SACHSEN, zwischenzeitlich sei „nur noch eine halbe Straße von eigentlich vier Zufahrtsstraßen frei“ gewesen. An Skilanglauf sei in dem Ort derzeit überhaupt nicht zu denken. Auch der Skilift in Jöhstadt drehte sich am Sonntag wegen der Schneebruchgefahr nicht. Gäste kamen trotzdem, sagte eine Mitarbeiterin des „Hotel & Restaurant Heilbrunnen“ in Jöhstadt. Sie nutzten tagsüber die verbliebene Zufahrt über Mildenau. Am Abend waren nur noch zwei der vier Zufahrtsstraßen gesperrt.“

Mit diesen Schneemassen zu kämpfen hatten 2019 auch die Museumseisenbahner in Jöhstadt, schließlich begann am ersten Fahrwochenende 2./3. Februar der Winterdampf mit Fahrbetrieb an jedem Wochenende. So musste am 11. Januar und 5. Februar die komplette Strecke Jöhstadt - Steinbach mit dem Schneepflug 97-09-43 geräumt werden. Denn die Schneehöhe war bis auf einen Meter angewachsen.

Der dafür eingesetzte Klimaschneepflug entstammt einer Neubauserie von vier Exemplaren. Er war auf der alten Preßnitztalbahn nie im Einsatz, sondern kam 1990 werksneu zur Döllnitzbahn, wo er allerdings kaum benötigt wurde. Die anderen drei kamen nach Freital-

Hainsberg, Radebeul Ost sowie Kurort Oberwiesenthal. Die IG Preßnitztalbahn e. V. konnte am 5. Oktober 1999 dieses Fahrzeug erwerben. Es ist der vom Raw Meiningen letztgebaute Pflug für sächsische Schmalspurbahnen. Eine IV K wurde, wie in der Vergangenheit, für diese Aktion nicht angeheizt, sondern die blaue V10C 199 008 reichte aus Traktionsmittel völlig aus. Für die Bedienung des Spezialfahrzeuges sind übrigens vier Mann Besatzung notwendig, um Haupt- und Mittelpflug sowie die seitlichen Schilde bewegen zu können. Auch Handarbeit war gefragt, mittels Schaufel waren vor allem die Gleise in Jöhstadt vor dem Lokschuppen frei zu legen. So wird man sich also in dieser Höhenlage von fast 800 Metern auch weiterhin auf schneereiche Wintermonate einstellen müssen. Schließlich lockt das Winterwetter auch solche Fahrgäste herbei, welche gern eine Skitour durch das verschneite Preßnitz- und Schwarzwassertal unternehmen.

Gut zu erkennen sind die Schneemassen, welche der Schneepflug am 11.01.2019 zu bewältigen hatte.

Tief verschneit zeigte sich der Bahnhof Steinbach an dem bekannten Wasserhaus. Fotos: Thomas Poth

4.54 Auf 600 mm-Spur durch den Garten – Feldbahnidylle im Preßnitztal

(Text und Fotos von Thomas Böttger)

Was eine Schmalspurbahn bei Kindern alles so auslösen kann, zeigt das Mini-Eisenbahnmuseum nebst Feldbahn im heimischen Garten von Niels Reuter in Oberschaar. Schuld an dem Eisenbahnbazillus war die Preßnitztalbahn, welche noch bis Januar 1984 an dem Haus der Familie Reuter vorbeidampfte. Nach dem Pfiff am nahen Bahnübergang kletterte Klein-Niels meist auf den Küchenhocker, um die Eisenbahn nicht zu verpassen. Auch die Ausflüge mit der Großmutter rund um Sehma weckten immer mehr das Interesse am Schienenverkehr. Besonders angetan hatte es ihm damals das Eilzugpaar E 771/774 Leipzig - Karl-Marx-Stadt - Cranzahl mit der BR 118, welches ab Mitte der 1970er Jahre bis 1991 verkehrte. Kein Wunder also, dass es ihm am 02.07.2016 besondere Freude bereitet hat, diese anlässlich 150 Jahre Zschopautalbahn nachgestellte Leistung auch mal selbst zu fahren.
Doch zurück ins heimische Oberschaar: Als man Mitte der 1980er Jahre damit begann, die Schmalspurgleise auch in Steinbach abzubauen, lockte ihn die Mitfahrt auf der Lok des Abbauzuges. Nach dem Verschwinden der Bahn bot sich die Trasse zumindest noch zum „Souvenirsammeln“ an. So konnten einige Sachzeugen der alten Preßnitztalbahn noch gerettet werden, wie beispielsweise eine Original-Pfeiftafel. Aber auch Bahnutensilien, welche

Auf mehrere Utensilien aus der Zeit der Deutschen Reichsbahn trifft man in Oberschaar am Grundstück der Familie Reuter. Das Modell der 99 596 entstand aus einem Fass.

Anlässlich „150 Jahre Zschopautalbahn“ wurde am 02.07.2016 das Eilzugpaar E 771/774 Leipzig - Cranzahl nachgestellt. Niels Reuter konnte sich hierbei als Lokführer seinen großen Jugendtraum erfüllen. Zu sehen ist die Durchfahrt in Scharfenstein.

bei der Modernisierung der Deutschen Bahn AG entbehrlich wurden, fanden den Weg in den Reuterschen Garten. Auch bei den ersten Arbeitseinsätzen zur Errichtung einer Schauanlage in Großrückerswalde war er mit zugegen. Heute kann man bei ihm ein komplettes Ministellwerk bewundern, von welchem aus Signale und eine Schranke aus DR-Zeiten gesteuert werden. Selbst ein Formsignal ist vorhanden, welches früher auf dem Bahnhof Rochlitz der Muldentalbahn den Fahrweg sicherte. Entsprechend der räumlichen Möglichkeiten entstand eine Gleisanlage in 600 mm-Spurweite, alles aus altgedienten sächsischen Schienen. Da zu solch einer Anlage auch ein richtiger Lokschuppen gehört, wurde das Jöhstädter Heizhaus im Maßstab 1:2 nachgebaut. Verwendung fanden dabei 120 - 130 Jahre alte Ziegel und Altholz aus Reitzenhain. Zuvor, im Jahr 1991, war die erste Dampflok noch aus einem alten Fass entstanden. Da mit dem zunehmenden Alter auch die Ansprüche stiegen, baute er zusammen mit einem Kumpel das Modell einer V 100 im Maßstab 1:2,4, welches im Januar 2008 fertig war. Vorgesehen ist dafür natürlich noch eine Motorisierung mit einem Pkw-Dieselmotor. So wurde auch das mdr-Fernsehen auf den „Eisenbahnverrückten“ aufmerksam und in der Sendung mit „Volldampf und Musik!“ (Erstausstrahlung 17.05.2019) besuchte ihn Olaf Berger. Aber das war nicht der erste Fernsehauftritt, denn bereits 2012 wandelten die Randfichten auf Entdeckungstour an der Preßnitztalbahn.

Natürlich spielt auch im beruflichen Leben von Niels Reuter die Eisenbahn die Hauptrolle. Nachdem eine Lehre bei der Deutschen Reichsbahn, wegen der allgemeinen Stagnation zur Wendezeit, nicht möglich war, begann er seine Ausbildung 1997 bei der Eisenbahn-Bau- und Betriebsgesellschaft Pressnitztalbahn (Press) als Diesellokführer. Im Jahr 2012 folgte dann die Qualifizierung bei der Sächsischen Dampfeisenbahngesellschaft (SDG) zum Dampflokführer. Heute ist er bei DB RegioNetz Erzgebirgsbahn als Lokführer tätig.

So kommt es, dass er heute für beide Eisenbahnverkehrsunternehmen auf Dampf und Diesel unterwegs ist. Sein Motto: „Die Eisenbahn zieht sich wie ein roter Faden durch mein Leben und das wird auch weiter so bleiben!“

Ein Blick in das kleine Stellwerk der Feldbahnanlage von Niels Reuter. Wie bei der großen Eisenbahn kann von hier aus der Fahrweg gestellt werden.

Ein Schmuckstück ist das Modell der 110 259-9 im Maßstab 1:2,4. Hier steht die Lok im nachempfundenen Lokschuppen von Jöhstadt.

Zum 23. Internationalen Feldbahntreffen (11. - 12.10.2013) bei der Parkeisenbahn Chemnitz war die 110 259-9 mit dabei. Geschoben wird sie von der Eigenbau-Dampflok der PEC.

4.55 Vom Pinzgau ins Arzgebirg

(von Thomas Oberkalmsteiner)

Warum ist man Fan der sächsischen Schmalspurbahnen, wenn man in der glücklichen Lage ist, im Pinzgau zu wohnen und als Stellvertretender Leiter bei der Pinzgauer Lokalbahn arbeiten zu dürfen? Genau diese Frage wurde mir schon oft gestellt. Liebe Leserinnen und Leser, diese Frage ist leicht zu beantworten: Es ist das einzigartige Flair der „Bimmel" in Sachsen. Während man bei uns teilweise sogar im Halbstundentakt mit 80 km/h die Region auf schmaler Spur erschließt, taucht man hier in eine andere Welt ein – eine Welt der Entschleunigung in einzigartigen Landschaften. Und hier spielt die Preßnitztalbahn gleich eine doppelte Rolle – einmal mit „doppel s" und einmal mit „scharfem ß". Während die gelben Engel der Pressnitztalbahn mit ihrem Spezialtransporter im Pinzgau bereits zuverlässiger Stammgast für Schmalspurtransporte sind, ist es unweigerlich, dass man als Freund der sächsischen Schmalspurbahnen auch die Preßnitztalbahn im Blick hat. Die Geschichte der Bahn kennt auch in Österreich jeder Eisenbahnfan und so braucht man eigentlich gar nicht ausführlich beschreiben, welche einzigartigen Leistungen hier erbracht wurden. Auch ich kann mich noch an meinen ersten Besuch bei der Preß´ erinnern – ein Überraschungswochenende von meiner Frau hat uns ins „Arzgebirg" geführt und wir waren sofort angetan von

Thomas Oberkalmsteiner und Andreas Keppler vor dem gut geheizten Buffetwagen. Foto: Thomas Oberkalmsteiner

Der Buffetwagen Kb 970-458 im Osterverkehr am Hp Wildbach am 30.03.2018. Foto: Th. Böttger

dieser kleinen Bahn. Eine Strecke in überschaubarer Länge, wo das Ganze drumherum stimmig ist, egal ob Oberbau, Fuhrpark, bauliche Einrichtungen oder Fahrpersonal. Nach diesem ersten Besuch hat sich eine gewisse Regelmäßigkeit mit jährlichen Besuchen entwickelt und die Preß verbindet auch im Privaten. Mit meinem Kumpel Andreas K. aus Franken teile ich nicht nur dieses Hobby, nein auch bei unseren Gartenbahnen hat sich mittlerweile eine Sammlung an sächsischen Fahrzeugen angehäuft und nebst gegenseitigen Familienbesuchen mit Fahrtagen trifft man sich außerhalb der jeweiligen Heimatorte und zwar bei der Preßnitztalbahn. Dabei muss ich zum Abschluss noch eine wichtige Einrichtung der Preß erwähnen, denn unsere Gespräche finden nicht nur im Fahrgastraum oder auf den typischen Plattformen der Wagen statt, nein, das außergewöhnliche Ambiente mit dem Bordservice in dem Buffetwagen bietet besonderen Anreiz und unvergessliche Momente. Und auch die Geschichte des Wagens ist sehr interessant: Der Kb4 970-458 stammt aus dem Jahr 1932. Von der Firma Linke-Hoffmann-Busch in Bautzen unter der Fabriknummer 2384 hergestellt, war er zunächst als K 479 für die Deutsche Reichsbahn unterwegs. 1950 änderte sich seine Nummer in 7.0479, welche er jedoch nur 8 Jahre trug. Anschließend erhielt er seine noch heute gültige Nummer. 1967 ausgemustert überdauerte sein Wagenkasten bis 1995 als Wagenkasten im Betriebswagenwerk Zwickau. Im August 1995 übernahm ihn die IG Preßnitztalbahn und ließ ihn aufarbeiten. Seit 4. Juli 1997 ist er nun wieder regelmäßig im Zugdienst anzutreffen. Dazu sowie zu dem insgesamt Geleistetem kann man den Kolleginnen und Kollegen der Preßnitztalbahn nur gratulieren, Respekt zollen und für die Zukunftsprojekte alles Gute wünschen.

Am 22.06.2017 wurde die Lok „Aquarius C" mittels Tieflader der PRESS in der Werkstatthalle Tischlerhäusl der Pinzgauer Lokalbahn angeliefert. Die Vs 51, älteste Diesellok der Salzburg AG, zog die Maschine über die Rampe. Foto: Thomas Oberkalmsteiner

5 Fahrpläne im Wandel der Zeit

Das Wichtigste für den Fahrgast, um mit einem Zug mitzufahren, ist die Kenntnis des Fahrplans. Fahrpläne verändern sich im Laufe der Zeit, deshalb soll an dieser Stelle eine kleine Auswahl an historischen sowie aktuellen Dokumenten wiedergegeben werden. Aus der Anzahl der täglich verkehrenden Züge lässt sich gut ableiten, welche Wertigkeit die Preßnitztalbahn in verschiedenen Epochen für die Bevölkerung besaß beziehungsweise heutzutage wieder für die Touristen besitzt.

Sächs. St.-B. — Jöhstadt - Wolkenstein und zurück.

		2-3	3	2-3	2-3	km		2-3	3	2-3	2-3		
—	—	525	610	1115	518	0,0	ab Jöhstadt Bhf. . . an	925	221	315	1025	—	—
—	—	530	618	1120	523	1,2	„ Schlössel . . . . ab	921	216	311	1021	—	—
—	—	540	637	1129	533	4,1	„ Schmalzgrube . „	912	204	302	1012	—	—
—	—	553	657	1142	547	8,0	„ Steinbach b. Jöhstadt „	900	137	250	1000	—	—
—	—	559	an	1148	553	9,4	„ Oberschmiedeberg . „	853	W	243	953	—	—
—	—	612	W	1200	606	13,5	„ Niederschmiedeberg „	841		231	941	—	—
—	—	624		1211	618	17,0	„ Boden b. Wolkenstein „	830	—	220	930	—	—
—	—	633	—	1219	627	19,2	„ Streckewalde . . . „	822	—	212	922	—	—
—	—	644	—	1230	638	23,0	an Wolkenstein . . ab	810	—	200	910	—	—
—	—	835	—	219	822	.	an Annaberg } 23 . ab	628	—	1218	624	—	—
—	—	828	—	221	830	.	an Chemnitz H. } 23 . ab	627	—	1212	725	—	—

Bescheiden wirkt das Verkehrsangebot im Fahrplan aus dem Jahr 1906.

(Vom 1 Mai 1913) **94g Wolkenstein—Jöhstadt**

□ W vor F nicht ⍊ nur W vor F † nur F, Mi u. Sb sowie am 5/5 u. 13/5 ▪ nur nachts nach F, Mi u. Sb sowie nach dem 5/5 u. 13/5

Z 5452	Z 5454	Z 5456	Z 5456a	Z 5458	km	(Sächsische Staatseisenbahnen)	Z 5451	Z 5453	Z 5455	Z 5457
8·21	2·0	□7 15	⍊7 45	▪11 38	0,0	Ab **Wolkenstein 79** . . . . An	6 39	12·30	6 50	† 10 [illegible]
8·36	2·12	7 27	7 57	11 50	3,8	Streckewalde	6·28	12·19	6 39	10 [illegible]
8·41	2·20	7 35	8 5	11 58	6,0	Boden b. Wolkenstein	6·19	12·11	6 30	10 [illegible]
8·55	2·31	7 46	8 16	12 9	9,5	Niederschmiedeberg	6·7	12·0	6 18	10 12
9·7	2·43	7 58	8 28	12 21	13,6	Oberschmiedeberg	5 54	11·48	6 5	10 0
9·14	2·50	8 5	8 35	12 28	15,0	Steinbach b. Jöhstadt	5 48	11·42	5·59	9 [illegible]
9·26	3·2	8 17	8 47	12 40	18,9	Schmalzgrube	5 35	11·29	5·45	9 43
9·35	3·11	8 26	8 56	12 49	21,8	Schlössel . . . } s. 753	5 25	11·20	5·35	9 35
9·39	3·15	□8 30	⍊9 0	▪12 53	23,0	An **Jöhstadt** Bf } bei Jöhstadt . . Ab	5 20	11·15	5 30	† 9 30

Im Sommer 1913 legten die K.Sächs.Sts.E.B. schon mehrere Zugpaare ein.

(Vom 1 Mai 1914) **84b Wolkenstein—Jöhstadt** *(Bisher 94g)*

(Alle Züge nur 3. u. 4. Kl.)

□ W vor F nicht ⍊ nur W vor F ▪ nur nachts nach F, Mi u. Sb u. 4/5 † nur F, Mi u. Sb u. 4/5

Z 5452	Z 5454	Z 5456	5456a	Z 5458	km	(Sächs. Staatseisenbahnen)	Z 5451	Z 5453	Z 5455	Z 5457
8·24	2·0	□7 15	⍊7 44	▪11 37	0,0	Ab **Wolkenstein 79** . . . An	6 39	12·31	6 50	† 10 11
8·37	2·13	7 28	7 57	11 50	3,8	Streckewalde.	6·27	12·19	6 38	10 [illegible]
8·44	2·20	7 35	8 5	11 58	6,0	Boden b. Wolkenstein	6·18	12·11	6 29	10 [illegible]
8·55	2·31	7 46	8 16	12 9	9,5	Niederschmiedeberg . .	6·7	12·0	6 18	10 [illegible]
9·7	2·43	7 58	8 28	12 21	13,6	Oberschmiedeberg	5 54	11·48	6 5	10 [illegible]
9·14	2·50	8 5	8 35	12 28	15,0	Steinbach b. Jöhstadt	5 48	11·42	5·59	9 [illegible]
9·26	3·2	8 17	8 47	12 40	18,9	Schmalzgrube	5 35	11·29	5·45	9 [illegible]
9·35	3·11	8 26	8 56	12 49	21,8	Schlössel . . . } s. 753	5 25	11·20	5·35	9 [illegible]
9 39	3·15	□8 30	⍊9 0	▪12 53	23,0	An **Jöhstadt** Bf } bei Jöhstadt Ab	5 20	11·15	5 30	† 9 [illegible]

Ein Jahr später ist das Angebot fast unverändert geblieben. Der Fahrplan gibt auch darüber Auskunft, dass die Züge aus Wagen der 3. und 4. Klasse bestehen.

(Vom 1 Oktober 1923) 84b Wolkenstein—Jöhstadt (Alle Züge nur 3. u. 4. Kl.)

○ nur Sb u. nur 4. Kl. ↕ nur W nach F u. nur 4. Kl.

	Z 1476		Z 1478		Z 1474	Z 1480		km	(RBD. Dresden)	Z 1481	Z 1475		Z 1477		Z 1479	
...	8·28	...	1·50	...	○ 5·0	7·52	...	0,0	Ab **Wolkenstein** 79 ...... An	↕ 4·23	6·31	...	12·30	...	6·46	..
...	8·41	...	2·3	...	5·13	8·5	...	3,8	↓ Streckewalde .... ↑	4·10	6·19	...	12·18	...	6·34	..
...	8·49	...	2·12	...	5·22	8·13	...	6,0	Boden b. Wolkenstein	4·2	6·10	...	12·10	...	6·25	..
...	9·3	...	2·26	...	5·36	8·27	...	9,5	Niederschmiedeberg	3·50	5·59	...	11·59	...	6·14	..
...	9·15	...	2·38	...	5·49	8·39	...	13,6	Oberschmiedeberg.......	3·38	5·45	...	11·45	...	6·1	..
...	9·22	...	2·45	...	6·4	8·46	...	15,0	Steinbach b. Jöhstadt	3·32	5·38	...	11·39	...	5·55	..
...	9·35	...	2·58	...	6·20	8·59	...	18,9	Schmalzgrube...........	3·20	5·25	...	11·24	...	5·41	..
...	9·47	...	3·10	...	○ 6·32	9·11	...	23,0	An **Jöhstadt** Bf s. 758 bei Jöhstadt Ab	↕ 3·5	5·11	...	11·9	...	5·27	..

Auch im Jahr 1923 fährt die Deutsche Reichsbahn noch mit Wagen der 3. und 4. Klasse. Die Fahrzeit wirkt mit etwa 1 Stunde und 20 Minuten relativ kurz.

Deutsche Reichsbahn Reichsbahndirektion Dresden **Gültig vom 2.Okt.1938 bis 14.Mai 1939**

Reichsbahnfahrplan der Linie Wolkenstein-Jöhstadt

nachts nS	nS	W			Sa		Sa	3 Kl W außSa					n S					S
20.5[illegible] 21.20				4.39	7.12	9.5[illegible]	13.06	13.06	14.07 14.23	17.[illegible]	ab	Leipzig Hbf an	7.[illegible]	9.2[illegible]	15.[illegible] 15.[illegible]	17.2[illegible]	21.[illegible]	23.[illegible]
21.40				6.00	8.16	10.4[illegible]	12.54	12.54	14.3[illegible] 14.[illegible]	18.42	"	Dresden Hbf "	7.0[illegible]	9.[illegible]	14.2[illegible] 15.5[illegible]	17.2[illegible]	21.[illegible] 22.[illegible]	23.[illegible] 23.[illegible]
23.39				6.35 7.47	9.35	12.17	14.52	14.52	16.2[illegible]	19.44	"	Chemnitz Hbf "	5.[illegible]	7.[illegible]	13.3[illegible]	15.[illegible]	19.[illegible] 20.[illegible]	22.[illegible]
1.05	4.30			8.50	12.42	13.51	16.13	17.07	18.02	21.07	ab	Wolkenstein an	4.18	6.09	11.56	14.29	18.44	20.47
1.16	4.40 x			9.01	12.52	14.01	16.23	17.17	18.13	21.18	↓	Streckewalde ↑	4.06	5.57	11.44	14.18	18.32	20.35
1.23	4.46			9.08	12.59	14.13	16.30	17.24	18.23	21.25		Großrückerswalde	3.59	5.50	11.38	14.11	18.25	20.28
1.33	4.57			9.18	13.08	14.23	16.40	17.36	18.33	21.35		Niederschmiedebg.	3.48	5.39	11.28	14.01	18.14	20.17
1.45	5.07 x	W		9.30		14.35	16.51	17.48	18.45	21.47		Oberschmiedeberg	3.36	5.27	11.16	13.49	18.01	20.04
1.51	5.21	6.16		9.37		14.42	16.58	17.54	18.51	21.53		Steinbach b. Jöhstadt	3.30	5.21	11.10	13.43	17.54	19.58
2.02	5.30 x	6.27		9.47		14.53	17.08	18.06	19.02	22.04		Schmalzgrube	3.19	5.10	10.58	13.32	17.40	19.47
2.10 x	5.37 x	6.35		9.56 x		15.01 x	17.16 x	18.15	19.10 x	22.12 x		Schlössel	3.10 x	5.01	10.50 x	13.23 x	17.30 x	19.37
2.13	5.41	6.39		9.59		15.04	17.20	18.19	19.14	22.16	an	Jöhstadt ab	3.06	4.57	10.46	13.19	17.26	19.33

Näheres in den Reichsbahn-Kursbüchern und Taschenfahrplänen

Zeichenerklärung: X = Zug hält nur nach Bedarf; D = Schnellzug zuschlagpflichtig; E = Eilzug; Sa = Zug verkehrt nur Sonnabends; W = Zug verkehrt nur werktags; © = über Chemnitz

} = vor der Verkehrszeit = Zug verkehrt nicht täglich oder nur während einer bestimmten Zeitdauer; S = Zug verkehrt nur Sonntags sowie an folgenden Feiertagen: Neujahr, Karfreitag, 1. Mai, Himmelfahrt, Reformationsfest, Herbstbußtag, 1.u.2. Weihnachtsfeiertag; vS = Zug verkehrt nur an Werktagen vor Sonntagen und vor folgenden Feiertagen: Neujahr, Karfreitag, 1. Mai, Himmelfahrt, Reformationsfest, Herbstbußtag, 1. Weihnachtsfeiertag; nS = Zug verkehrt nur an Werktagen nach Sonntagen und nach folgenden Feiertagen: Neujahr, Karfreitag, Ostermontag, 1. Mai, Himmelfahrt, Pfingstmontag, Reformationsfest, Herbstbußtag, 2. Weihnachtsfeiertag

Der Aushangfahrplan vom Bahnhof Wolkenstein aus dem Jahr 1938 für die Schmalspurbahn. Gefahren wird jetzt auch zu früher Stunde für den Berufsverkehr.

169s Wolkenstein–Jöhstadt Alle Züge 2. 3. Klasse

		W3104	3110	3118	W3122	3126		3128	km	Zug Nr RBD Dresden Zug Nr	3103		3111		3117		11559	
...	...	...	8.22	13.55	W 16.08	18.17	...	21.40	0,0	ab **Wolkenstein** 169 ....an	6.02	...	11.23	...	14.32	...	18.55	...
...	...	...	8.33	14.06	} 16.19	18.28	...	21.51	3,8	↓ Streckewalde ....↑	5.50	...	11.11	...	14.20	...	18.43	...
...	...	...	8.40	14.14	} 16.25	18.37	...	21.58	6,0	Großrückerswalde	5.43	...	11.05	...	14.13	...	18.36	...
...	...	...	8.50	14.24	} 16.35	18.47	...	22.08	9,4	Niederschmiedeberg	5.33	...	10.55	...	13.59	...	18.21	...
...	...	...	9.02	14.36	} 16.47	18.59	...	22.20	13,6	Oberschmiedeberg	5.21	...	10.43	...	13.47	...	18.08	...
...	...	W 6.07	9.09	14.43	} 16.53	19.06	...	22.27	15,0	Steinbach (b Jöhstadt)	5.15	...	10.37	...	13.41	...	18.01	...
...	...	} 6.18	9.19	14.54	} 17.04	19.17	...	22.38	18,9	Schmalzgrube	5.04	...	10.25	...	13.30	...	17.47	...
...	...	} 6.26	×9.28	×15.02	}×17.13	×19.25	...	×22.46	21,8	↓ Schlössel ....↑	4.55	...	×10.17	...	×13.21	...	×17.37	...
...	...	W 6.30	9.32	15.06	W 17.16	19.29	...	22.50	23,0	an **Jöhstadt** ....ab	4.51	...	10.13	...	13.17	...	17.33	...

169s Wolkenstein–Jöhstadt *(Schmalspurbahn)* Alle Züge 2. Klasse

	3102		3106	3110		3112	3116		km	Zug Nr Rbd Dresden Zug Nr	3101	3103	3107	3109	3111		3113		
...	⚒5.01	...	8.51	Sa 12.47	...	■16.44	18.47	...	0,0	ab **Wolkenstein** *(391 m)* 169a an	⚒3.35	⚒6.02	†8.24	Sa 11.55	Sa 14.45	■ 15.41	▦17.52	...	...
...	}5.13	...	9.03	} 12.59	...	}16.56	18.59	...	3,8	↓ Streckewalde ....↑	}3.24	}5.51	}8.13	}11.44	}14.33	} 15.29	}17.41	...	...
...	}5.20	...	9.11	} 13.07	...	}17.04	19.07	...	6,0	Großrückerswalde	}3.18	}5.44	}8.06	}11.37	}14.27	} 15.22	}17.33	...	...
...	}5.30	...	9.21	} 13.17	...	■17.13	19.17	...	9,4	Niederschmiedeberg	}3.07	}5.33	}7.56	}11.27	}14.17	} 15.12	}17.23	...	...
...	}5.48	...	9.39	} 13.35	...	an	19.35	...	13,6	Oberschmiedeberg	}2.48	}5.10	}7.37	}11.08	}13.58	} 14.45	}16.59	...	...
...	}5.58	...	9.50	}a13.53	...	...	19.46	...	15,0	Steinbach (b Jöhstadt) *(543 m)*	}2.41	}5.03	}7.31	}11.02	}13.52	} 14.38	}16.53	a an 13.41	
...	}6.10	...	10.02	} 14.05	...	...	19.58	...	18,9	Schmalzgrube	}2.29	}4.51	}7.19	}10.50	}13.40	} 14.26	}16.41		
...	}6.23	...	10.15	} 14.18	...	...	20.11	...	21,8	↓ Schlössel ....↑	}2.16	}4.38	}7.05	}10.36	}13.27	} 14.12	}16.27		
...	⚒6.30	...	10.22	Sa 14.25	...	...	20.18	...	23,0	an **Jöhstadt** *(684 m)* ....ab	⚒2.09	⚒4.31	†6.58	Sa 10.29	Sa 13.20	■ 14.05	▦16.20		

Gut kann man hier den Unterschied zwischen den Kriegsjahren 1940/41 oben und dem Winterfahrpan 1966/67 erkennen. Bergauf benötigen die Züge nun etwa 90 Minuten.

		3102		3106		3112	3116	km	Zug Nr *Rbd Dresden* Zug Nr	3101	3103	3107	69959	3111	3113	
...	...	■4.51	...	9.31	...	■16.43	18.57	0,0	ab **Wolkenstein** *(391 m)* 420 an	■4.20	X5.54	+8.22	◪ 14.25	■15.36	18.00	...
...	...	5.04	...	9.42	...	16.55	19.08	3,8	Streckewalde	4.09	5.43	8.11	14.09	15.25	17.49	...
...	...	5.11	...	9.49	...	17.02	19.14	6,0	Großrückerswalde	4.02	5.36	8.05	13.59	15.18	17.42	...
...	...	5.24	...	9.59	...	■17.11	19.25	9,4	Niederschmiedeberg	3.53	5.26	7.55	a 13.44	15.09	17.32	...
...	...	5.42	...	10.17	...	an	19.43	13,6	Oberschmiedeberg	3.32	5.00	7.36	12.56	14.50	17.13	...
		5.51	...	10.26	...	...	19.52	15,0	Steinbach (b Jöhstadt) *(543 m)*	3.28	4.55	7.31	12.48	14.45	17.08	...
a an 13.21		6.08	...	10.42	...	...	20.08	18,9	Schmalzgrube	3.12	4.39	7.15	12.27	14.29	16.51	...
		6.17	...	10.52	...	...	20.18	21,8	Schlössel (u)	3.02	4.29	7.05	X12.13	14.19	16.41	...
		■6.22	...	10.57	...	...	20.23	23,0	an **Jöhstadt** *(684 m)* ab	■2.57	X4.24	+7.00	◪ 12.06	■14.14	16.36	...

(Tabellenkopf: **422 Wolkenstein – Jöhstadt** *(Schmalspurbahn)* Alle Züge 2. Klasse)

Der Sommerfahrplan aus dem Jahr 1972 weist die Struktur auf, wie sie bis zur Stilllegung erhalten blieb. Vormittags fuhr nur der P 3106 von Wolkenstein nach Jöhstadt.

422 Wolkenstein – Jöhstadt und zurück *(Schmalspurbahn)* Alle Züge 2. Klasse

km		*Rbd Dresden* Zug Nr			14281		69955				14293		14297		69957			
						Bus		Bus		Bus		Bus		Bus		Bus		
0,0		**Wolkenstein** *(391 m)* 420 ab	...	...	X4.35	...	■9.06	...	◪ 9.50	...	◪16.47	...	+18.59	...	■18.59	...	...	...
3,8		Streckewalde	...	...	4.47	...	9.24	...	10.08	...	17.00	...	19.12	...	19.17	...	...	...
6,0		Großrückerswalde	...	...	4.54		9.39		10.23		17.07		19.19		19.32		...	...
9,4	0,0	Niederschmiedeberg	...	...	X5.04	X5.15	■9.59	■10.57	◪10.43	◪10.50	◪17.17	◪17.35	+19.29	+19.35	■19.52	■20.15	...	...
	5,0	Oberschmiedeberg Gasth	...	...	an	5.28	an	10.20	an	11.03	an	17.48	an	19.48	an	20.28	...	...
	6,0	Steinbach Kulturhaus	...	...	...	5.32	...	10.24	...	11.07	...	17.52	...	19.52	...	20.32	...	...
	11,0	Schmalzgrube Bf	...	...	...	5.40	...	10.32	...	11.15	...	18.00	...	20.00	...	20.40	...	...
	14,0	Schlössel Hp	...	...	...	5.48	...	10.40	...	11.23	...	18.08	...	20.08	...	20.48	...	...
	15,0	Jöhstadt Zugang zum Bf	...	...	...	5.51	...	10.43	...	11.26	...	18.11	...	20.11	...	20.51	...	...
	16,0	**Jöhstadt** Markt an	...	...	...	X5.55	...	■10.47	...	◪11.50	...	◪18.15	...	+20.15	...	■20.55	...	...

km		*Rbd Dresden* Zug Nr			14282		69954		69956		14292		14294		14296			
					Bus		Bus		Bus		Bus		Bus		Bus	Bus		
0,0		**Jöhstadt** Markt ab	...	...	X4.30	...	+6.20	...	◪12.00	...	■14.05	...	◪16.40	...	⑦18.45	■19.30	...	...
1,0		Jöhstadt Zugang zum Bf	...	...	4.34	...	6.24	...	12.04	...	14.09	...	16.44	...	18.49	19.34	...	...
2,0		Schlössel Hp	...	...	4.37	...	6.27	...	12.07	...	14.12	...	16.47	...	18.52	19.37	...	...
5,0		Schmalzgrube Bf	...	...	4.45	...	6.35	...	12.15	...	14.20	...	16.55	...	19.00	19.45	...	...
10,0		Steinbach Kulturhaus	...	...	4.53	...	6.43	...	12.23	...	14.28	...	17.03	...	19.08	19.53	...	...
11,0		Oberschmiedeberg Gasth	...	...	4.57	...	6.47	...	12.27	...	14.32	...	17.07	...	19.12	19.57	...	...
16,0	0,0	Niederschmiedeberg Bf	...	...	X5.10	X5.19	+7.00	+7.45	◪12.40	◪12.47	■14.45	■15.08	◪17.20	◪17.31	⑦19.25	■20.10	...	...
	3,4	Großrückerswalde	...	...	an	5.28	an	8.07	an	13.09	an	15.17	an	17.41	an	an	...	...
	5,6	Streckewalde	...	...	...	5.35	...	8.22	...	13.24	...	15.24	...	17.47	...	...	...	...
	9,4	**Wolkenstein** *(391 m)* an	...	...	...	X5.48	...	+8.37	...	◪13.39	...	■15.37	...	◪18.00	...	...	...	...

Der Jahresfahrplan 1984/85 weist schon auf das Ende hin. Der obere Abschnitt wird bereits vom SEV bedient und auch auf dem unteren Streckenteil endete der Reiseverkehr am 30.09.1984.

T-426, T-427

T-426 Jöhstadt – Niederschmiedeberg – Wolkenstein

km	Kv Annaberg Fahrt Nr		1	3	5	7	9	11	13	15		17	19	21	23			
	KA von *Annaberg-B* T-430	...	...	...	...	⊕■7.10	...	■11.30	...	⑤11.40	...	■13.35	■15.10	X16.50	...	...	...	...
0	**Jöhstadt,** Markt ab	...	X4.40	...	X6.30	7.50	...	11.35	■12.35	⑤12.55	...	■14.00	X16.00	17.35	20.35	...	...	...
1	Jöhstadt, Bahnhofstr	...	4.44	...	6.34	7.54	...	11.39	12.39	12.59	...	14.04	16.04	17.39	20.39	...	...	...
1	Schlössel, VEB Möbelstoff	...	4.47	...	6.37	7.57	...	11.42	12.42	13.02	...	14.07	16.07	17.42	20.42	...	...	...
5	Schmalzgrube, Gasth	...	4.55	...	6.45	8.05	...	11.50	12.50	13.10	...	14.15	16.15	17.50	20.50	...	...	...
9	Steinbach, Waldhaus X	...	5.00	...	6.50	8.10	...	11.55	12.55	13.15	...	14.20	16.20	17.55	20.55	...	...	...
10	Steinbach, Kulturhaus	...	5.03	...	X6.53	8.13	...	11.58	12.58	13.18	...	14.23	16.23	17.58	20.58	...	...	...
11	Oberschmiedeberg, Gasth	...	5.07	...	an	8.17	...	12.02	13.02	13.22	...	14.27	16.27	18.02	21.02	...	...	...
12	Oberschmiedeberg, Abzw n Arnsfeld ◪	...	5.09	...	...	8.19	...	12.04	13.04	13.24	...	14.29	16.29	18.04	21.04	...	...	...
13	Mittelschmiedeberg, Hammerschänke X	...	5.11	...	...	8.21	...	12.06	13.06	13.26	...	14.31	16.31	18.06	21.06	...	...	...
13	Mittelschmiedeberg, Waldhaus X	...	5.13	...	...	8.23	...	12.08	13.08	13.28	...	14.33	16.33	18.08	21.08	...	...	...
16	Niederschmiedeberg, Oberdorf	...	5.17	...	...	8.27	...	12.12	13.12	13.32	...	14.37	16.37	18.12	21.12	...	...	...
17	**Niederschmiedeberg,** Wendeschleife an	...	5.19	...	...	8.29	...	12.14	13.14	13.34	...	14.39	16.39	18.14	21.14	...	...	...
	ab	...	5.20	■6.25	...	8.30	...	12.15	13.35	13.35	...	15.10	16.40	18.15	21.35	...	...	...
18	Abzw n Schindelbach, ◪X	...	5.23	6.28	...	8.33	...	12.18	13.38	13.38	...	15.13	16.43	18.18	21.38	...	...	...
19	Niederschmiedeberg, Zentralversand	...	5.26	6.31	...	8.36	...	12.21	13.41	13.41	...	15.16	16.46	18.21	21.41	...	...	...
21	Großrückerswalde-Boden	...	5.29	6.34	...	8.39	...	12.24	13.44	13.44	...	15.19	16.49	18.24	21.44	...	...	...
23	Streckewalde, Wendeplatz	...	5.32	6.37	...	8.42	...	12.27	13.47	13.47	...	15.22	16.52	18.27	21.47	...	...	...
26	Niederau, MZ-Lager	...	5.37	6.42	...	8.47	...	12.32	13.52	13.52	...	15.27	16.57	18.32	21.52	...	...	...
	Wolkenstein, Bf (F 101)	...	5.39	6.44	...	8.49	...	12.34	13.54	13.54	...	15.29	16.59	18.34		...	...	...
28	**Wolkenstein,** Bf 420 (Bahnhofsvorplatz) an	...	X5.40	■6.45	...	8.50	...	12.35	■13.55	⑤13.55	...	■15.30	X17.00	18.35	21.55	...	...	...
	KA nach *Dresden* T-400	...	...	6.50	...	...	...	...	14.20	14.20	...	...	...	18.50	...	...	...	...
	nach *Annaberg-B* 420	...	X6.01	7.06	...	...	...	...	14.58	14.58	...	X16.35	...	...	22.18 ■22.47	...	...	...
	nach *Flöha* 420	...	X6.00	...	...	9.02	...	12.51	X14.03	...	...	16.02	X17.13	18.47	...	...	...	...
28	**Wolkenstein,** Bf 420 (Bahnhofsvorplatz) ab	...	...	...	...	8.51	■11.10	...	■13.56	...	...	■15.31	...	...	...	...	...	...
30	**Wolkenstein,** Markt an	...	...	...	...	8.55	■11.15	...	■14.00	...	...	■15.35	...	...	...	...	...	...

T-426 Wolkenstein – Niederschmiedeberg – Jöhstadt

Kv Annaberg Fahrt Nr		2	4	6	8		10	12	14		16	18	20	22	24	26		
Wolkenstein, Markt	...	X4.50	...	...	9.05	...	■11.15	...	...	...	■14.15	■15.40	...	...	...	...	...	...
Wolkenstein, Bf 420	...	X4.54	...	...	9.09	...	■11.19	...	...	...	■14.19	■15.45	...	...	...	...	...	...
KA von *Dresden* T-400	...	...	...	...	8.33	...	...	22.33	12.33	...	...	...	16.33	...	20.38	20.38	...	...
von *Annaberg-B* 420	...	...	5.12	...	9.02	...	...	12.04	12.04	...	X14.03	...	16.02	18.47	...	...	...	...
von *Flöha* 420	...	...	X5.51	...	8.41	...	11.01	12.31	12.31	...	...	...	X16.35	...	21.07	21.07	...	...
Wolkenstein, Bf 420 ab	...	X4.55	■6.00	...	9.10	...	11.20	■13.00	■13.00	...	■14.20	...	X16.40	19.00	■21.10	■21.10	...	...
Niederau, MZ-Lager	...	4.58	6.03	...	9.13	...	11.23	13.03	13.03	...	14.23	...	16.43	19.03	21.13	21.13	...	...
Streckewalde, Wendeplatz	...	5.03	6.08	...	9.18	...	11.28	13.08	13.08	...	14.28	...	16.48	19.08	21.18	21.18	...	...
Großrückerswalde-Boden	...	5.06	6.11	...	9.21	...	11.31	13.11	13.11	...	14.31	...	16.51	19.11	21.21	21.21	...	...
Niederschmiedeberg, Zentralversand	...	5.09	6.14	...	9.24	...	11.34	13.14	13.14	...	14.34	...	16.54	19.14	21.24	21.24	...	...
Abzw n Schindelbach, ◪X	...	5.12	6.17	...	9.27	...	11.37	13.17	13.17	...	14.37	...	16.57	19.17	21.27	21.27	...	...
Niederschmiedeberg, Wendeschleife an	...	5.15	■6.20	...	9.30	...	11.40	13.20	13.20	...	14.40	...	17.00	19.20	21.30	21.30	...	...
ab	...	5.16	...	...	9.31	...	11.41	13.21	13.41	...	15.11	...	17.01	19.21	21.31	21.41	...	...
Niederschmiedeberg, Oberdorf	...	5.18	...	...	9.33	...	11.43	13.23	13.43	...	15.13	...	17.03	19.23	21.33	21.43	...	...
Mittelschmiedeberg, Waldhaus X	...	5.22	...	...	9.37	...	11.47	13.27	13.47	...	15.17	...	17.05	19.27	21.37	21.47	...	...
Mittelschmiedeberg, Hammerschänke X	...	5.24	...	...	9.39	...	11.49	13.29	13.49	...	15.19	...	17.07	19.29	21.39	21.49	...	...
Oberschmiedeberg, Abzw n Arnsfeld ◪	...	5.26	...	...	9.41	...	11.51	13.31	13.51	...	15.21	...	17.09	19.31	21.41	21.51	...	...
Oberschmiedeberg, Gasth	...	5.28	...	...	9.43	...	11.53	13.33	13.53	...	15.23	...	17.11	19.33	21.43	21.53	...	...
Steinbach, Kulturhaus	...	5.32	...	X7.00	9.47	...	11.57	13.37	13.57	...	15.27	...	17.14	19.37	21.47	21.57	...	...
Steinbach, Waldhaus X	...	5.35	...	7.03	9.50	...	12.00	13.40	14.00	...	15.30	...	17.17	19.40	21.50	22.00	...	...
Schmalzgrube, Gasth	...	5.40	...	7.08	9.55	...	12.05	13.45	14.05	...	15.35	...	17.21	19.45	21.55	22.05	...	...
Schlössel, VEB Möbelstoff	...	5.48	...	7.16	10.03	...	12.13	13.53	14.13	...	15.43	...	17.28	19.53	22.03	22.13	...	...
Jöhstadt, Bahnhofstr	...	5.51	...	7.19	10.06	...	12.16	13.56	14.16	...	15.46	...	17.31	19.56	22.06	22.16	...	...
Jöhstadt, Markt an	...	X5.55	...	X7.23	10.10	...	12.20	◪14.00	■14.20	...	■15.50	...	X17.35	20.00	◪22.10	■22.20	...	...
KA nach *Annaberg-B* T-430	...	X6.50	...	X7.40	...	...	+13.10	...	...	...	■16.30	■18.10	...	...	...	...	...	...

Die nach dem Verkehrsträgerwechsel neu geschaffene Buslinie T-426 weist im Jahresfahrplan 1985/86 wesentlich mehr Fahrten auf als die Schmalspurbahn je hatte.

12600 Jöhstadt – Schmalzgrube – Steinbach *Preßnitztalbahn* ↓ 12600

Museumszugbetrieb

Dampfbetriebene Schmalspurbahn

Interessengemeinschaft Preßnitztalbahn e.V., Markt 188, 09477 Jöhstadt (037343) 2300

Züge 1. bis 4. Klasse
Aussichtswagen zuschlagpflichtig

Verkehrstage: 3.–6. X., 30. XI., 1., 7., 8., 14., 15., 27.–31. XII. 96, 1. I. 97, 28.–31. III. 97

km	Zug		14572	14574	14576	14578	14580	14582	14584	14586	②
23	**Jöhstadt**		10 00	11 00	12 00	13 00	14 00	15 00	16 00	17 00	
22	Schlössel		10 05	11 05	12 05	13 05	14 05	15 05	16 05	17 05	
21	Loreleifelsen Hp.	x	10 07	11 07	12 07	13 07	14 07	15 07	16 07	17 07	
19	Schmalzgrube	○	10 17	11 17	12 17	13 17	14 17	15 17	16 17	17 17	
	Schmalzgrube		10 25	11 25	12 25	13 25	14 25	15 25	16 25	17 25	
18	Forellenhof Hp.		10 28	11 28	12 28	13 28	14 28	15 28	16 28	17 28	
16	Stolln A. Gegenthrum										
15	**Steinbach**	①									

km	Zug		14573	14575	14577	14579	14581	14583	14585	14587	②
15	**Steinbach**	①									
16	Stolln A. Gegenthrum										
18	Forellenhof Hp.		10 30	11 30	12 30	13 30	14 30	15 30	16 30	17 30	
19	Schmalzgrube	○	10 33	11 33	12 33	13 33	14 33	15 33	16 33	17 33	
	Schmalzgrube		10 34	11 34	12 34	13 34	14 34	15 34	16 34	17 34	
21	Loreleifelsen Hp.	x	10 46	11 46	12 46	13 46	14 46	15 46	16 46	17 46	
22	Schlössel		10 49	11 49	12 49	13 49	14 49	15 49	16 49	17 49	
23	**Jöhstadt**	○	10 54	11 54	12 54	13 54	14 54	15 54	16 54	17 54	

① = Bedienung mit historischen Bussen im „Schienenersatzverkehr" 3.–5. X. 96
② = Zusätzliche Fahrten und Sonderveranstaltungen 17.–19. V. 97 (Sonderfahrplan)
x = hält nur bei Bedarf

Alle Züge Fahrradbeförderung
Züge bei entsprechender Witterung mit Bewirtschaftung

Öffnungszeiten der Freianlage:
täglich 9.00 Uhr bis 17.00 Uhr

Sonderfahrten mit Dampf- oder Diesellok nach Vereinbarung

Sonderveranstaltungen mit zusätzlichen Zügen:
3.–6. X. 96
17.–19. V. 97

Die Museumsbahn befindet sich im Aufbau. Je nach Baufortschritt werden weitere Streckenabschnitte in Betrieb genommen.

Änderungen vorbehalten

Die Museumsbahn erhält im Kursbuch der Deutschen Bahn AG die Streckennummer 12600. Im Jahresfahrplan 1996/97 endete der Fahrbetrieb noch am Hp Forellenhof.

Museumszugbetrieb Jahresfahrplan 2001

km		Zug	10	22	12	24	14	26	16	28		30	32	34	36
			Dampfzug Ⓨ	Dampfzug	Dampfzug Ⓨ	Dampfzug	Dampfzug Ⓨ	Dampfzug	Dampfzug Ⓨ	Dampfzug		Dieselzug Ⓨ	Dieselzug Ⓨ	Dieselzug Ⓨ	Dieselzug Ⓨ
			2							1					
22,8	Jöhstadt		10 05	11 05	12 05	13 05	14 05	15 05	16 05	17 05		09 05	11 05	14 05	16 05
21,8	Schlössel		10 10	11 10	12 10	13 10	14 10	15 10	16 10	17 10		09 10	11 10	14 10	16 10
21,3	Loreleifelsen Hp	X	10 13	11 13	12 13	13 13	14 13	15 13	16 13	17 13		09 13	11 13	14 13	16 13
18,9	Schmalzgrube	an	10 22	11 22	12 22	13 22	14 22	15 22	16 22	17 22		09 22	11 22	14 22	16 22
	Schmalzgrube		10 24	11 24	12 24	13 24	14 24	15 24	16 24	17 27		09 24	11 24	14 24	16 24
18,3	Forellenhof Hp		10 28	11 28	12 28	13 28	14 28	15 28	16 28	17 31		09 28	11 28	14 28	16 28
16,5	Stolln Hp		10 36	11 36	12 36	13 36	14 36	15 36	16 36	17 36		09 36	11 36	14 36	16 36
15,5	Wildbach Hp	X	10 39	11 39	12 39	13 39	14 39	15 39	16 39	17 39		09 39	11 39	14 39	16 39
15,0	Steinbach	an	10 42	11 42	12 42	13 42	14 42	15 42	16 42	17 42		09 42	11 42	14 42	16 42
			2							1					

km		Zug	21	11	23	13	25	15	27	17		31	33	35	37
			Dampfzug	Dampfzug Ⓨ	Dampfzug	Dampfzug Ⓨ	Dampfzug	Dampfzug Ⓨ	Dampfzug	Dampfzug Ⓨ		Dieselzug Ⓨ	Dieselzug Ⓨ	Dieselzug Ⓨ	Dieselzug Ⓨ
			2												
15,0	Steinbach		10 00	11 00	12 00	13 00	14 00	15 00	16 00	17 00		10 00	12 00	15 00	17 00
15,5	Wildbach Hp	X	10 02	11 02	12 02	13 02	14 02	15 02	16 02	17 02		10 02	12 02	15 02	17 02
16,5	Stolln Hp		10 08	11 08	12 08	13 08	14 08	15 08	16 08	17 08		10 08	12 08	15 08	17 08
18,3	Forellenhof Hp		10 16	11 16	12 16	13 16	14 16	15 16	16 16	17 16		10 17	12 17	15 17	17 17
18,9	Schmalzgrube	an	10 19	11 19	12 19	13 19	14 19	15 19	16 19	17 19		10 21	12 21	15 21	17 21
	Schmalzgrube		10 26	11 26	12 26	13 26	14 26	15 26	16 26	17 26		10 22	12 22	15 22	17 22
21,3	Loreleifelsen Hp	X	10 36	11 36	12 36	13 36	14 36	15 36	16 36	17 36		10 34	12 34	15 34	17 34
21,8	Schlössel		10 40	11 40	12 40	13 40	14 40	15 40	16 40	17 40		10 39	12 39	15 39	17 39
22,8	Jöhstadt	an	10 44	11 44	12 44	13 44	14 44	15 44	16 44	17 44		10 44	12 44	15 44	17 44
			2												

X = Zug hält nur bei Bedarf
Ⓨ = Zug ist bewirtschaftet

1 = Zug verkehrt nicht am 31.Dezember 2001
2 = Zug verkehrt nicht am 01. Januar 2002

Verkehrstage:

= Dampfzug	Züge 10 bis 28	24. Mai, 02. bis 04. Juni, 29., 30. Sept., 02., 03. Okt., 01., 02., 08., 09., 15., 16., 27. bis 31. Dez. 2001, 01. Jan. 2002
	Züge 10 bis 17	28. bis 30. April, 01., 25. bis 27. Mai, 23., 24. Juni, 07., 08. Juli, 11., 12. Aug., 01. Okt. 2001
= Dieselzug	Züge 30 bis 37	Sa., So. vom 05. Mai bis 23. Sept. (Züge verkehren nicht an Verkehrstagen der Dampfzüge)

Dampfbetriebene Schmalspurbahn
Züge 1. bis 4. Klasse - Beförderung von Kinderwagen, Fahrrädern und Wintersportgeräten erfolgt kostenlos.

Ein Jahr nach der vollständigen Inbetriebnahme der Museumsbahn ist die heutige Fahrplanstruktur erkennbar. Die Züge fahren im Ein- oder Zweistundentakt in Steinbach ab.

Preßnitztalbahn

Historischer Schienenersatzverkehr Wolkenstein - Steinbach

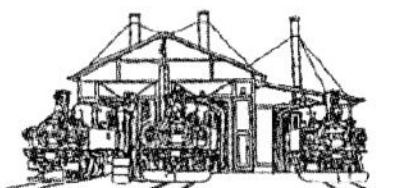

Museumsbahn Steinbach - Jöhstadt

Pfingsten 2011

Gültig vom 11. bis 13. Juni 2011

Wolkenstein - Steinbach - Jöhstadt

km	Historischer Busverkehr								Bus				Bus			
0,0	Wolkenstein, Bahnhof	ab							09 27				10 40			
	Großrückerswalde, Bahnhäusel								09 39				10 55			
	Niederschmiedeberg, Heimatmuseum								09 46				11 03			
	Mittelschmiedeberg, Abzw. Neubertmühle	X							09 52				11 12			
15,0	Steinbach, Bahnhof	an							09 58				11 18			
		Zug		35				41	21	43	11	45	23	47	13	49
	dampfbetriebene Schmalspurbahn			[1] Dampfzug				Dampfzug	(Y) Dampfzug	Dampfzug	(Y) Dampfzug	Dampfzug	(Y) Dampfzug	Dampfzug	(Y) Dampfzug	Dampfzug
15,0	Steinbach	ab		01 00					10 00		11 00		12 00		13 00	
15,5	Wildbach Hp	X		01 02					10 02		11 02		12 02		13 02	
16,5	Stolln Hp			X 01 07					10 07		11 07		12 07		13 07	
18,3	Forellenhof Hp			X 01 14					10 14		11 14		12 14		13 14	
18,9	Schmalzgrube	an		01 17					10 18		11 18		12 18		13 18	
	Schmalzgrube	ab		01 18					10 25	10 57	11 25	11 57	12 25	12 57	13 25	13 57
21,3	Loreleifelsen Hp	X		01 28					10 35	|	11 35	|	12 35	|	13 35	|
21,8	Schlössel	an		01 31					10 38	11 07	11 38	12 07	12 38	13 07	13 38	14 07
	Schlössel	ab		01 32				10 15	10 39	11 15	11 39	12 15	12 39	13 15	13 39	14 15
22,2	Fahrzeughalle			|				10 18	|	11 18	|	12 18	|	13 18	|	14 18
22,8	Jöhstadt	an		01 36				10 20	10 45	11 20	11 45	12 20	12 45	13 20	13 45	14 20

Historischer Busverkehr		Bus				Bus				Bus	Bus				
Wolkenstein, Bahnhof	ab	12 40				14 40				16 40	18 31				
Großrückerswalde, Bahnhäusel		12 55				14 55				16 55	18 46				
Niederschmiedeberg, Heimatmuseum		13 03				15 03				17 03	18 54				
Mittelschmiedeberg, Abzw. Neubertmühle	X	13 12				15 12				17 12	19 02				
Steinbach, Bahnhof	an	13 18				15 18				17 18	19 09				
	Zug	25	51	15	53	27	55	17	57	29	59		31		33
dampfbetriebene Schmalspurbahn		(Y) Dampfzug	Dampfzug	(Y) Dampfzug	Dampfzug	(Y) Dampfzug	Dampfzug	(Y) Dampfzug	Dampfzug	(Y) Dampfzug	[2] Dampfzug		[2] Dampfzug		[2] Dampfzug
Steinbach	ab	14 00		15 00		16 00		17 00		18 00	19 30		21 00		23 00
Wildbach Hp	X	14 02		15 02		16 02		17 02		18 02	19 32		21 02		23 02
Stolln Hp		14 07		15 07		16 07		17 07		18 07	X 19 37		X 21 07		X 23 07
Forellenhof Hp		14 14		15 14		16 14		17 14		18 14	X 19 44		X 21 14		X 23 14
Schmalzgrube	an	14 18		15 18		16 18		17 18		18 18	19 47		21 17		23 17
Schmalzgrube	ab	14 25	14 57	15 25	15 57	16 25	16 57	17 25	17 57	18 25	19 54		21 18		23 18
Loreleifelsen Hp	X	14 35	|	15 35	|	16 35	|	17 35	|	18 35	20 04		21 28		23 28
Schlössel	an	14 38	15 07	15 38	16 07	16 38	17 07	17 38	18 07	18 38	20 07		21 31		23 31
Schlössel	ab	14 39	15 15	15 39	16 15	16 39	17 15	17 39	18 15	18 39	20 15		21 32		23 32
Fahrzeughalle		|	15 18	|	16 18	|	17 18	|	18 18	|	|		|		|
Jöhstadt	an	14 45	15 20	15 45	16 20	16 45	17 20	17 45	18 20	18 45	20 20		21 36		23 36

Jöhstadt - Steinbach - Wolkenstein

	Zug	34					20	10	42	22	44	12	46	24	48
dampfbetriebene Schmalspurbahn		[1] Dampfzug					(Y) Dampfzug	(Y) Dampfzug	Dampfzug	(Y) Dampfzug	Dampfzug	(Y) Dampfzug	Dampfzug	(Y) Dampfzug	Dampfzug
Jöhstadt	ab	00 05					09 05	10 05	10 30	11 05	11 30	12 05	12 30	13 05	13 30
Fahrzeughalle		|					|	|	10 33	|	11 33	|	12 33	|	13 33
Schlössel	an	00 09					09 09	10 09	10 35	11 09	11 35	12 09	12 35	13 09	13 35
Schlössel	ab	00 10					09 10	10 10	10 42	11 10	11 42	12 10	12 42	13 10	13 42
Loreleifelsen Hp	X	00 12					09 14	10 14	|	11 14	|	12 14	|	13 14	|
Schmalzgrube	an	00 22					09 22	10 22	10 51	11 22	11 51	12 22	12 51	13 22	13 51
Schmalzgrube	ab	00 23					09 24	10 24		11 24		12 24		13 24	
Forellenhof Hp		X 00 26					09 28	10 28		11 28		12 28		13 28	
Stolln Hp		X 00 34					09 36	10 36		11 36		12 36		13 36	
Wildbach Hp	X	00 37					09 40	10 40		11 40		12 40		13 40	
Steinbach	an	00 40					09 43	10 43		11 43		12 43		13 43	
Historischer Busverkehr										Bus				Bus	
Steinbach, Bahnhof	ab									11 45				13 45	
Mittelschmiedeberg, Abzw. Neubertmühle	X									11 50				13 50	
Niederschmiedeberg, Heimatmuseum										11 55				13 55	
Großrückerswalde, Bahnhäusel										12 00				14 00	
Wolkenstein, Bahnhof	an									12 20				14 20	

	Zug	14	50	26	52	16	54	28	56	58		30		32	
dampfbetriebene Schmalspurbahn		(Y) Dampfzug	Dampfzug	(Y) Dampfzug	Dampfzug	(Y) Dampfzug	Dampfzug	(Y) Dampfzug	Dampfzug	[2] Dampfzug		[2] Dampfzug		[2] Dampfzug	
Jöhstadt	ab	14 05	14 30	15 05	15 30	16 05	16 30	17 05	17 30	18 30		20 05		22 05	
Fahrzeughalle		|	14 33	|	15 33	|	16 33	|	17 33	18 33		|		|	
Schlössel	an	14 09	14 35	15 09	15 35	16 09	16 35	17 09	17 35	18 35		20 09		22 09	
Schlössel	ab	14 10	14 42	15 10	15 42	16 10	16 42	17 10	17 42	18 42		20 10		22 10	
Loreleifelsen Hp	X	14 14	|	15 14	|	16 14	|	17 12	|	18 44		20 12		22 12	
Schmalzgrube	an	14 22	14 51	15 22	15 51	16 22	16 51	17 22	17 51	18 53		20 22		22 22	
Schmalzgrube	ab	14 24		15 24		16 24		17 24		18 55		20 23		22 23	
Forellenhof Hp		14 28		15 28		16 28		17 28		X 18 58		X 20 26		X 22 26	
Stolln Hp		14 36		15 36		16 36		17 36		X 19 06		X 20 34		X 22 34	
Wildbach Hp	X	14 40		15 40		16 40		17 40		19 10		20 37		22 37	
Steinbach	an	14 43		15 43		16 43		17 43		19 13		20 40		22 40	
Historischer Busverkehr				Bus				Bus							
Steinbach, Bahnhof	ab			15 45				17 45							
Mittelschmiedeberg, Abzw. Neubertmühle	X			15 50				17 50							
Niederschmiedeberg, Heimatmuseum				15 55				17 55							
Großrückerswalde, Bahnhäusel				16 00				18 00							
Wolkenstein, Bahnhof	an			16 20				18 20							

Dampfzug = Dampfzug; Bus = Historischer Bus mit Anschluß von bzw. zur DB Erzgebirgsbahn; X = Hält nur bei Bedarf; (Y) = Zug ist bewirtschaftet; [1] = nicht 11.VI.; [2] = nicht 13.VI.

Einzelne Züge oder Busse können aus technischen, personellen oder Witterungsgründen ohne Ersatz ausfallen. Mit dem Kauf einer Fahrkarte entsteht kein Anspruch auf Beförderung in einem bestimmten Zug bzw. Bus. Es gelten die Tarif- und Beförderungsbestimmungen der Preßnitztalbahn.

Zu bestimmten Anlässen, wie zu Pfingsten 2011, wird der übliche Fahrplan mit einem dritten Zug verdichtet. Die Ausflugslinie Preßnitztal fährt den „SEV“ zur Erzgebirgsbahn in Wolkenstein.

6 Eine Fahrt mit der Museumsbahn von Steinbach nach Jöhstadt

Am Morgen treffen wir in Steinbach ein und stellen unser Auto an der Ladestraße ab. Von weitem ist schon das Pfeifen des aus Jöhstadt kommenden und mit einer IV K-bespannten Personenzuges zu hören. Wir positionieren uns und fotografieren den Zug als er in Steinbach eintrifft.

Wir schauen uns auf dem Bahnhof um und betrachten die abgestellten Güterwagen. Dabei handelt es sich um Normalspurgüterwagen, die auf Rollwagen stehen. An Fotogüterzugtagen kann man diese sogar noch im Einsatz auf der Preßnitztalbahn erleben.

Nachdem unsere Zuglokomotive abgekuppelt und umgesetzt hat, kommt sie zum Wasserhaus vorgefahren. Das Wassernehmen wird von uns genauestens verfolgt und immer wieder wird dabei der Auslöser der Kamera gedrückt. Besonders ins Auge fallen uns auch die Blumenkästen, die eine Romantik aufkommen lassen, die wohl nur noch bei den sächsischen Museumsbahnen zu finden ist.

Nach Ankunft in Steinbach wird umgesetzt. (11.05.2008). Foto: Stefan Müller

Immer wieder gern fotografiert – das Wassernehmen in Steinbach (05.08.2017). Foto: Ivan Dousa

Wenig später setzt die Lokomotive an ihren Zug nach Jöhstadt und wir suchen uns einen Platz auf dem Aussichtswagen, schließlich ist es angenehm warm und die Sonne scheint. So können wir die Natur am besten genießen.
Ein Pfiff ertönt und kurz darauf setzt sich unser Zug mit voller Kraft in Bewegung. Wir passieren das Wasserhaus und verlassen den Bahnhof Steinbach. Immer entlang der Preßnitz streben wir in gemütlichem Tempo dem nur rund fünfhundert Meter entfernten Haltepunkt Wildbach zu. Nach zwei Minuten Fahrzeit kommen wir schon wieder zum Stehen. Die Station liegt eingebettet zwischen Fluss und Bäumen ganz im Grünen. Ein Hauch frischer Luft weht uns zu, aber auch leckere Essensgerüche, denn gleich in der Nähe der Station befindet sich eine Gaststätte, die zum Verweilen einlädt. Doch für uns ist es noch zu früh zum Einkehren, wir wollen schließlich zunächst bis Jöhstadt fahren. Scheinbar nicht nur wir, denn hier steigt kein Fahrgast aus. Dafür bekommen wir im Aussichtswagen Zuwachs von einer vierköpfigen Familie. Nun sind fast alle Plätze belegt. Nachdem die Familie Platz genommen hat, setzt sich unser Zug auch schon wieder in Bewegung.

Pfingsten 2019: Nach dem Bekohlen

verlässt die I K Nr. 54 mit ihrem Sachsenzug den Bahnhof Steinbach. Fotos: Ivan Dousa

Nun liegt der gut 1,1 Kilometer lange Abschnitt bis zum Haltepunkt Stolln vor uns. Für diese Strecke benötigen wir vier Minuten. Durch das schöne und frische Preßnitztal streben wir der Station entgegen, an welcher sich eingebettet in hohe Wälder das Besucherbergwerk „Andreas-Gegentrum-Stolln“ befindet. Hier wollen wir aber erst auf der Rückfahrt aussteigen, um uns dieses Zeugnis des Altbergbaus genauer anzusehen. Am Stolln gibt es keinen Fahrgastwechsel, sodass nach kurzem Halt das Abfahrtssignal ertönt. Die Stimmung im Aussichtswagen ist bestens, vielleicht tragen dazu auch die nicht immer alkoholfreien Getränke bei?!

Am Hp Stolln kommt der Zug direkt vor der Preßnitzbrücke zum Stehen. Hier mit der 99 1590-1 am 10.05.2008, welche mit „Pfingstschmuck“ unterwegs war.
Foto: Tony Böttger

Mit Volldampf ist unser Zug zwischen dem Haltepunkt Stolln und dem Haltepunkt Forellenhof unterwegs (05.08.2017).
Foto: Ivan Dousa

Mit Volldampf geht die Fahrt weiter zum Haltepunkt Forellenhof. Durch grüne Wälder fahren wir, beobachten hin und wieder einen Fotografen und winken den Kindern in den vorbeifahrenden Autos. 1,8 Kilometer ist dieser Abschnitt lang, ehe der Haltepunkt Forellenhof an der gleichnamigen Gaststätte erreicht wird. Hier verabschieden sich einige Reisende, die zum Mittagessen einkehren wollen. Auf der Freiterrasse können sie die Abfahrt unseres Zuges gut beobachten.

Nach kurzem Halt setzt sich unser Zug wieder in Bewegung, mit einem Achtungspfiff überqueren wir die Straße nach Schmalzgrube und fahren wenig später in den gleichnamigen Kreuzungsbahnhof ein. Da heute Zweizugbetrieb herrscht, findet eine Zugkreuzung statt. Nachdem wir angekommen sind, wird der oberhalb des Bahnhofs liegende Bahnübergang gesichert. Die Lokführer verständigen sich mittels pfeifen und schon kommt der talwärts fahrende Zug angerollt. Die Zugpersonale grüßen sich und wenig später findet ein größerer Fahrgastwechsel statt.

Ankunft am Haltepunkt Forellenhof, an dem bereits einige Reisende auf den Zug warten. Foto: Ivan Dousa

Nach einem kurzen Dienstgespräch wird sich 99 1715-4 in Bewegung setzen (13.09.2009). Foto: Wolfgang Nitzsche

Nach wenigen Minuten Aufenthalt verlassen wir Schmalzgrube, passieren die Straße nach Jöhstadt und fahren danach durch die sogenannte Fotokurve, in der sicher fast jeder Eisenbahnfan schon mal einen Zug gefilmt oder fotografiert hat. Wenig später tauchen wir ein in eine herrliche Waldlandschaft. Hier wird deutlich, warum das Erzgebirge in früheren Zeiten als Miriquidi („Dunkelwald") bezeichnet wurde.
Wenig später erreichen wir den Haltepunkt Loreleifelsen, an dem einige Wanderer aussteigen. Ein Pfiff erfolgt und schon setzt sich der Zug in Bewegung. Nach kurzer Fahrtzeit hält der Zug erneut, diesmal im Bahnhof Schlössel. Hier erfolgen zu besonderen Anlässen Zugkreuzungen. Heute jedoch nicht, so dass sich unser Zug nach dem Fahrgastwechsel wieder in Bewegung setzen kann.

Blick in die „Fotokurve". Foto: Ivan Dousa

099 702-3 erreicht am 30.09.2017 den Bahnhof Schlössel. Foto: Johannes Mühle

Mit Volldampf wird die Straße nach Jöhstadt überquert. Die wartenden Autofahrer sind aus ihren Gefährten ausgestiegen und stehen mit Handy am Bahnübergang, um unseren Zug aufzunehmen. Nach nur wenigen hundert Metern nähert sich unser Zug der letzten Zwischenstation vor Jöhstadt, dem Haltepunkt „Ausstellungs- und Fahrzeughalle". Einige Reisende verlassen den Zug, um sich die hier abgestellten Fahrzeuge anzusehen.

I K Nr. 54 (08.06.2019) sowie 99 1715-4 (24. Mai 2018) an der Ausstellungs- und Fahrzeughalle. Fotos: Ivan Dousa / Johannes Mühle

Schon gibt der Schaffner den Abfahrtsauftrag. Noch einmal muss der Heizer kräftig schaufeln, damit unser Zug die letzte Steigung in den Bahnhof Jöhstadt schafft. Kräftig pfeifend kündigt sich unser Zug an. Am Lokschuppen warten schon zahlreiche Fotografen.

„Alles aussteigen bitte!“ – der Bahnhof Jöhstadt ist erreicht. Alle Fahrgäste folgen dieser Aufforderung und sehen dem Umsetzen der Lokomotive zu. Einige Mitreisende starten zu einer Wanderung, andere fahren gleich wieder nach Steinbach zurück. Wir wollen uns jedoch den Bahnhof in Ruhe ansehen und werden mit einem späteren Zug die gemütliche Rückfahrt antreten.

IV K-Parade am Heizhaus in Jöhstadt. Foto: Ivan Dousa

Blick auf die Bahnhofseinfahrt von Jöhstadt. Karfreitag 2019 ist gerade 99 590 mit Rangierarbeiten beschäftigt. Foto: Karl Wolf

7 Literaturverzeichnis

Bücher:

Baldauf, Günter: *90 Jahre Schmalspurbahn Wolkenstein - Jöhstadt*
in: Kulturbund der DDR (Hg.): Jahrbuch Erzgebirge 1982, Olbernhau 1982, S. 45–54

Drosdeck, Holger / Müller, Stefan / Wolf, Karl: *125 Jahre Preßnitztalbahn.*
Preß-Kurier Verlag, Jöhstadt 2017

Petrak, Andreas W.: *Die Schmalspurbahn Wolkenstein - Jöhstadt.*
Verlag Kenning, Nordhorn 2006

Preuß, Reiner: *Alles über Schmalspurbahnen in Sachsen.*
transpress Verlag, Stuttgart 2012

Winkler Dr. Andreas / Neidhardt, Ingo (Hrsg.): *Die Sächsische I K – Wiedergeburt einer Legende.* SSB Medien, 2009.

Weitere Quellen:

Preß-Kurier: Verschiedene Ausgaben
Privatarchive Thomas Böttger, Stefan Müller und Heinz Schwarzer

Zumindest auf der H0e-Modulanlage von „De Bimmlbahner" kann der Bahnhof Jöhstadt schon mit Gleisen und Schienenfahrzeugen betrachtet werden. In absehbarer Zeit dürfte es beim Vorbild ebenso möglich sein. Foto: Thomas Böttger

Aus unserem Verlagssortiment

Anekdoten und Geschichten zur Müglitztalbahn

Heidenau - Altenberg

Stefan Müller

In diesem Band geht es um Episoden über die Müglitztalbahn von der Schmalspurzeit bis in die Gegenwart. Besondere Erwähnung finden dabei auch die Naturereignisse, wie Wintereinbruch und Hochwasser.

Format 24 x 16 cm, 128 Seiten, 36 s/w und 201 Farbfotos

Preis: 15,80 € **ISBN 978-3-937496-78-8**

Anekdoten und Geschichten zur Weißeritztalbahn

Freital-Hainsberg - Kurort Kipsdorf

Stefan Müller

In diesem Buch findet der Leser neben einer Abhandlung der Streckengeschichte zahlreiche Geschichten und Ereignisse, welche mit der Weißeritztalbahn in Verbindung stehen. Etliche Bilder aus mehreren Jahrzehnten runden das Ganze ab.

Format 24 x 16 cm, 208 Seiten, 42 s./w. und 341 Farbfotos

Preis: 19,80 € **ISBN 978-3-937496-89-4**

Schienen verbinden Deutschland und Tschechien

Bernd Kuhlmann

In diesem Buch werden erstmals alle deutsch-tschechischen Eisenbahnverbindungen umfassend dargestellt. Zahlreiche Zeichnungen und Fotos geben dem Leser die Möglichkeit in die Materie des Grenzverkehrs einzutauchen.

28,5 x 22,5 cm, 280 Seiten, gebunden, 179 s/w, 336 Farbfotos, 37 historische Ansichtskarten, 67 Zeichnungen (Gleispläne, Streckenkarten)

Preis: 34,80 € **ISBN 978-3-937496-80-1**

Schienen verbinden Deutschland und Polen

Bernd Kuhlmann

Nachdem das Buch „Eisenbahnen über die Oder-Neiße-Grenze" schon mehrere Jahre vergriffen ist, gibt es nun eine völlig neue Publikation in wesentlich größerem Umfang. Zahlreiche historische Dokumente ergänzen diese informative Publikation.

28,5 x 22,5 cm, 288 Seiten, gebunden, 172 s/w, 364 Farbfotos, 46 Fahrpläne, 74 Gleispläne/Streckenkarten

Preis: 34,80 € **ISBN 978-3-96564-000-9**

Der Eisenbahnknoten Glauchau und sein Bahnbetriebswerk

Steffen Kluttig / Peter Vates

Dieser Band beschreibt ausführlich die Geschichte des Bahnbetriebswerkes Glauchau mit seinen Einsatzstellen. Auch für den Lokstatistiker sind umfangreiche Informationen enthalten. Historischen Betrachtung des Eisenbahnknotens Glauchau.

28,5 x 22,5 cm, 192 Seiten, gebunden, 153 s/w, 156 Farbfotos, 30 Fahrpläne, Gleispläne u. a.

Preis: 29,80 € **ISBN 978-3-96564-003-0**

Weitere Titel und Einzelheiten sowie Kalender finden Sie unter www.boettger-bildverlag.de.

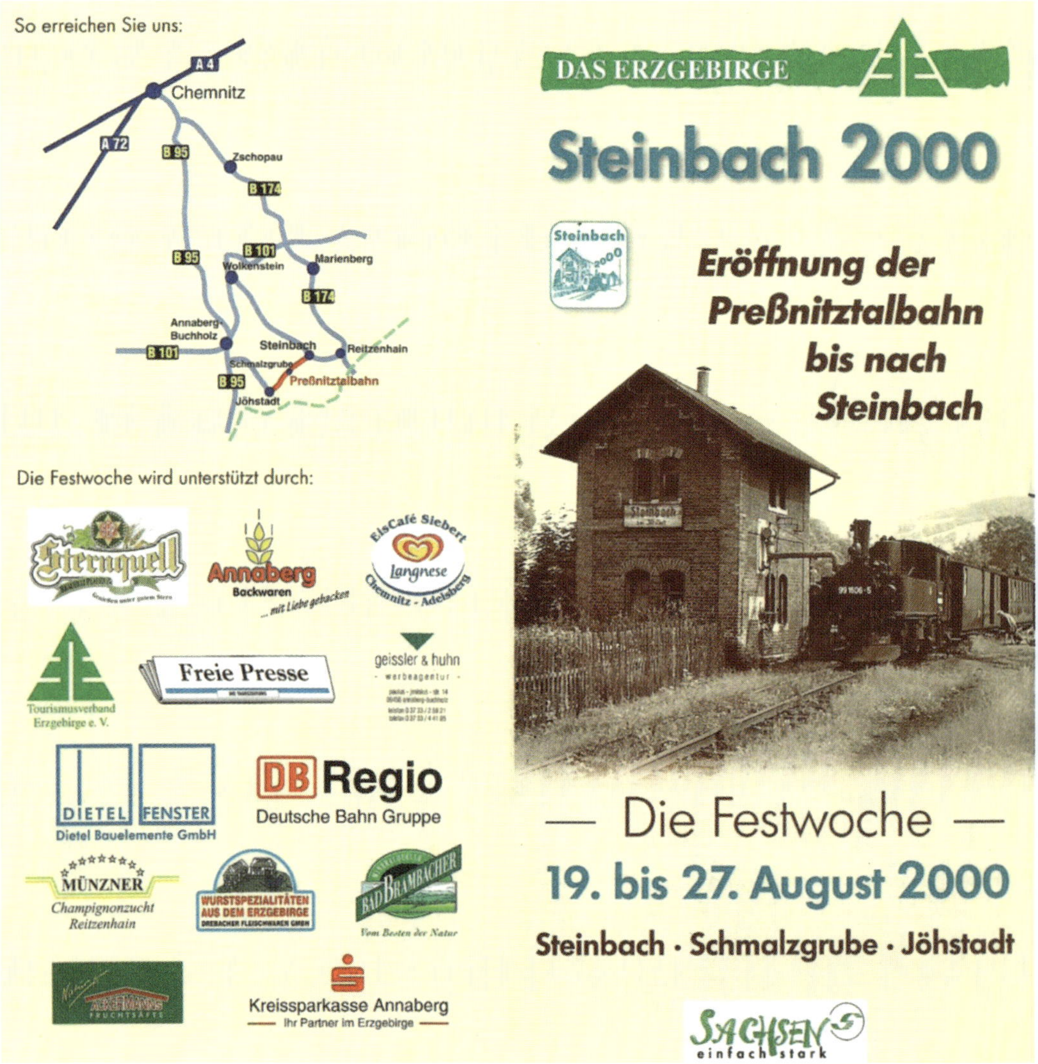

So erreichen Sie uns:

A 4
Chemnitz
A 72
B 95
Zschopau
B 174
B 95
B 101
Wolkenstein
Marienberg
B 174
Annaberg-Buchholz
Steinbach
Reitzenhain
B 101
Schmalzgrube
B 95
Preßnitztalbahn
Jöhstadt

Die Festwoche wird unterstützt durch:

Sternquell
Annaberg Backwaren ... mit Liebe gebacken
EisCafé Siebert Langnese Chemnitz - Adelsberg
Tourismusverband Erzgebirge e. V.
Freie Presse
geissler & huhn werbeagentur
DIETEL FENSTER
Dietel Bauelemente GmbH
DB Regio
Deutsche Bahn Gruppe
MÜNZNER
Champignonzucht Reitzenhain
Wurstspezialitäten aus dem Erzgebirge
Bad Brambacher
Vom Besten der Natur
Kreissparkasse Annaberg
Ihr Partner im Erzgebirge

DAS ERZGEBIRGE

Steinbach 2000

Steinbach 2000

Eröffnung der Preßnitztalbahn bis nach Steinbach

— Die Festwoche —

19. bis 27. August 2000

Steinbach · Schmalzgrube · Jöhstadt

SACHSEN einfach stark

Faltblatt für die Festwoche zur Eröffnung der Museumsbahn Steinbach - Jöhstadt.

PostModern-Briefmarkenblock herausgegeben durch die Motivgruppe „Eisenbahnphilatelisten“ im BSW mit 99 1715-4.